教育は変えられる

山口裕也

講談社現代新書

2604

はじめに――教育は変えられる

そもそも、教育は何のためにあるのか

「教育は、変えられる」

今、私は、そう確信しています。

――「そんなこと、できるわけがない」

こう言うと、すぐにそのような反応が返ってくることが予想できます。

けれど、考えてもみてください。

広がる学力格差。増加するいじめ。減らない不登校。拡大する特別な教育ニーズ。そうしたことの総体として、機能せずに荒れる学級……。教員の過酷な労働の原因にもなっているこうした教育の問題がいまや限界に達していることは、誰にも否定できないはずです。

では、どうすればよいのか。

私は、杉並区教育委員会のスタッフの一人として（このことについては後述します）、ある、「そもそも」を問い直すことから始めました。

「そもそも、教育は何のためにあるのか」

「教育に、国、地方自治体をはじめとした公的な機関が携わるのはなぜなのか」

その答えは、とてもシンプルなものです。

「自らの道を拓《ひら》く『自立』と、誰もが共に生きる『共生』のため」

「自立と共生のための『学び』を、『すべての人』に届けるため」

自立と共生は、「支え合い」の関係にあります。誰もが共に生きられる世界があればこそ、すべての人が自分の道を拓くことができます。自分の道が拓かれていく実感の中でこそ、すべての人が共に生きることのできる世界の大切さが分かります。

そう、教育には、公的な機関が携わることで、すべての人が学びの機会を確実に得られるようにし、一人一人が自らの道を拓けるようにする意味と、みんなが共に生きられるようにする意味があります。この二つの意味を、分かつことなく支え合うようにして満たすこと。それが、教育の目指すところなのです。

もう一度すべてを「底」から考え直す

そうしてこの問い直しは、現在の「公教育」、とりわけ「学校教育」について、私たちに、根本的な「反省」を呼び起こすことになりました。

「私たち大人は、子どもたちが『教えなければ学べない』と考えて、何もかも教え込もうとしてきたのではないか」

「『みなが同じ内容を、同じペースで、同じ方法で学ぶ』という現在のやり方を、決して変えることのできない固定観念としているのではないか。あたかも、それが唯一の教育の目標＝終着点であるかのように」

よく考えてみれば、私たちはみな、一人一人違う存在です。一人として他人と同じ人はいませんし、それどころか、一人の人の中にもいろいろな側面があるものです。当然、子どもたちも同様です。みな、生まれも育ちも違っているのが当然だし、得意なことも苦手なことも違います。こう言うと、「そんなことは当たり前」だと思うでしょう。ところが、いざ現場の実践に落とし込む段になると、この「当たり前」がすっかり抜け落ちてしまっているのではないでしょうか。

このことに思い当たったとき、私に、ある、一つの「ひらめき」が生まれました。元をたどれば、複雑で多様に思えるさまざまな問題は、すべて、ある、たった一つの「根」から出てきているのではないか。つまり、私たちに必要だったのは、問題に対処するための個々具体な「やり方」を考える前に、もう一度すべてを「底」から考え直すことだったのではないか。

そうして私は、この底とするべき「考え方」を、次のことに求めました。

「どんな生き方であれ、わたしはわたしが生きたいように生きたい」

私たちは、誰もがみな、心の奥底ではそう願っています。このことは、自身に問いかければ、みなさんもきっと確かめることができるはずです。この「『自由』に生きたい」という「願望（欲望）」は、私たちが何かを思ったり考えたり、行動したりすることを理解するうえでの一番の「根っこ」です。だから、教育や学びについても、やはり、ここを底に考え始める必要があります。

再び「当たり前」のことを言いますが、例えば私たちは、興味も関心もないことを「学びたい」とは思いません。それでも強引に、しかもみな同じように何かを教え込まれれば、選択肢は「従順」か「反発」かしかなくなります。

反発は、あるときには「いじめ」となり、クラスの誰かに向かうかもしれません。従順は、とにかく頑張る子が極度に疲れてしまい、あるとき「不登校」に結びつくかもしれません。仮に学びたいことでも、指示されたとおりの方法で学ばなければならないとすれば、それが苦手であるにもかかわらず、一生懸命、従順にやった子がそのことで逆に「特別な教育ニーズ」があると見なされることさえもあるでしょう。こんなことになれば、教員もますます疲弊していくばかりです。

人間の「本性」と言うべき、自由を求める願望。

要するに、これに逆らったところで、子どもにも教員にも何もいいことはないのです。そんなことを続けても、最後はたがいに「無視」や「不干渉」に行き着くのが関の山です。

さて、このように考え方を定めたうえで次に分かることとは、とは言うものの、現実の世界でこの願望を実現するのはそうそうたやすいことではないということです。冒頭のような「そんなことはできない」という反応がすぐに返ってくるのも、そのことを身にしみて分かっているからでしょう。世界には、自分とは異質で多様な「人・物・事」が存在します。人はそのような「人・物・事」との出会いから、さまざまな「段差」につまずくことになるのです。

そう、学びとは、この「段差」を乗り超えるために必要な「資質」や「能力」を獲得することで、人に成長を促すための営みなのです。そして、「成長」とは、何よりもまず、学びを通して資質や能力を獲得し、「わたしが生きたいように生きる」自由を拡大していくことなのです。

つまり、大人や子どもの別なく人は、「生きたい」という本性ゆえ、「自ら学ぶ力」をもっています。しかし、これもまた「どんな生き方であれ」という本性ゆえ、放っておけば、どんな方向にも（つまり間違った方向にでも）学び成長してしまいます。

とすれば、みなが違う存在であることを十分に踏まえたうえで、それぞれがもつ自ら学ぶ力を最大限に生かしつつ、「よりよく」成長する「支え」となる。

それが、教育のやり方を考えるうえで、もっとも大切なポイントになるはずです。

私は、ここから、すべてを考え直していくことにしました。

「では、『よりよい』成長とは、どういうことなのか」
「それは、どのような『学び』を通して実現するのか」
「その支えとなる『人』は、『場』は、どう在《あ》ればいいのか」
「学びと人と場を届ける公的な機関、つまり『行財政』にはどんな課題があるのか」
「これらを考えるうえで、これからの『時代』をどう捉えればいいのか」
「そもそも、『公』教育とは、『よい』公教育とは何なのか」

これらを考えていった先に、公教育をよりよく変える、すなわち、「公教育の構造転換」を実現できると考えたからです。

「みな同じ」から「みな違う」へ

「公教育の構造転換」は、簡単に言えば、底や根っこから公教育の在り方をつくり直していこうということです。そこで私は、以上に述べたことを、一つの基本方針にまとめました。それが、

「『みな同じ』から『みな違う』へ」

です。

明治以来、日本の学校教育は、「みなが同じ内容を、同じペースで、同じ方法で学ぶ」ことを基本としてきました。詳しくは後の章で述べますが、西ヨーロッパや北アメリカへのキャッチアップを至上命題としていた時代には、たしかにそれがもっとも効率的な教育方法だったかもしれません。

しかし、すでに述べたように、人はみなそれぞれに違う存在です。同じ課題を解決するにも、指示されたとおりの方法で早くできる子もいれば、早くはできないけれど、じっくり自分のペースでやればできるようになる子もいます。そして、もしかすると、後者のほうが学ぶべきことを深く学べている場合もあるかもしれないのです。

「みな同じ」という授業方法は、この人間本来の性質をまったく無視しています。「学力格差」につながる「落ちこぼれ」や「吹きこぼれ」といった問題が生じるのは、むしろ当然のことなのだと言ってもいいくらいです。

そこで、二〇一九（令和元）年度、私は、五年ほど前、長く見積もれば一〇年ほど前から準備してきたある施策に本格的に着手しました。それが、先ほど述べた「みな同じ」という一五〇年前に始まった近代由来の公教育制度の考え方の「逆転」、「みな同じ」から「みな違う」へ、です。

「学習課題を『一人一人違っていい』としただけで、子どもたちが見違えるように探究に浸ったんです。三年生のときに学級が荒れて四年生になった今年も苦労していたんですが、担任が『初めて学習が成立した』って言ってくれて。それに、子どもたちが自然と協力し合うんです」

「授業改善から学びの構造転換へ」と名づけたその施策の効果は、まさに目を見張るものがありました。子ども一人一人の可能性を信頼し、その子なりのペースや方法に任せるだけでも、学習効果が見違えるように大きくなったのです。

日々目にする子どもたちの変化に、私たちは、今、たしかな手応えを感じています。ここに挙げた、杉並区立済美《せいび》教育センターで学校支援を担うスタッフ（元教員）の報告も、そのほんの一例にすぎません。

まず何よりも「考え方」を重視する

本書は、冒頭に述べた私の確信をもとに、公教育の何をどのように変えるべきなのか、具体的な実例に則してその「考え方」を示すものです。

考え方は、数学で言う「解の公式」に喩《たと》えることができます。「目的」と「状況」をそこに代入することで、それぞれが、それぞれの「やり方」にたどり着くことができます。それは、考え方に、教員や保護者、地域等関係者といった立場、あるいは自治体の人口や面積、自然環境や産業をはじめとしたさまざまな条件の違いを超える「普遍性」があるからに他なりません。

今、教育が大きな転換期にあることは、ほとんど疑うことのない事実として、誰しもが受け止めているでしょう。しかし、ひとたびその理由を問うてみれば、途端に足下がぐらついてくるはずです。「何のために、何を、どのように変えるのか」「どのような考え方のもと、どのようなやり方をすればよりよく変えられるのか」。そう問うてみれば、自分の考えていることが、多くの場合「部分」でしかなく「全体」ではないことにも気づくはずです。

ある、一つのやり方は、必ず、ある一つの、特定の目的と状況のもとで生まれてきます。ですから、どこか別のところでうまくいったというだけの理由でそのやり方をそっくりそのままねしても、ほぼ例外なく失敗します。大切なのは、やり方の背景にある考え方を理解することです。自分たちに本当に必要な公教育の全体を見定め、それを、他ならぬ自分たちの手でつくり出していくことです。

このことと関連して、もう一つ、言っておきたいことがあります。それは、公教育の構造転換のためには、法や制度をはじめとした広く「仕組み」と呼ばれるところのものと、それが生み出す人々の「慣習・慣行」との両者を変える必要があるということです。

ここまで説明なく使ってきた「構造」という言葉には、この「仕組み」と「慣習・慣行」との二つが含意されています。例えば、法が定める教科区分や学習内容の学年配当、標準時数。例えば、教員が子どもたちに関わるうえで無自覚に前提にしているやり方――この両者が本当に妥当で有効と言えるのか、そのことを底や根っこから吟味しなくては、本当の意味での構造転換は実現できないということです。

しかし、本論では、このことを十分に踏まえつつも、紹介する事例をミクロで法改正を要さない範囲に限定しています。なぜなら仕組みを変えるのは、あくまでも個々の「人」だからです。人の慣習や慣行が変わらなければ、いくら外側の仕組みを変えても、思うような効果は得られません。その必要感が認識されないからです。そもそも人の慣習や慣行が変わらなければ、仕組みを変えようとする動機自体も起こりません。

例えば、終章となる第五章では、学びの構造転換の実践例として、小学三年生の算数から「わり算」を紹介しています。この事例は、他の学級や学年にも影響なく取り組めるよう、教科区分や内容の学年配当、単位時間を変えずに済むものを選びました。

一方、この事例とともに示す「学びの構造転換の3＋1ステップ」は、本書で主な話題とする義務教育前後の学校だけではなく、将来的な制度改編に向けて普遍性の高い考え方に仕立ててあります。これは、第一章から第四章で示す制度設計のための考え方についても同様です。

できるところから、自分なりに、一つずつやってみる。そのために、まず、考え方を変える。普遍的な考え方を固め、それをもとに新たなやり方をつくり続けていく——そうすると、慣習や慣行はおのずと変わっていきます。すると、現行制度の「可能性」と「限界」もまたおのずと明らかになり、仕組みを変える必要を真に理解できるようになります。

それが、本書で考え方を重視する一番の理由です。

本書の留意点

私が、杉並区で公教育政策に携わるようになってから、早いもので、一五年が経ちます。いわゆる「新自由主義－教育改革」が全盛だった二〇〇五（平成一七）年、大学院の博士課程で心理学を専攻していた私は、とあるきっかけから、都内の中学校で相談室を手伝ったり、学校評議員をしたりしていました。そこでの縁で、当時、独自の学力調査を始めたばかりだった杉並区教育委員会から声がかかりました。

最初は、一回きりの分析のお手伝いと研修会の講師、あくまでボランティア。その後、杉並区立済美教育センターで継続的に調査に携わるようになり、気がつけば仕事の範囲は大きく広がって調査研究室長に。そうしてあっという間に月日は流れ、ここ五年ほどは、教育長付の主任研究員として、教育政策全般の企画や点検・評価を担いつつ、学校と地域への総合的な支援を担っています。

私がこれから示していく考え方は、「杉並」という土壌、そして、そこでこそ実現できた「教育委員会に常駐する研究職」という特異なポジションによって育まれたものです。しかし、ここで明記しておかなければならないのは、本書が、あくまでも私個人の考えや思いを述べるものだということです。杉並区教育委員会の公式の見解を記すわけではないことをご留意いただければと思います。

そのうえで、本論の構成上の特徴を述べておくと、私は、全五章を通じて、公教育政策の「全体」を「順序」よく記していくことを、一番に心がけました。

具体的には、第一章から第四章において、順に、「学びと成長」、その支えとなる「人材と組織」「施設・設備」、これら三つをすべての子どもに確実に届けるための「行財政」を話題にしています。これらの話題は、これまで、別個に論じられることがほとんどでした。しかし、学びの在り方がその支えとなる人や場の在り方を、学びと人や場の在り方が行政の在り方を方向づけることは明らかです。ですから、公教育をよりよく変えるためには、やはり、これら四つの話題を、すべて関連づけながら論じていく必要があります。

本論を読み進めていくに当たっては、これら四つの話題から成る「柱立て」を、いつも意識しておいてください。特に、第二章の話題は「社会」に、第三章の話題は「都市」に、第四章の話題は「政治」と「行政一般」にも広がっていきます。その他にも、各章で言及する内容は多岐にわたりますから、読み進めていく過程で公教育政策の全体像を見失わないためにも、この柱立てが「生命線」になります。

また、本論は、第五章からお読みいただくこともできます。第一章から第四章までの振り返りを含み、全体をまとめるのが第五章だからです。もちろん、基本的には、前から順に読み進めることをお勧めします。公教育政策・基礎自治体における義務教育政策について、「底板」から考えていく思考過程を順序よく追うことができるからです。

では、始めましょう。

目次

第一章　自分の物語を生きるための学び

——「一斉・一律」から〈多様性と一貫性〉へ

もし、みなさんが、「これからの学びを考えるうえで、一番大切なことは何か」と問われたら、どのように答えるでしょうか。

私ならこう答えます。それは「自分で選ぶ」ことである、と。より的確には、「共に生きる」中で自ら選び決める経験を積み重ねることです。

最初となる本章は、公教育の一丁目一番地、「学びと成長」について考えていきます。

1　私の学びと公の教育

(1) 学びはどこまでも「わたし」の営み

他人の物語に自分を重ねるのではなく、自分自身の物語を生きる。人生は、他の誰でもない、自らの道を拓くもの。だからよりよい成長のための学びは、「自分で選ぶ」ことから始めなければなりません。

私たちは、「自由」を求める存在です。「どんな生き方であれ、わたしはわたしが生きたいように生きたい」。「自ら学ぶ力」の源となるこの人間としての本性は、学びにおいてもっとも大切にすべき「自己選択」、ひいては、「自己決定」を私たちに教えてくれます。

しかし、です。私たち大人は、子どもたちが自らの選択と決定に基づいて自身の人生の

「主人公」となるよう日々の関わりを意図しているかと問えば、必ずしもそうとは言えないのではないか。

——そう問いかけることから、本論を始めたいと思います。

「朝起きたら、いつものルーチンが始まります。リビングに出てきて少しボーッとする。顔を洗って食事をして歯を磨いて、今日着る服を自分で選ぶ。お日様と相談、少し暖かくなってきた。お気に入りのスカートに合う、これもお気に入りのスニーカーを履いていきたいけれど、今日は雨が降るかもしれない。だから黄色の長靴、髪型は、『ポニーテール！』で」

これは、もうすぐ五歳になる私の娘の一日の始まりです。自身に関わるいろいろなことを、私たちとやり取りしながら自分で選ぶ。そして決める。それを彼女が始めたのは、いわゆる「イヤイヤ期」の訪れが予感された一歳半を過ぎる頃でした。少し先回りしておくと、これが果たして成功するかは分かりません。もしかしたら、わがままで強情になってしまうかもしれないからです。

ただ、二歳頃からの三年間を見ていて思うことは、少なくとも彼女は自分が世界に働きかけ影響を及ぼすことのできる「主体」であることを知っているということです。私たちのことも、「親（保護者）」であると同時に「対等な交渉相手」と認識しているよう。

休みの日には、

「今日は公園に行きたい」

「かあちゃん、夕飯は『カレーちょんちょん（インドカレーのこと）』が食べたい」

といったように、自分のやりたいことを主張します。

観たい番組があれば、

「『とうちゃんテレビ（インターネットテレビのこと）』に変えてもいいかな？」

などと相談してきます。

「じゃあ、二人とも観たことない番組にしない？」

「うん、いいかも！」

彼女は、私たちはもちろん、遊びを通して関わるたくさんの人、動物や自然を含むもの、その中で起きるさまざまな出来事を通して、自分の周囲にはたくさんの「未知」があることにも気づきを拡げていっているはずです。

主体になること。未知の可能性に拓かれていくこと。言い換えると、「生き方の自己決定」という意味での自由を自らのものとし、その「選択肢」をさらに拡げていくこと。一人一人の学びは、突き詰めればすべてこのために行われます。「やりたい」ことを「できる」ことに。すでに「知っている」ことの先に在る「知らない」ことに心惹かれる。学びは、「自分のため」（この「自分のため」が「誰かのため」になることも含めて）という意味での「わたし」のものであるときに、成長へと向かう力を最大限に発揮することができるのです。

ところが、です。私たち大人は、往々にして子どもたちの限界を低く定め、信頼や忍耐をもって待つことをせず、すぐに「それはこう」「あれはこう」と事細かに指摘してしまいます。そうして何もかもを教え込んでしまうことで、子どもたちが自分なりに考えたり試行錯誤したりする「余地」や「余白」をなくしてしまうこともしばしばです。

私たちは、学びを支える「教育」の在り方を考えるときには、できるだけ、大人の「すべき」ではなく、子どもの「したい」から始めるようにしたいものです。「その人らしく生きる」という意味での「個性」が、自分で「選ぶ」ことを通して育ち、さらにはそれが、自らの決定に従ってじっくり探究に「浸る」中でこそ際立つものであることにも思いを寄せなければなりません。そして、一人一人の異なる個性がいろいろな人と「共に生きる」「生かし合う」「協同《きょうどう》」を通して自覚され、私たちの生きる世界を彩り豊かにしていくことにも。

（2）教育は「公」に行われる必要のある営み

言いたいことは、シンプルです。

自分の選択・決定の積み重ねによって自分の道を拓き、自由を自らのものとしていくこと。それでいてたがいに個性を失わず、共に生きる・生かし合うことのできる世界をつくること。

つまり学びは、「自立」とともに「共生」のための営みでもあり、この両者の上に立ったところに「よりよい」成長が実現するのです。「自立」とは、あくまでも、「共生」をその底に敷いた「社会的自立」でなくてはなりません。多様で異質な人々が豊かに織り合う世界を実現するためには、誰もが人として対等であることを認め合い、たがいの自由を尊重し合うという意味においての「相互承認」の感度を育むことが不可欠なのだということです。

「いれて」「かして」「いいよ」「ごめんね」といった、日常のささいなやり取り。たがいに不快でない「距離」をとることから、「生涯の友として」「永遠に愛し合う」といったように、未来に向けて「約束」を交わすこと。文芸や美術、音楽、演劇や映画をはじめとした芸術によって、たがいの感性を「触発」し合うこと。さらには、国際協調のために主権国家間が結ぶ「条約」に至るまで。

これらのすべてが、あらゆる共生の底に、相互承認の感度が流れていることを教えてくれます。

そして、私たちは、「自立＝自由」「共生＝相互承認」というこの二つの側面を踏まえるとき、初めて教育の役割を理解することができます。みなが社会的に自立すると同時に、社会が共生の範囲を拡げていくことによって、自立の可能性がよりいっそう多くの人に拓かれる。自らの道を拓く学びは、誰もが「共に成長する」ことを目指す教育という支えを得ることによって、自由と相互承認が切り離せない関係にあるという実感を十全に育てていくからです。

こうして教育は、学びを支え、「自由と相互承認」の感度を育むという二つの本質的な役割をもっていることが分かります。しかし、「公」教育を主題とする以上、もう一つ、絶対に踏まえておかなければならないことがあります。

もし、公に行われる教育が、特定の誰かの自由だけを優先するのであればどうでしょう。著しい格差や相互の不信を生み出し、共生はその範囲を狭め、結果的に一人一人の自由を後退させることになりかねません。

少し堅い言葉になりますが、「すべての人の合意」を意味する「普遍意志」が教育を「公」とする条件になる理由は、ここにあります。また、「すべての人のよりよい生」を意味する「普遍福祉」は、普遍意志に基づいて制度の具体的な在り方を方向づけ、その促進と拡大の度合いが公教育としての「よさ」をはかる規準になります。

つまり、教育は、誰もが納得できるよう、すべての人に自由と相互承認の感度を育もうとするとき、初めて「よい公教育」になるのです[1]。

以降の議論は、すべてここを「底板」にして展開します。「人は自ら学ぶ力をもっている」という前提に立ちつつも、その力を十分に発揮できていない状況の子どもがいれば、徹底してその子を支えていく。本書で扱う「義務教育」が「すべての子ども」に向けて行われなければならない理由も、公教育の目的が、すべての人の自由と相互承認によって営むことを理念とした「市民社会」の土台を築くことにあるからなのです。

後の章で話題にするように、かつて日本では、一部の子どもへの教育を放棄しかねない時代――新自由主義-教育改革――がありました。しかし、普遍福祉が公教育のよさをはかる規準であるとすれば、自己責任のもと、すべてを自由競争に委ねるような在り方は決して容認されません。また、逆に、教育のすべてを国家事業として統制し、地方、学校や教員、保護者、何より子どもたち一人一人が人生の主体となって学ぶ自由を奪うこと――例えば戦時下教育――もまた、普遍意志という公教育の条件に反しています。

こうした過去の轍《てつ》を踏むことなく、現在と未来とを見つめ、自治体の義務教育政策において、公教育をよりよく変えるための考え方を示す。

それが、本書の目標です。

とすれば、次に考えなければならないのは、「現在をどう分析し、未来をどう展望するか」という意味での「時代観」になります。結論を先取りすると、ここまでに述べてきたことは、「人生一〇〇年（ライフシフト）[2]」と「計算機自然（デジタルネイチャー）[3]」という二つの時代観を踏まえるとき、その大切さを、より深く理解することができます。

(3) 時代観を定める

まず、「人生一〇〇年（ライフシフト）」時代から説明します。この時代観が意味するのは、生き方のモデルとしてみなが共有できるような「大きな物語」を社会が与えてくれることを、もはや期待できないということです。

そもそも、何歳になっても学び直すことのできるリカレント教育の例に見るように、若年の段階で一つにまとめて、しかも一回だけしか公教育は受けることがないという時代はすでに終わりつつあります。リモートワークやノマドワーカーはオフィスや通勤といった概念を大きく変え、自分の物や場所、時間やスキルを誰かと共有するシェアリングエコノミーは私生活と仕事の境界も曖昧にしています。

つまり、教育の受け方や働き方を含めての生き方自体が変わるのです。教育・仕事・老後といった単線かつ既存のライフコースに囚《とら》われず、未知の可能性に拓かれ、自分の進むべき道を自ら選び取ることのほうがよりいっそう大切になるのがこれからの時代なのです。

もう一つの時代観である「計算機自然（デジタルネイチャー）」は、このような生き方の選択肢を拡げる次代のテクノロジー観です。自然物と人工物が混ざり合う。人間の知性や身体を人工の知能や機械が補完・拡張し、現実の限界を飛び越える。人とロボット、リアルとバーチャル、アナログとデジタルといった境界が意識されないほど「新たな自然」になるとき、私たちは、これまで以上に多様な人生を生きることができるようになります。

ただし、注意が必要なのは、この時代観が人生一〇〇年と同じく肯定的な側面だけではないことです。ツイッターやフェイスブックなどのSNS、アマゾンをはじめとするECサイト、グーグルやマイクロソフトに代表される情報検索エンジンを思い浮かべてみると、私たちは、人、物や事との関係の仕方を自分で選んでいるのか、それとも選ばされているのかが分からなくなる瞬間があります。インターネットの匿名性や関係の過剰な流動性は、何が本当で何が嘘なのかという境界を曖昧にもしてしまいます。

強調しておきたいのは、人生一〇〇年や計算機自然というこれからの時代が、多様な選択肢によって人々をより自由にする一方、その自由ゆえの過剰な選考と結合とによって人々が同質性の高いさまざまな集団に分断されてしまえば、相互承認を支える異質なものへの耐性や多様性への寛容は逆に育ちにくくなるということです。私の身近な例で言えば、保護者の方々から相談を受けることの多いＳＮＳでのやり取りを聞いていると、それがよく分かる場面に出会います。

例えば、こんな感じです。

自分の知らないところでやり取りが行われているかもしれないという疑心。知らず知らずのうちに意見を合わせる方向で応答・行動しがちになり、その結果として、異なる意見に敏感になる。見たいものしか見ない、逆に、見たくないものを垣間見てしまうアンビバレンスから、見えない空気によって関係性ががんじがらめになっていく。

ネットワークやグループで回る情報は、よく考えてみれば信頼性や妥当性に乏しいものばかり。けれど、みなよく状況が分からないから、断定的な物言いをする人がいると不安になり、煽動《せんどう》に駆られやすくなってしまう。誰かの噂、先生の評判、習い事への入会でも何でも。そうして、一人一人の主体性が失われる「相互依存的な共同体」ができ上がっていく。もちろん、そのことに気づく人もいるけれど、「クラス役員からの連絡」など必要な情報もここで回るから抜けられない……。

そうすると、「われ先に」と極端なことを言った人、他の迷惑を顧みず過激なことをやった人が承認を勝ち取っていきます。

いわゆる、フィルターバブルやエコーチェンバー、ポピュリズムやフェイクニュースも、このようにして生まれます。そしてまた、情報の信頼性や妥当性の判断、自分で選ぶことが必要になる所以《ゆえん》もここにあります。このことは、とりわけ「特殊日本」な課題でもあり、第二章以降で述べていくように、公教育の先にある、もっと大きな問題を考えるうえでも避けて通れない関門になります。

2 一斉・一律を乗り超える

(1)「みな同じ」現在の学びと学校生活

ア あらかじめ決められた集団ごとの計画に基づく「みな同じ」

人生一〇〇年も計算機自然も、自分で選ぶことの重要性を強調する時代観です。とすれば、本書の目標に照らして真に問うべきは、今の小学校や中学校が、こうした時代観を十分に踏まえ、よい公教育にかなったものになっているかということになります。

そこで、以下では、現在の一般的な教室（図1－1）をもとに、学校での一日を思い浮

図1－1　現在の一般的な教室

かべながら考えていきたいと思います。

――子どもたちは、満六歳（になった翌日以後の最初の四月一日）になると、一斉に、決められた小学校の、決められた教室に、決められた時間までに登校し、決められた席に座ります。中学校までを含めて一日の生活を考えてみると、四五分や五〇分を単位時間とした五、六時間の、学年・学級ごとの時間割に沿って一日が流れていきます。時間の区切りを知らせるのは、多くの場合で一律に流れるチャイム音です。

では、その時間割は誰が決めたのでしょう。教員です。この時間割の大元になるのは学校ごとに計画される教育課程ですが、その編成権は校長にあります。

授業のほうはどうでしょう。教員は、多くて四〇人の子どもを前に教壇に立ち、あらかじめ計画しておいた指導案に従って授業を進めます。

「日直さん、号令をお願いします」

「これから、○時間目の、□□の授業を始めます」
「はい、よろしくお願いします」
最近では、「授業のユニバーサルデザイン」と称して、一時間の流れが明示されていま
す。
[前回の復習→課題の把握→解決の見通し→自立解決→集団検討→振り返り・
まとめ]
現在の活動は、位置を知らせるマグネットなどで確認できます。
「前回は、△△をやりましたね。今日は……」
「……全員が前を向いて静かにしないと、授業を進められません」
「…………」
「はい、静かになりましたね。今日の課題は、◇◇です」
「では、まず、自分一人で考えてみましょう。時間は五分間です。始め」
各活動の時間は、デジタルタイマーで「ピピピ」と管理されることもしばしばです。そ
の後も、教員に指示されたとおり、みんなで同じ内容を、同じペースで、同じ方法で学ん
でいき、授業が終わったら、みんなに同じ宿題が出ます。その多くは基礎の反復練習、い
わゆるドリルです。

ちなみに、みんなと同じようにできない子どもは、可能な限り個別に指導します。それでもできなければ、授業外に補習したり、クラスを習熟度別に編成したり、特別な教室で学ばせたりします。休み時間や行事はさておき、子どもたちは、こうした日々を繰り返し、九年の義務教育を、四五分を一単位に計算すれば、(最低でも)九〇〇〇時以上の授業を受けます。国が定めた学習指導要領の内容の修得というよりは、「定められた場所で、所定の時間を過ごした」ことが修了の基準になっているのが実態です。

かなり単純化していますが、今の小・中学校は、こんな仕組みで動いています。自分以外の誰かによって「あらかじめ」決められた「集団」ごとの計画に基づく、「みな同じ」。学びの主体であるはずの子どもたちに自分で選ぶ余地はほとんどなく、学校生活のことを自分たちで決めるとなれば、その余地はさらに少ないのが実情です。

こうした現状の理解を深めるために、子どもたちを対象にしたある調査から、結果の一部を紹介します。杉並区教育委員会が毎年度五月に実施する、「特定の課題に対する調査、意識・実態調査」からの引用です。

まず、図1－2には、「個別の学び」に関する「授業では、自分の得意な部分を伸ばしたり、苦手なところを少なくしたりできるように、一人で学んだり、先生が個別に教えてくれたりする時間がある」と、「学び方」に関する「新しいことを学んで身に付けようとするとき、自分で計画を立てて学習を進めることができる」の調査結果を示しました。前者は、今の授業でどこまで子どもたち一人一人に対応できているか、後者は、自由に生きるためにどれだけ自立して学べるようになっているかが表れていると考えてください。

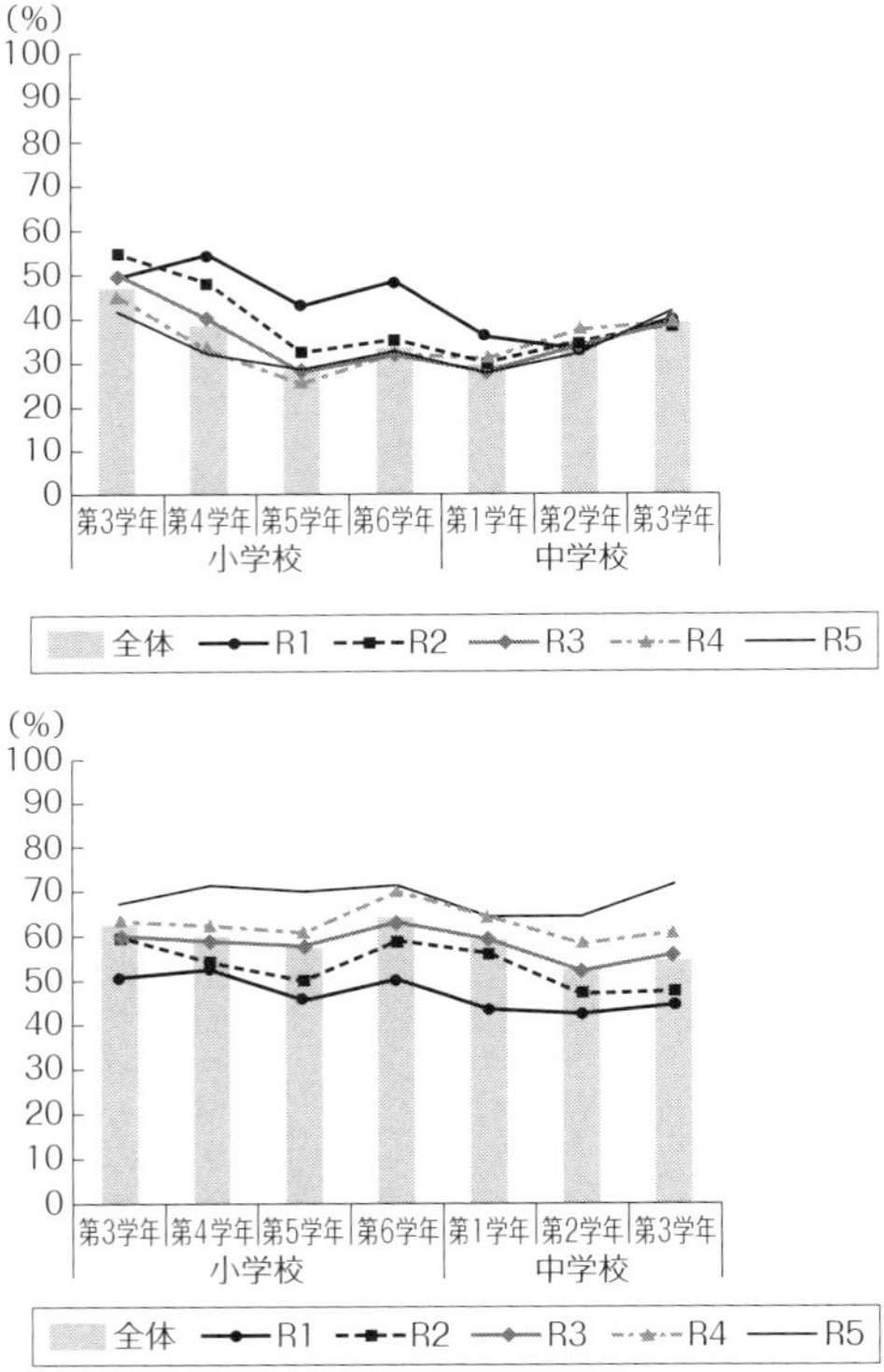

図1－2 「個別の学び」（上）と「学び方」（下）に関する調査結果（令和元年度）
R1：学び残しが多い　R2：特定の内容でつまずきがある
R3：おおむね定着がみられる
R4：十分定着がみられる　R5：発展的な力が身に付いている
回答はすべて4件法、全回答者に占める上位二選択肢の回答人数で肯定率（%）を算出。
小3＝3,354、小4＝3,382、小5＝3,247、小6＝3,297、中1＝2,092、中2＝1,921、中3＝1,989

続く図1-3は、「探究の学び」に関する「授業では、解決を目指す課題や学習計画を自分たちで考えて決め、協力しながら学習を進めることが多い」と、「自己効力感」に関する「自分は、努力すれば、たいていのことができるようになると思う」の結果です。前

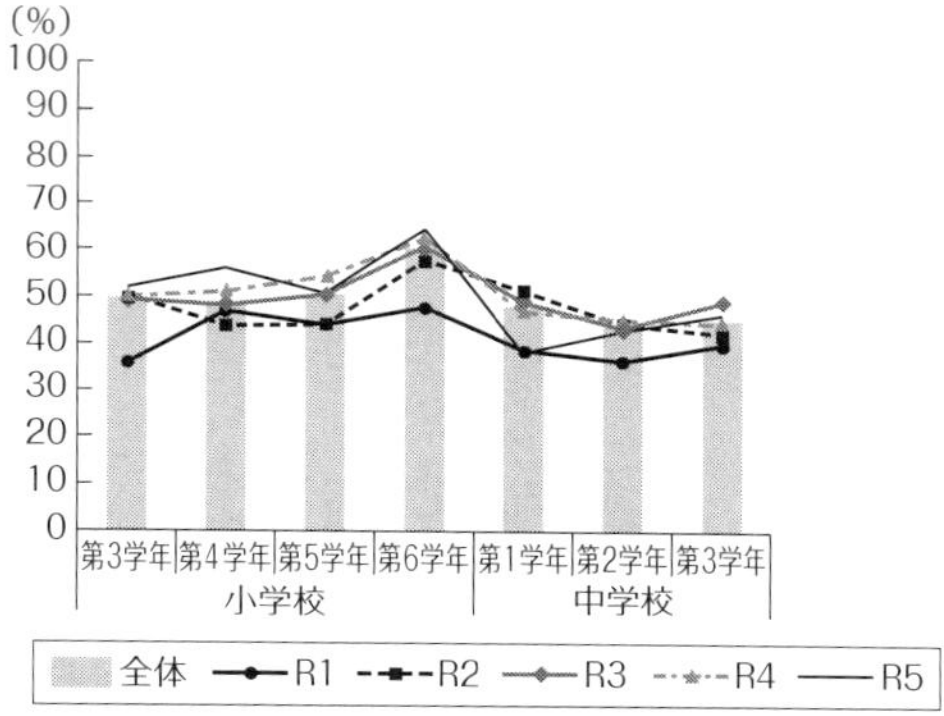

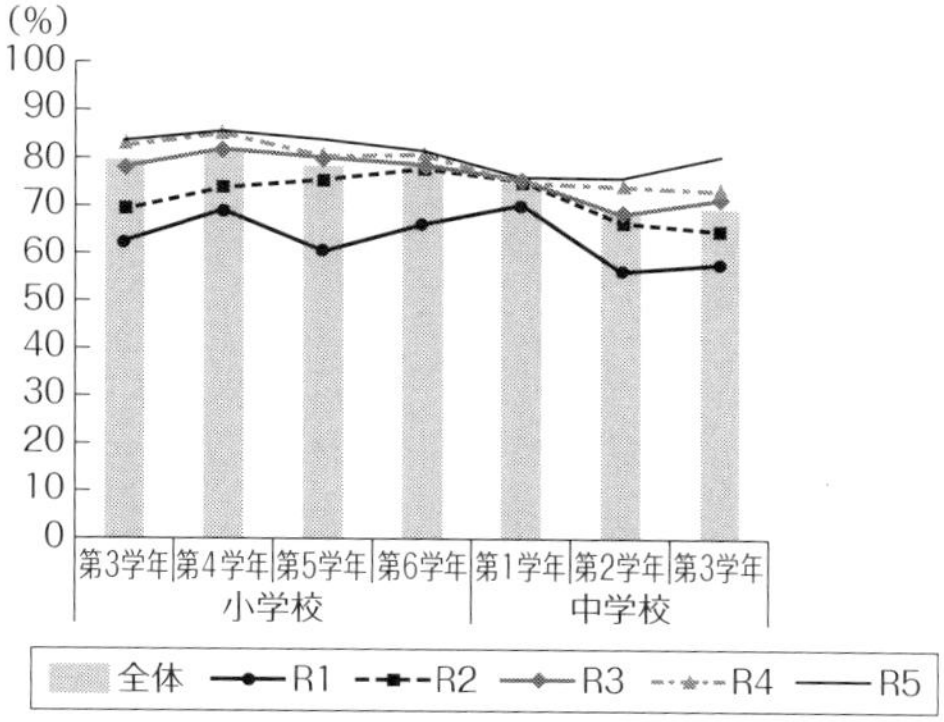

図1-3 「探究の学び」（上）と「自己効力感」（下）に関する調査結果（令和元年度）

者には、自分たちが主体となって未知を探究する経験をどれだけ積んでいるか、後者には、困難に負けず、自らの人生の主体として生きていく自信がどの程度育まれているかが表れていると考えてください。

なお、以降で同調査から同年度の結果を引用する際には、サンプルサイズが同一であるため、そのつど示すことはしません。また、質問紙調査については、「学力段階R」別の結果も分かるようにしてあります。詳細は第五章で説明しますので、この時点では、①「学習指導要領の実現状況を五段階で評定した指標」がRであること、②小三以上で国語科と算数・数学科、小四以上で理科を追加、中二・三ではさらに外国語を追加して調査を実施し、各教科のRを平均して四捨五入した値で段階別の肯定率を算出していること、さらに、③学力段階Rは、学習状況を固定的にラベリングするものではなく、義務教育で保障すべき学力をすべての子どもに確実に育むための参考指標であること、以上を理解しておいてください。

ここまでを踏まえ、おおまかにグラフを眺めてみます。

まず、個別の学びで、小五から中一の三〇パーセント前後を底に、どの学年も全体の肯定率が五〇パーセントに満たないことは、先ほど指摘した「みな同じ」の表れと推察できます。小三から小六、特に小六でR1が五〇パーセントと他段階よりおよそ一五ポイント高いことは、みなと同じようにできない子どもを別に分け、ときにはみなから隔て、何とか支えようとしている教員の努力の表れでしょう。

ところが、中一では、R1と他段階の差が一〇ポイントに満たないところまで縮まります。中二と中三では、全体の肯定率こそ三五パーセントと四〇パーセントに上昇しますが、段階間の差はほとんどありません。ここには、学年が進むにつれて大きくなる、「つまずきや学び残しの多い子どもにより細かく丁寧に教えようとしても、授業内では限界がある」という教員の心情が表れているようにも思えます。

続く学び方では、中三でも全体の肯定率が五五パーセントにとどまります。それもそのはず、探究の学びが同学年の全体で四五パーセントであることからすれば、日々の授業は、試行錯誤しながら「自分で・自分たちで」学びを進める力を育むようなものではないと考えられるからです。

しかも、です。学び方は、同じく中三でR1・2の四五パーセントからR5の七〇パーセントまで段階間にはっきりとした差があります。また、自己効力感の結果を見ると、中一に向けて縮まっていく段階間の差が再び開くのが中二で、さらに中三では、R5の八〇パーセントからR1の六〇パーセントまで段階が下がるほど肯定率が低くなることが確認できます。ここからは、みなと同じペースから落ちこぼれていく子どもが自身の成長に対する期待を失っていくとともに、無力感への強い自覚が中学二年生ごろから始まるという傾向を読み取ることができます。

「子どもたちは、一人一人、生まれも育ちも異なる」

「興味や関心の在り方も、得意なことも苦手なことも、『みな違う』」

もし、それを「当たり前」と言うのなら、「なぜこういうことになっているのか」という問いが立ちます。しかし、答えをはっきりとみつけられなければ、いつの間にかその解決方法を考えることすらもなくなります。こうして子どもたちのつまずきは学年の進行に伴って積み重なり、ひとたび、みなと同じペースで学ぶことから脱落すれば、どこまでも学び残しは増えていきます。例えば図1－4の②算数・数学科でR1・2の合計割合が小三＝二〇パーセントから中三＝四〇パーセントまで徐々に増加していく傾向は、このことの表れに他なりません。[4]

いわゆる「落ちこぼれ」や学年進行に伴った「学力格差」の拡大を半ば必然的に生み出す、「みな同じ」の学び。自分が小学生や中学生だった頃を振り返ると、これらの調査結果が一部の子どもたちの「悲痛な叫び」に思えるのは、私だけではないはずです。個に応じた指導に対する教員の努力を称えながらも、特定の子どもたちを置き去りにしているという「葛藤」は、一連の調査結果を考察することで、保護者や関係の方々にも手に取るよ

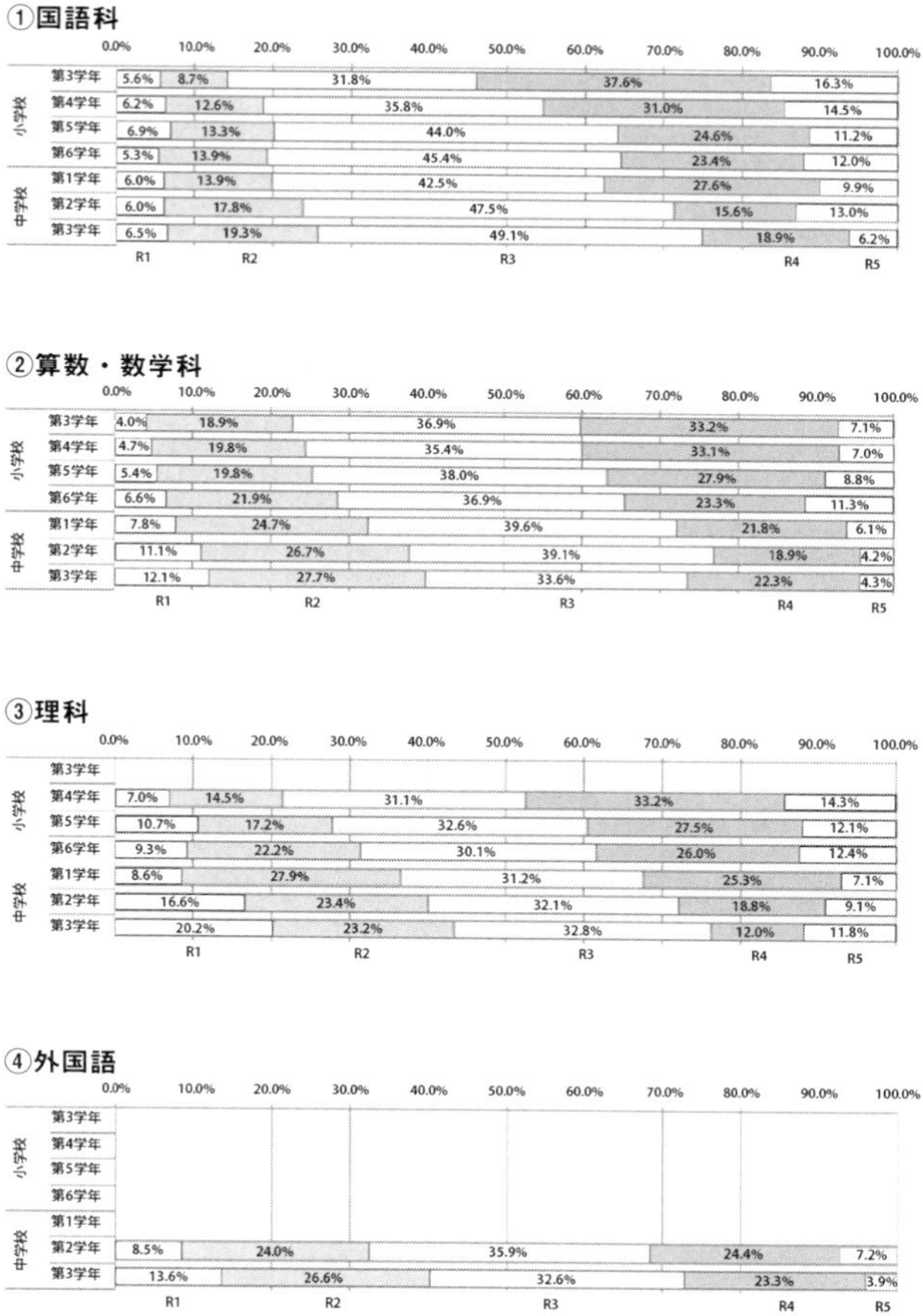

図1－4 「学習指導要領の実現状況（学力段階R）」に関する調査結果（令和元年度）

グラフは、左から右に向かって順に、全体に占めるR1からR5の割合を積み上げてある。

うに分かるはずです。

イ「みな違う」に考え方を逆転することの可能性

誤解のないように説明を補っておくと、杉並区では、ここ五年度間〈二〇一四〈平成二六〉年度と一九〈令和元〉年度の比較〉で、義務教育の最高学年となる中学三年〈中学二年までの学習内容〉のR1・2の合計割合がおよそ一五パーセント減少しています。これは、教員の努力はもちろん、本章末から順次紹介する学校の教育活動を支えるための行財政の仕組み、専門人材の拡充やICTをはじめとした施設・設備の整備が生んだ成果であると考えています。

しかし、教員による現在の授業改善の方向性は、誤解を恐れずに言えば、明らかに限界を迎えています。個に応じるために、みなと同じようにできない「違い」を分け隔てる。そのうえで、より細かく丁寧に教える。これでは、教員の労力だけでなく、学びの支えとなる人や場、そのための予算なども無限に増殖してしまいます。ところが、その方向に努力を続けてもなお、つまずきや学び残し、さらにはいじめや不登校、特別な教育ニーズ、学級の荒れといった問題は期待したほどには解決されていません。

ですがまた、その一方でここには、いわば従来の考え方を「逆転」することにより、こうした問題を一掃できる可能性を見いだすこともできます。

起きたことに事後的に対処するのではなく、そもそも、問題が起きないようにする。そのためには、何を、どうすればよいのか。

想像してみてください。

――もし、学ぶ内容が同じでも、一人一人に異なる興味や関心に応じて、自分のタイミングで学ぶことができたら。タイミングまでは同じでも、自分の得意を生かし、苦手を補うような学び方を、自分で選んで学ぶことができたら。何より、人と違うことが、今の調査結果に表れているような特定の子どもの弱さではなく、すべての子どもに「自分にとっての強さ」と「誰かにとっての優しさ」を育て上げるような協同の学びが実現したら。

つまり、これまでの発想を「転換」し、考え方の始発点に「みな違う」を置く。

そうすることで、私たちは、これまでの学びの在り方を根本的に変えるとともに、その支えとなる人や場、予算などを本当の意味で活用し、今の学校をもっと自由と相互の承認に溢れたものにできるはずです。

そのように考えれば、そもそも今言う「つまずき」や「学び残し」が、「能力の不足」、ましてや「資質の欠如」を必ずしも意味しないことが分かるはずです。同じ内容を、みなと同じタイミングで、みなと同じ方法で学ぶために、よりいっそうの手だてが必要な子を「特別な支援を要する」と見なしていることも同じです。どのような理由であれ、みなと同じようにしなければ「自分勝手」と批判されることもしばしばのはずで、それが「いじめ」や「不登校」につながっていることも容易に想像できます。

時代を捉えていないばかりか、いくつもの問題の「根」になっている「みな同じ」。ここで思い出してほしいのは、子どもが生まれてすぐの頃です。

こっちを見た。

声を出した。

笑った。

首が据わった。

寝返りした。

ハイハイした。

つかまり立ちした。

歩いた。

言葉をしゃべった。

日々の成長は、一つ一つの学びは、誰と比べるでもなくたくさんの悦びに溢れていました。それなのに、いつから私たちは、その子なりの「できた」ではなく、みなと同じように「できない」ことにばかり着目するようになったのでしょうか。

（2）近代の始まりから学びと教育を考える

先に要点を言っておくと、この問いの答えには、現在の学校教育が近代の象徴——むしろ「なれの果て」と言ったほうがいいかもしれません——であることが関係しています。あらゆる制度は「時代の所産」であり、絶対的なものではないのです。

そこで、以下では、現在の学校教育制度がどのように成立したのか、その起源と経緯をざっとひも解きます。そのうえで、以降の章の土台となるように、これからの学び、さらには公教育の在り方を考えるうえで欠かせない考え方を明確にしていきます。

ア　明治時代から考える

日本の近代は、およそ一五〇年前の明治に始まります。図1-5に示したのは、一八七四（明治七）年の教場風景を今に伝える「訓童小学校《くんどうしょうがっこう》教導《きょうどう》之《の》図《ず》」。黒板や掛図を使う「一斉教授」がすでにスタンダードであったことが確認できます。「これがすべての起源」として話を終わらせるのは簡単ですが、以後にも共通して大切なことは、どんな「やり方」も、その根底にある「考え方」にまで考えをめぐらすことです。

図1－5　明治初期（1874〈明治7〉年）の学びの風景[5]

　ここでのキーワードは、「合理化」です。かみ砕いて言えば、無駄をなくし、能率を上げるために、みなが同じように考え、同じように行動できるようにする。一飛びに言えば、そのことで強い国をつくる。中央集権化による近代国家の建設は、日本においては当時の列強、西ヨーロッパや北アメリカへのキャッチアップとして始まりました。

　では、具体的には何が必要でしょうか。すぐに思いつくのは、人の思考や行動が「時間」と「空間」に基礎づけられていることです。歴史をたどると、一八七三（明治六）年に太陽暦・定時法が、一八八六（明治一九）年にメートル法が導入されている史実に行き当たります。これらは、人々の行動の管理と統制を容易にし、工業化の過程における労働生産性の向上と経済発展に寄与しました。軍事も然りです。合理化、それが富国強兵を支えた考え方だったのです。

　近代学校教育制度は一八七二（明治五）年、「学制」の公

布をもって始まります。一斉教授を描いた先の教場風景も、ここに始まるものです。「学年」という同質性の高い集団を組織し、「学級」という単位を設け、行動のもとになる思考を一律に管理・統制しようとしたと考えれば、これも合理化の一環と理解できます。思考を方向づけるのは知識や体験であり、これらを得る手段が学びです。とすれば、教育を計画化し、制度化して全国どこでも同じように学ばせれば、万人の力を同じベクトルで結集できるようになります。

さらに大切なことは、学制があくまで「始まり」であったということです。学校教育制度を定める法は「教育令」「小学校令」「国民学校令」などを経由して戦後の「教育基本法」に至り、求めた理想も「独立独歩の個人」「天皇の臣民」から「平和と民主主義の担い手」「熱心に働く企業戦士」へと変わっていきました[6]。しかし、この過程は、国家が期待する人材を一斉教授で一律に育てるという意味においては、変わらず合理化の過程であり続けたということです。

こうして学制は、「みな同じ」をいわば「目標＝終着点」に定めたという意味において日本史上の画期になりました。「できない」ばかりに着目してしまう理由も、およそ一五〇年前に始まったこの一斉教授に起源があります。それは、「時代の要請」という意味において過去に一定の妥当性と有効性をもっていた考え方・やり方が、現在に至ってむしろさまざまな問題の根になっていることの表れの一つに他なりません。

一人一人の違いを無視し、みなが同じ内容を、同じペースで、教員に指示されたとおりの方法で学ばなければならないからこそ、すべての子どもが一つのものさしで序列化されます。個々のポジションは学習集団の中で固定化し、強い者はより強く、弱い者はより弱くと格差を広げます。落ちこぼればかりでなく「吹きこぼれ」、いじめや不登校、特別な教育ニーズ、あるいはそうしたことの総体として学級の荒れが生まれるのは、「みな同じ」を目標＝終着点とすることの半ば必然の結果だったということです。

イ　大正時代・昭和時代から考える

「みな同じ」がなぜ問題なのか、とりわけ、なぜ「みな違う」へと考え方を逆転する必要があるのかについては、これ以降の章でも繰り返し話題にしていきます。そこで、以下では、現在（図1－1）につながる変わらない一斉一律の風景を確認しつつ、これからの学びを考えるうえで欠かせないもう一つの話題につなげていきます。

図1－6は、前図からおよそ半世紀が流れた一九二五（大正一四）年です。大正デモクラシーの波に乗って自由教育が盛んになった時代ですが、変わらない一斉一律の風景が見てとれます。黒板右に「時計」があることからすれば、合理的管理がいっそう強まってい

図1－6　大正末期（1925〈大正14〉年）の学びの風景[7]

るようにも見えるでしょうか。

その次の図1‐7は、さらに一〇年ほど後の一九三六（昭和一一）年です。一斉一律こそ変わりませんが、じつは、ここで、次の話題につながる大きな変化が起きています。教室前面の右上に注目してください。そう、「スピーカー」です。この小学校では、この年の一〇月から校内放送が始まったそうです。

ちなみに、日本初のラジオ放送は一九二五（大正一四）年です。映画はずっと早く、日本で初めて上映されたのは一八九六（明治二九）年、テレビ放送開始は一九五三（昭和二八）年でした。図1‐8のように昭和中期となる一九六二（昭和三七）年頃になると教室にも白黒テレビがあり、高度経済成長・東京オリンピックを契機にカラーテレビの普及も始まります。

話の要点は、ここからです。

ラジオ、映画やテレビのみならず、録音、電信や電

図1－7　昭和前期（1936〈昭和11〉年）の学びの風景[8]

図1－8　昭和中期（1962〈昭和37〉年頃）の学びの風景[9]

話の技術は、二一世紀の今日、インターネットに接続された携帯情報端末で完全にパーソナライズされています。一斉一律の必要はもはや過去のものとなり、誰もが、いつ、いかなる状況でも、世界中の良質なコンテンツからなるMOOCs（Massive Open Online Courses）とAIアシスタントのサポートを得て学ぶことができる。こうした公教育の在り方は多くの人が期待するところでしょうし、義務教育で自立して学ぶ基礎を築いた後の学びなら、なおさらそうであるはずです。

かくして、学校法人角川ドワンゴ学園の「N高等学校」など、従来の通信制の枠を越え出た学校――デジタル空間の「屋根のない学校」――が生まれました。こうしたオンライン教育の機会は、これまで学校施設――物理空間の「屋根のある学校」――に来ることがむずかしかった子どもたちにも新たな学習参加の可能性を拓いていくでしょう。不登校の子どもや医療的ケアが必要な子どもをはじめ、「学びたいのに学べない」子どもがいるという状況は、教育がよりよく公《おおやけ》で在るために最優先で解決すべき課題だからです。

しかし、同学校法人が提供する「N中等部」は、公式ウェブページで、「一条校ではなく、自身の中学校に在籍しながら通うことができる」と明記しています。このことには、これからの学びを考えるに当たって十分に注意すべき点が含まれています。

N高に代表される二〇一九（令和元）年現在のオンライン教育は、SNSを介した学級担任との関わりや生徒どうしの協同、オンラインゲームによる部活動など双方向性を備えたものであることから、講義動画の視聴やＡＩドリル学習を主とした個別かつ単方向の機会とは一線を画するものではありません。しかし、それでも、義務教育最後の三年を完全に代替できる水準にはありません。そして、この話の要点は、現在の（教育用）情報端末が、主として「視覚」と「聴覚」に限定された情報を扱っていることにあります。

周知のとおり、二〇一七（平成二九）年改訂の学習指導要領では、その総則に「主体的・対話的で深い学び」の実現を定めました。ここに言う「深い学び」は、心理学・教育学の「有意味学習」を理論的背景として、「新規の学習内容が、先行する経験（既習の内容を含む）と意味・価値があるよう関連づく学び」と定義することができます。

しかしながら、そもそも、「意味」・「価値」とは何でしょう。話を分かりやすくするために、ここでは、思い切って意味と価値とを一つにまとめ、「どんな・いい」と表現することにします。「どんなもの」や「どんなこと」。「いいもの」や「いいこと」。どのように、「どんな・いい」は決まるのか。

この問いには、これからの学びを考えるうえで欠かせない要素が含まれています。

例えば、みなさんは、「この本」を読んでいらっしゃいます（ありがとうございます）。「読みたい」という「欲望（願望）」があるから、「この本」という物体は「情報伝達メディア」と記号処理されます。しかし、今、この瞬間に災害が発生したら。「身体」が危機に直面したら。この物体は、落下物から「身を守るもの」と記号処理されるかもしれません。同じ「物」であるにもかかわらず、「どんな・いい」の意味が変わりました。

少し硬い言い方をすると、意味と価値は対象にあらかじめ備わっているのではなく、私の欲望‐身体の「状態（state）」と相関して決まるということです。この考え方は、有意味学習のさらに根底にある、「人間が世界をどう認識しているのか」を哲学的・原理的に解き明かすものです。

もう一つ例を出して、本題につなげていきます。

私たちが物体Aと物体Bの高低差を「無視できない段差」として記号処理するのは、「移動したい」という欲望を前にして、身体の能力が「高低差が障害になる」状態にあるからです。喩えるなら、「成長する」ということは、この「段差」を乗り超えようとすることです。知識や技能、思考力や判断力、表現力をはじめとする資質・能力は、特定の「状況（situation）」に相関して学ばれるということです。

典型は、あれだけ必死に覚えた歴史の年号や出来事、倫理の人物、地理の用語などです。たんに暗記しただけなら、入試から数年も経てばすっかり忘れてしまいます。「使わないから忘れる」というのもたしかに事実ですが、そもそも使う状態‐状況＝「文脈

(context)」で学んでいないことのほうが本質的です。入試という、きわめて特殊な文脈でのみ使う知識。それを忘れてしまうのは、知識の「転移」や「転用」がそうそう起きないことの証左でもあります。その意味では、「使えないから使わない、だから忘れる」という言い方のほうが的を射ています。

　教室にスピーカーが入るという画期からおよそ一世紀、テレビの導入からは約半世紀の今、情報端末は、学校でもパーソナライズの段階に到達しています。ＡＩは教員の多くの仕事を代替し、学校という施設がなくなるかのように語られることもあります。

　しかし、深い学びの理論と原理は、学ぶ文脈がどこまでも「ほんもの（authentic）」でなければならないことを教えてくれます。[11] 例えば、自分よりも小さな幼児と遊び、給食を共にするからこそ、養護の必要を感じます。何年も川の水の温度や生物の変化に肌で触れるからこそ、自然の循環を実感できます。自分たちが日々生きている都市の文化的行事だからこそ、人々の切実な思いや伝統を引き継ぐ悦びが湧き上がります。

　見ることや聴くことで「知る」だけではなく、ときに対象に触れ、匂いや味、場合によっては痛みを感じるからこそ「分かる」。そういった「身体実感」が伴えばこそ、子どもたち一人一人に、「段差」を乗り超えようとする、「もっと・より以上」を求めて探究しようとする切実な「問い」が生まれます。そうした状態で、しかも学ぶ状況が将来に直面するであろう現実の場面を捉えているとき、育まれた資質・能力は真に人生に役立つものになるのです。

そして、このとき教員は、いわゆる「読み書き計算」の効率的な習得を支えるだけの存在ではありません。例えば、交わされる言葉の意味を表情や動作とともに捉えて理解し、子どもたちと地域の人々のこじれた感情と関係を解きほぐす。子どもたちの提案する環境保全のアイディアに、もっと大きな、紛争や貧困の解決につながる社会的な価値を見いだして称讃する。

こうした、複雑な意味と価値のやり取りが欲望‐身体と相関して行われていることが分かれば、その役割のすべてをＡＩでは代替できないことは明らかです[12]。教員とのこのようなきわめて人間的な関わりの中でこそ、子どもたちは、自由や相互の承認を支えるさまざまな資質や能力を豊かに育むことができるのですから。

（3）自分で選ぶことから始める学びへ

ア　学習の理論・認識の原理と幼児の遊び

こうして、再び自分で選ぶことから学びを始める必要に戻ってくることになります。目の前の学習課題が現実の状況を捉え、身体の全部を使って世界と関わるものであったとしても、子どもたちが解決を強く望まなければ、その過程で育むことを目指している知識や技能、思考力・判断力・表現力などの意味と価値が深く認識されないからです。

私たちは、あらためて自身に問う必要があります。子どもたちを、「教えなければ（何も）できない」「指示しなければ（何も）学べない」存在と考えてはいないか、と。そうした人間観は、「大人としての温情」や「教育を担う使命感」と合わさることで、学びの主体を無自覚のうちに子どもたちから奪います。さらに、「みな同じ」を考え方のベースにすれば、「教えたのに、みなと同じようにできない」「指示したのに、みなと同じように学べない」という像を子どもたちに対してつくり上げてしまうのです。

もちろん、多くの人は、子どもをそのように考えてはいないと答えるでしょう。しかし、さらに自覚的に問わなければならないのは、そう見なしているに等しい関わりを、はたしてしていないだろうかということです。これでは、やはり結果として、「教えなければ（何も）できない」「指示しなければ（何も）学べない」という方向に子どもを育ててしまうばかりです。

思い浮かべてほしいのは、再び幼児の姿です。朝のルーチンを終え、ふと目の前の段ボールが目に入る。思い立ったように数年愛用のハサミとテープ、色鉛筆を手に取る。折り、切り、貼り、くり貫き、色を塗り。そうこうしているうちに出かける時間、ところが声をかけても応えません。いよいよ待てなくなる私たち、しかし、徐々にできあがっていく謎の物体は、「クローゼット」「宝箱」「車」「掃除機」と次々に変化していきます。

そんなとき、私たち大人は、どうするでしょうか。早く終わらせようと、「こうしたらいいんじゃない」「ああしたらうまくいくよ」と協力する振りをして話しかける。いつの間にか、急いでいないときですら、「それはこう」「あれはこう」とすべてを指示し、気がつけば、「なんでできないの」とイライラを募らせている。

自分の子どもの頃を振り返れば、自分で選んで決めて、何もかもを引き受けてやったからこそ探究に浸り、それがどんなに成長につながったかを知っているはずなのに、です。

自分で選んで決めてやるからこそ、できないことがあれば心の底から困ります。段ボールが厚くてハサミを受けつけない。作業が細かくてうまく折り紙が貼れない。うっかり破ってしまった。身体や思考の限界、「やりたい」ことと「できる」こと、「知っている」ことと「知らない」ことの「段差」につまずきます。「もっと・より以上」を求めて探究する切実な問いが生まれます。

「できない！」

「教えて！」

「手伝って！」

助けてくれる誰かを探して協同し、知らなかったこと、できなかったことを乗り超えていきます。自立のための新しい能力を獲得していきます。

「できた！」

「みて！」

「どう？」

そんなときにもやっぱり誰かを求めて、自分の作ったものを褒《ほ》めてもらったり、人との違いに気づいたりします。共生の資質が大きく芽吹いていきます。

私たちは、こうした何気ない幼児の姿に、生涯にわたって自ら学ぶ力の基礎や、みんなと共に成長する力の素地を発見することができます。それは、小学校に入る前の子どもたちが、「自分で・自分たちで」学びを進めるために必要な経験のほとんどすべてを、遊びを通した人や物、事との関わりから得ているということに他なりません。

イ　自分で選び決め、探究に浸り、協同して共に生き・生かし合う学び

まとめましょう。

「自分」で「選ぶ」。自分で選び「決める」からこそ、「もっと・より以上」を求めて「探究」に「浸る」。その中でこそ、「共に生きる」「生かし合う」という「協同」がおの

ずと生まれてくる。この自然な遊び＝学びを、「みな違う」を考え方の始発点にして、小学校、さらに中学校へとつなげ、学びの状態－状況＝文脈を義務教育の九年間にわたってほんものにする。そのことで、今の学校を、自由と相互の承認に溢れた、すべての子どもにとってよりよい成長の機会とする。

これからの学びの在り方を考える出発点は、ここにあります。すなわちこれが、「公教育の構造転換」を実現するための最初の土台となる考え方です。

3　多様性と一貫性による実践事例

（1）近代学校教育制度を超えるために

公教育に限らずあらゆる制度は、時代の所産です。ところが、制度は、つくられたその瞬間から「慣習」や「慣行」を生み出し、必要があれば変える、何より「変えられる」ということが意識されなくなってしまいます。いまだ変わらない一斉一律の風景もその一つであり、いわば近代合理化の「なれの果て」となったその考え方は、むしろ今では、さまざまな問題を生み出す根になっています。

それゆえ、今後、学校教育制度は、「始発点＝みな違う」を考え方のベースに大きくその構造を転換していく必要があります。例えば、みなが同時に入学し、同じ場所で、同じように時間を過ごして卒業するという現在の制度。生まれ月による発育量の差を考えるだけでも、この仕組みが一人一人の違いを始発点とするものでないことは明らかです。

加えて、ここで強調しておきたいのは、自分で「選ぶ」ことから始める学びには、「みな違う」を始発点に一人一人が自分に合った学び方を「選べる」在り方が含まれているということです。

一例を挙げれば、先に言及した授業のユニバーサルデザインも、この点にこそ本質があります。一単位時間の流れを明示すること一つをとっても、見通しをもてることが誰かにとっての「学びやすさ」になると同時に、別の誰かにとっては、未知を既知としてしまうことで「学びの妨げ」になる可能性を考え合わせなければならないということです。

しかし、一方では、次章以降への導入として、「みな同じ＝終着点」という考え方が時代の使命を終えた理由とその後の状況を、もう少し深く理解しておく必要もあります。

すでに述べたように、日本の近代は、欧米へのキャッチアップとして始まりました。結果として、この国は、戦時には国家総力の経済体制を完成させ、戦後はいわばその「平和利用」によって高度経済成長を経験します。以降の議論にとって大切なことは、この時点で、「一億総中流」という階級意識と「大衆教育社会」が実現したことです。

生活の支えとなる基本財が普及する。学歴が階層移動の手段として誰の手にも届くものとなり、その獲得のための教育機会が平等に与えられる。それは、生存や安全の問題が解決し、社会の中でさまざまな生き方が一定の承認を得られる素地が整うということに他なりません。「始発点＝みな違う」という考え方は、「みな同じ＝終着点」という目標が一定の水準を超えて達成されたとき、初めて開花するということです。

しかしながら、そこから現在に至る過程は、みなさんの知るとおりでしょう。

一九八〇年代の束の間の繁栄の後、産業構造の転換の遅れもあって経済は停滞、民主制を支え豊かなサブカルチャーを生み出す源泉でもあった厚い中間層の時代が終わって「格差」の時代になります。九〇年代からの資本移動自由化とインターネット化の加速は、個人の自由をさらに解放する一方で、地域社会や家族の空洞化をよりいっそう進めていきました。

とすれば、人生一〇〇年・計算機自然時代には、格差の拡大に拍車が掛かり、体験や情報を共有して文化的に成熟していく一部のクリエイティブ層と、いわゆるゴーストワークに勤しみ基本財を融通せざるを得ない大多数の貧困層とに社会が分断されかねません。私たちは、「みな違う」を考え方の始発点に据えつつも、こうした社会状況を十分に踏まえて以降の議論を進めていく必要があります。

実際、このあたりの事情は、次の第二章の話題である「教育人材と組織」に大きく関連しています。例えば、本章でも言及したいじめは全体で五四万三九三三件に達し[13]、不登校は小・中学校で一六万四五二八人、「不登校傾向」にある中学生は全体の一〇・二パーセントとも推計されています[14]。学級がうまく機能しない状況（学級の荒れ）とも関係する暴力行為は小学校で三万六五三六件となり、前年度比八二二一件増と増加傾向を維持しています。

さらに、特別な教育ニーズについては、通級で指導を受ける児童生徒が小・中学校で一二万人を超え、うち学習障害、注意欠陥・多動性障害、自閉症が計六万五三七三人になりました。これら発達障害（発達症）が調査対象となった二〇〇六（平成一八）年度比で、約九・五倍の状況です[15]。

こうした問題の根は、たしかに「みな同じ」という考え方にあります。しかし、学びの在り方のみならず、学びを支え教育を担う人材や学校組織・教育組織の在り方を考え直さなければ、十分に問題を解決することはできません。近代学校教育制度を乗り超える公教育の構造転換のための議論は、ここで終わるわけではないということです。

（2）学校に多様な表情を生む

次章に進む前に、もう一つ、話題にしておきたいことがあります。これは私が教育行政に携わる仕事をしているからでもありますが、ここまでの内容を、基礎自治体の義務教育政策につなげることです。具体的には、本章で話題にした「学びと成長」領域の制度設計を方向づける考え方を、私が所属する杉並区教育委員会の取り組みを具体な実践事例として示していきます。

なお、取り上げる事例は、次章以降も含め、マクロな法改正を要さないものに限定しました。なるべく多くの方に本書を参考にしていただきたいからでもありますが、それ以上に大きな理由は、現行の法制度内でも構造転換を実現できる「可能性」が十分に残っているからです。

別の言い方をすれば、構造転換は、まず、私たちの慣習や慣行を見直すことから始める必要があるということです。実際、子どもたちの学びも、おおまかに言って、教科区分と内容の学年配当、標準時数が定められているだけです。一単位時間内の学びを一斉一律に縛りつける規定は何もなく、むしろ、合科的・関連的な指導や単位時間の弾力的な運用は推奨されているくらいです。

慣習や慣行が変わっていくと、現行制度の「限界」もおのずと明らかになります。そのとき、初めて本当に必要な法改正・制度改編も理解できるようになります。

では、基礎自治体の義務教育政策においては、どこから、どのように慣習・慣行を変えればよいか。

そのための考え方を示すことから、本章の事例紹介を始めます。

まず、杉並区の教育予算は、基本的な考え方に「適正配分」を置きます。何を当たり前のことをと思うかもしれませんが、多くの自治体では「均等配分」が原則です。そのような中、本区がこの考え方を採用するのは、「始発点＝みな違う」を具体化する〈多様性〉の容認を政策の根本に据えるからです。この考え方は、「学びと成長」をはじめ第四章までを使って示していくすべての事例を貫く軸になります。

約五七万の区民と三四・〇六平方キロメートルの面積、区立では六つの子供園、四〇の小学校と二三の中学校、一つの特別支援学校があり、義務教育課程にはおよそ二万七〇〇〇人の児童生徒が在籍しています。歴史的には、徳川時代の旧二〇村、これらが統合した明治の旧四村＝大正の旧四町が行政区画を構成します。その後の昭和も、青梅街道など近世までに整備された街道に加え、JR東日本中央線や西武鉄道新宿線、京王電鉄井の頭線、環状七号線・八号線といった人口移動に影響する交通インフラの発達がありました。

つまり、本区には、成立経緯からして「杉並区」と一括《くく》りにできない実態があるということです。一人一人から始まって学級、学年、学校、地域、すべてそれぞれに異なるこの事実を正面から受け止めよう、あらゆる制度設計の始発点を「みな違う」に転換しようという考え方が〈多様性〉の容認です。

そのように考えれば、例えば一〇〇〇万円の予算を均等配分することは額面上、平等でも、各学校の実情に即しているかは別問題です。次章の話題の中心にもなる地域社会の状況で言えば、バブルチャートに「経済資本」「社会関係資本」「人口」関連の指標を取り、「文化行事」なども考慮すれば、誰でも地域差の状況を確認できます。

そこで、〈多様性〉の容認です。教育課程の編成権は校長にあるのだから、始業日や終業日をはじめ学校経営の自由度を最大化する。そして、二〇一七（平成二九）年改訂の学習指導要領が定めた「カリキュラム・マネジメント」を含むその実現サイクルを、たしかな予算で裏づける。

しかし、学校が、それぞれに異なる実情を背景につくる教育課程や経営計画のすべてについて、どうしたら、教育行政の限られたスタッフで知りつくすことができるでしょうか。

分からないなら、聞けばいいだけです。杉並では、二〇〇四（平成一六）年度から特色ある学校づくりの予算を実情に応じて適正に「傾斜配分」することを始め、二〇〇九（平成二一）年度以降は、予算を要望する全校にプレゼンテーションを義務づけています。

もちろん、特色として容認するためには、条件があります。その中核になるのは、「自校・自地域に特有の課題を捉える」「各種調査結果を踏まえる」「学校の棚卸（杉並流スクラップアンドビルド）を前提に」です。「自分の専門教科が体育だから」「科学教育が好きだから」など、「勝手が過ぎる」という意味での恣意、形骸化した取り組みの提案は容認しない。裏返せば、地域社会の状況を含め、子どもたちの過去‐現在‐未来を考え続けることが要請される。

この制度設計の肝は、そこにあります。

ここで徹底的に回避しているのは、いわゆる「思考停止」です。しかし、考えたことが実現しなければ、いつしか考えることを止めてしまう。「だったら均等・平等でいい」「いっそ行政ですべてを決めてくれ」ということになりかねません。だから肝はもう一つあります。私たち教育行政も、考え続けることを要請されるということです。

毎年一・二月に行うプレゼンテーションは、私たち教育行政の側からすれば、「総合支援会議」の場になります。学校からは、校長や副校長のみならず、特色を中核で支える教員、保護者や地域の方々が参加する場合もあります。教育行政は、教育長、事務局次長、担当部長、教育課程の関連事業を主管する課の課長、統括指導主事、私（主任研究員）も出席します。提案に対し、みなであれこれ考える場でもあるということです。

学校は、考え続けることを要請される分、その実現を支えてもらう仕組みがあります。結果としてこの制度設計は、「考え続けることを支援する」ものになります。特色予算ではむずかしくても他の事業予算で、ときには部を超えて実現の方途を探ります。毎年六〇件近い提案があるため一提案あたり二〇分という短い時間ですが、こうしたことを一〇年も続けていると学校はそれぞれの「表情」をもつようになり、相互の触発も起きやすくなります。

(3) 一人一人の学びを一貫させる

信頼と忍耐をもって待つ。あらためて強調したいのは、学校現場での教育だけでなく、教育行政にもこの姿勢が求められるということです。もちろん、一校・一地域では分からない実態を各種調査の結果を通じて知らせるなど、予算の配当以外にもさまざまな策で特色づくりを支えます。詳しくは第五章で紹介しますが、本章で紹介した調査結果もその一つです。

しかし、ここには、もう一つの仕掛けがあります。キーワードは〈一貫性〉の担保です。具体的な事業としては、二〇〇五(平成一七)年度から取り組みを本格化した「幼保小連携教育」と「小中一貫教育」が該当し、〈多様性〉の容認とは一対の関係にあります。その理由は明確です。一人一人の成長の可能性を最大化するように、生涯学習を視野に入れ、幼児教育を基礎として義務教育九年間の学びをつなげるためです。

〈多様性〉と一対ゆえ、〈一貫性〉を考え方とする本区の一貫教育の設計は、きわめてシンプルです。目的について一つ、方法について二つのキーワードを共通指針に掲げるのみで、各学校・地域が独自の取り組みを展開できるようにしています。

具体的には、目的を「すべての子どもに人生の基盤を確実に築く」、そのための方法を学びの「つながり」と人の「生かし合い」としています。これまた当たり前のことをと思われるかもしれませんが、世間一般の一貫教育は、いまだ「施設一体型・早期選抜のエリート教育」と混同されているところがあります。「中一ギャップ」への対処のように、特定児童生徒のために、特定の教員が、特定の時期に行う特別な取り組みに矮小化されています。

こうした状況を考えれば、一貫教育の目指すところは、どれだけ強調してもし過ぎることはありません。すべての児童生徒のために、教員をはじめとしたすべての教育人材が、日常的に取り組むことが基本です。〈多様性〉の容認との関連で言えば、各学校は特色を考える際、おのずと異校種の特色を考慮することになります。つまり、〈多様性〉は、先の条件に加え、〈一貫性〉が担保されている限りにおいて容認される。このとき、方法に関する二つのキーワードが参照されることになります。

幼保小連携も小中一貫も、その目的に向かって学びをつなげる取り組みです。具体的には、まず、学びのつながりのうち目標・内容面を「系統性」、方法面を「連続性」に分離します。そのうえで、学習指導要領等を前提としつつも、〇歳から一五歳まで、あるいは九年間という時間枠で、一人一人の違いに応じ、じっくり学びと成長を考えることを基本方針とします。各学校・地域は、このような一貫性の担保という考え方のもとにそれぞれのやり方を考えていくことになります。

ここで確認しておきたいのは、入学したての児童が小学校にスムーズに適応できるようにカリキュラムを構成する「スタートカリキュラム」についてです。これは、考え方を間違うと、それこそ「みな同じ」を基調とした授業や学校生活への適応を促す取り組みになりかねません。「スムーズな適応」の本質は、先に示した幼児の自然な遊び＝学びを、系統的にも連続的にも小学校につなげることです。「中一ギャップ」はもちろんのこと、「小一プロブレム」も同じように考える必要があります。

加えて、教育を取り巻く発想は、「あれをしたらいい」「これもしたらいい」と、「ポジティブ・リスト」を積み上げていくことに流れがちです。逆に言えば、「何をする必要がないか」、特に「何をしてはならないか」という「ネガティブ・リスト」から子どもたちへの関わりを見直すことを疎《おろそ》かにしがちです。自分で選ぶことを尊重するためには信頼と忍耐が必要なわけですから、その意味でも成長は長い目で支えなければなりません。

そして、もう一つ、こうした学びの在り方を実現するためには、学級や学年、校種、さらには学校と地域といった垣根を越えて、教育の担い手が共に手を取る必要があります。それが人の生かし合いを意味する〈協働〉、みなで地域のこと、自分たちの「まち」のことを考えていこうということです。

〈協働〉を通じて〈多様性〉と〈一貫性〉を追究する事例には、以下のようなものがあります。二〇一七（平成二九）年度発刊の『すぎなみ9年カリキュラム――総合的な学び編』[16]からの紹介です。この冊子は、杉並流の一貫教育の考え方やこれからの学校とまちの関係、次章以降で話題にする「授業改善から学びの構造転換へ」などについて論じた、総ページ二五〇以上に及ぶそれなりの大著です。

しかし、こうしたものをつくっても、教育課程への導入などを義務づけず、参考資料にとどめる。それが、〈多様性〉の容認を徹底するいわば「杉並の矜持」です。

○『すぎなみ9年カリキュラム――総合的な学び編』から

■主として幼児教育に関わる取り組み

①五年生との交流給食体験：杉並区立下高井戸子供園（・高井戸第三小学校）

事例の概要：年長組の幼児が、交流給食を通して小学校への期待をもつことをねらいとします。小学校は、5学年の総合的な学習の時間「人のためにできることを考えよう」に位置づけています。

活動の特徴：交流後は、文字や数字への興味が高まったり、児童の思いやりに触れて小学校への期待がふくらんだりしています。また、子供園での遊びの中で、学校ごっこが始まり、ランドセルやノート作りをしたり、勉強や給食ごっこをしたりする様子が見られています。

②善福寺の自然を生かした環境学習：杉並区立井荻小学校（・荻窪中学校）

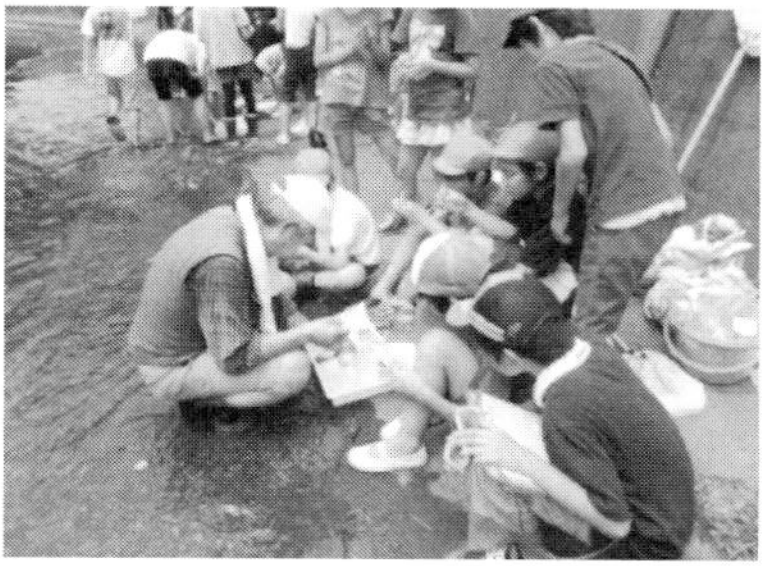

事例の概要：敷地内を流れる善福寺川を生かす環境教育を通じ、自分なりの課題を見いだし、表現する力を育むことをねらいとします。善福寺公園を中心とした自然観察会、善福寺川での観察会など日常的な学びの充実を柱とします。

活動の特徴：2学年が1学年の町探検の援助を、4学年が3学年に善福寺学習の報告会を、6学年が5学年に清掃活動のビブスとノートの引き継ぎ式を行うなど、学年を超えた学び合いと連続性も特徴です。すぎなみ環境ネットワークや学校支援本部に支えられた学びです。

③杉四カンパニー：杉並区立杉並第四小学校（・杉並第八小学校、高円寺中学校）

事例の概要：地域との関わりの中で商品を開発・販売することを通じ、問題解決力を育てることをねらいとします。
活動の特徴：3学年で地域の方と共に町をめぐりカルタをつくる「高円寺カルタ」、4学年「杉四カンパニー」、5学年「米づくり」、6学年「僕の夢私の夢」「ミニ職場体験」など支援本部の支えを得ながら学んでいます。生まれ育った町である高円寺に愛着をもち、高円寺を学び、理解し、つながり、関わってほしいという願いが根本にあります。

④発見！ 自分たちの高円寺阿波おどり：杉並区立杉並第八小学校（・杉並第四小学校、高円寺中学校）

事例の概要：高円寺阿波おどりは地区のシンボルとして大きな位置を占めます。本校も地域の一員として長年関わっており、第5・6学年は、大きな課題であったごみ問題に正面から取り組み、杉並区に政策提案する力まで育んでいます。
活動の特徴：自分たちの身近な問題だからこそ、目的を明確にして取り組みます。この実践は、杉並第四小学校と合わせて高円寺中学校へ連続し、伝統を引きつぎ、文化を実践し、地域へ働き掛ける主体となる力を育みます。支援本部、地元の商店街や商店会、地域町内会や地元団体の支えも欠かせません。

⑤西田遺産登録！　まちの宝物を見つけてガイドツアーをしよう：杉並区立西田小学校（・桃井第二小学校、松溪中学校）

事例の概要：生活科「まち探検」を発展、地域のよいところや大切に思うこと、守りたいことを調べて広報します。場所や物、人などを結んでガイドツアーを組み、土曜授業等で保護者や地域の方に参加してもらい、発表する力も高めます。

活動の特徴：ユネスコスクールであることから世界遺産と関連させて「西田遺産」として登録し、保護者や地域の方はもちろんのこと、区内の人にも伝えようと呼びかけています。文化財に関しては、郷土博物館や、杉並区役所の都市整備部とも連携して取り組みを進めています。

⑥防災を文化に：杉並区立高井戸第二小学校（・西宮中学校）

事例の概要：特設の時間として設定する防災教育を通じ、震災発生時に誰かを助ける視点として自助・共助・公助を獲得すると共に、発達段階に応じて危険を予測し、回避することができる力の育成をねらいとします。

活動の特徴：発災→放送→避難→点呼・安全確認という避難訓練では、発災時に必要な行動ができないのではという問題意識から始めました。防災教育がなかなか進まない理由などを考え乗り越えながら、西宮中学校と協働した9年間の活動に発展しています。

⑦富士見丘わが町会議：杉並区立富士見丘小学校（・富士見丘中学校）

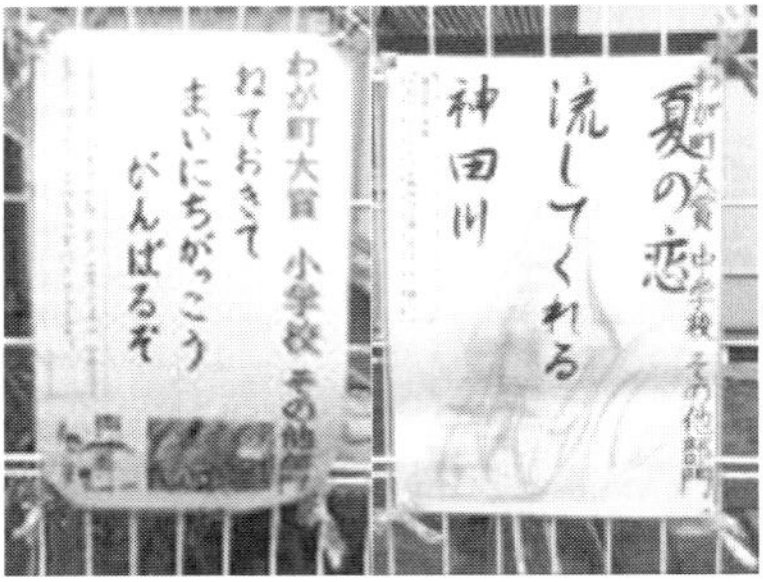

事例の概要：学級活動を主とする「富士見丘わが町会議」を通じ、地域と家庭と学校を結び、コミュニケーション能力、実践を見通す力や合意形成する力の育成をねらいとします。

活動の特徴：学区が東西と南へ長く伸びることから、学校に児童・保護者・地域を結び付ける役割があります。子どもたちは、わが町を自慢の故郷にする助けができないかと考え代表委員会に提案しました。難しいことも中学生と一緒ならと考え、この活動が実現しています。

■主として中学校に関わる取り組み

⑧神明中平和サミット：杉並区立神明中学校（・高井戸第四小学校）

事例の概要：「すぎなみ小・中学生未来サミット」を受けた「神明中平和サミット」により、全校を縦割り班に分けていじめ対策を話し合い、小学校との交流を通じて主体的・創造的・協同的に課題を解決する力の育成をねらいとします。

活動の特徴：セシオン杉並で開催した「すぎなみ小・中学生未来サミット」は、区立中学校生徒会役員が一堂に会す協議会です。サミット後、生徒会役員が高井戸第四小学校を訪問、いじめ対策についての班ごとの話し合いに加わり、サミットの内容を小学校につなげています。

⑨地域再発見　阿佐ヶ谷はりぼてづくり：杉並区立阿佐ヶ谷中学校（・杉並第六小学校、杉並第七小学校）

事例の概要：阿佐谷パールセンター七夕祭りの一環であるはりぼて作成・展示を通じ、地域社会の取り組みに主体的に参画し、他者と協力して発展に貢献しようとする態度を育むことをねらいとします。

活動の特徴：小学校でのはりぼてづくりの成果を引きつぎ、中学校第1学年が総合的な学習の時間で実施することで、「地域」パールセンターを再発見することにもつながっています。本校の特別支援学級の生徒が共に活動することで多様な関係を結ぶ力も育てています。

■主として特別支援学校・学級に関わる取り組み

⑩地域で学び地域で育つ：杉並区立済美養護学校（・副籍校）

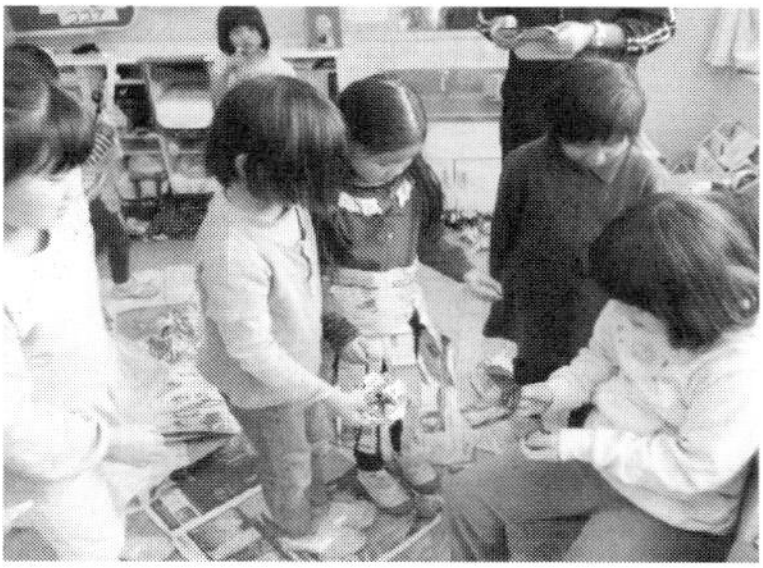

事例の概要：地域交流単元「こいのぼり集会」、地域指定校と交流する「副籍交流活動」を通じ、地域の一員としての自覚、これからの人生を前向きに考える力を育てることをねらいとします。共生社会の担い手を育てることもねらいです。

活動の特徴：副籍交流の頻度は学期1回程度が多く、交流した子どもたちが地域ですれ違った際、互いを意識して挨拶を交わす場面も生まれています。保護者の方々からも、副籍校に在籍しているとの実感、温かく豊かな交流を肯定的に評価していただいています。

⑪みんなと生きる済美の子：杉並区立済美小学校（・かしのみ学級、済美養護学校、こすもす生活園）

事例の概要：かしのみ学級（済美小に設置の特別支援学級）や近隣の済美養護学校、こすもす生活園の人たちと関わり合う活動を通じ、互いを思いやり、認め合う態度を育てることをねらいとする活動です。

活動の特徴：1学年の交流をスタートする際、「かしのみ」を使い、か＝顔を見て話しかけて、し＝心配しないで、の＝のんびり待って、み＝みんなと同じ心があるよ、と話をします。障害の有無によらず、誰もが同じように相手を理解していきます。「本当のインクルーシブ」を考えながら交流しています。

学校の先に「まち」を見るこれらの事例は、ありきたりなものばかりに思えるかもしれません。しかし、学びの状態 - 状況 = 文脈をほんものにする材料は、こうした日常の中にこそ存在するのであり、だからこそ学びを支える人材と組織の話題は、教員や校内分掌、異校種の協働を超えて拡がっていきます。

論点をやや先取りするなら、いわば教育という舟を浮かべる豊饒な海、学校から地域へと拡がる「社会」にこそ〈協働〉の本質があるということです。

こうして最初の章の話題は、学びと成長からその支え手となる人、さらに社会へと抜けていきます。このように杉並の教育政策は、各施策・事業間の連動を緊密につくり込み、〈全体性〉を追究していることに特徴があります。

しかし、なぜそれが必要なのかという理由も含め、公教育の構造転換へとつながる政策の全体を語るには、まだ、いくつかの話題を経由しなければなりません。それゆえここでの説明は一区切りとし、次章の話題である人材と組織に進みたいと思います。

第二章　生かし合う人材と組織

――「依存と孤立」から〈協働〉へ

第二章は、「教育人材と組織」が話題です。すでに私たちは、一人一人の違いに応じて学びをつなげようとすれば、話題がおのずとその支え手になることを見ました。

このことを踏まえつつ、本章は、学びを支え教育を担う人材、教員の役割から考えていきます。

1 学びを支え教育を担う人材

(1) 教員の過酷な労働

日頃から、教員だけでなく、保護者や地域の方々も混ざって話す機会がよくあります。そこでの主な話題は、もちろん子どもたちの学びです。私は、アドバイスを求められると、第一章で述べたことをベースとして、「これからの学びは、子どもたちが自分で選び決めながら進めることが大切です」と話します。反応は上々、特に、子どもたちを「自ら学び共に成長する」存在と捉えることには、多くの方が一定の反省を覚えるようです。

ところが、話が進んでいくと、決まって二つの質問が返ってきます。

一つ、「子どもたちに主体を預けたら、一人一人違うことをして収拾がつかなくなるのではないか」。したがって、「みなに教えるべきことを教えられないのではないか」「みな同じように活動しなければ、評価もできない」。これは、教員から返ってくる質問です。ここには、ある種の「恐怖」が混ざっています。こうした「萎縮」も学級の荒れに対する社会の過敏な反応などを考えると理解できますし、地域によっては「受験」が意識を横切るはずです。

もう一つは、「ならいっそ先生も選べるようにしたらいいのではないか」。続けて、「あの先生は……この先生は……」。言わずもがな、保護者のみなさんが吐露される本音です。「不安」と言い換えてもいいし、ときに「怒り」が混じることもあります。たしかに、「学級担任」が誰になるかは現状「くじ引き」のようなものですから、学校に対して「不平」や「不満」を訴えたくなることもあるでしょう。

しかし、です。四月当初の教員配置は、言うまでもなく、その時点での学校全体の最適解です。しかもその解は、「学校における働き方改革」の必要が広く社会的に認知されたように、教員の過酷な労働を背景に試行錯誤を経て生み出されたものです。

一例を挙げると、勤務時間は二〇一六（平成二八）年度調査で小学校教員の三三・五パーセント、中学校教員の五七・七パーセントが過労死ラインを超え、精神疾患による病気休職者数は二〇一八（平成三〇）年度で公立学校全教職員約九二万人の〇・五七パーセント、つまりここ一〇年ほど五〇〇〇人前後で推移しています。[17] 大量退職・大量採用による若手教員の増加と少子化の進展を見据えた雇い控え時代の影響を受けての年齢構成の不均衡[18]、新規採用・教育管理職選考ともに下がる応募倍率[19][20]も踏まえておくべき背景です。

このような事情から、「学担替え」を訴えても、まず、四月当初の全体最適を超える結果は得られません。仮に、学担替え＝部分最適になっても、結果として学校全体が回らなくなることもあります。つまり、「あの先生は……この先生は……」という問いの立て方、その問いが生まれてくる背景にある学校の仕組みを変えない限り、全体と部分の両最適を実現することはできないのです。さらには教員が足りなくなりつつある現状[21]からすれば、「席があっても座る人がいない」可能性さえも考慮する必要があります。

（2）授業改善から学びの構造転換へ

ア　違いを認め生かし合う学校

そこで、こうした問題意識のもと、教員を主語にして、子どもたちの学びや学校生活を考えることから本章を始めます。後述するように、この章の議論は、仕事の内容を減らす、そのために外部人材に頼るといったことにとどまらない「本当の意味」での働き方改革を目指すことにもつながっていきます。

最初に題材にするのは、ある、「思考実験」です。

メンバー（学年）		1羽折るのに要す時間	50分で折れる数	目標を聞いたときの心情
1	和宏くん（1年）	5分	10羽	挑戦しがいがある！
2	圭吾くん（1年）	10分	5羽	半分は行けるかも…
3	健二くん（1年）	15分	3羽	混乱…でも頑張る
4	俊彦くん（1年）	20分	2羽	絶望…やりたくない
5	篤司くん（1年）	2分	25羽	楽勝、でもつまらない

表2－1　思考実験「千羽鶴」[22]

想定するのは、こんな状況です。みなさんは教員の立場で、生徒たちに「千羽鶴」を折らせることになりました。中学生の男子5人グループ、割り当てたノルマは計50羽です。当然ですが、能力には個人差があります。それを一覧にしたのが表2－1です。

「サッカーの試合で倒れた嘉晴くんのために、1人10羽、1時間（五〇分）で折ろう」

学校の日常的な風景です。同表には、生徒たちがこの目標を聞いたときの心情も記しておきました。

みなさんに考えてみてほしいのは、50分後にどうなっているかということです。

もっとも単純な予測は、和宏くんから順に10＋5＋3＋2＋10で30羽できると考えることでしょう（篤司くんが「10羽」なのは、目標の「10羽」が上限になるからです）。

「半分以上はできる！」

「もう少し頑張らせれば‼」

直感的にはそう思うかもしれませんが、現実はそうたやすくありません。

5人の「50分で折れる数」は「平均9羽」、一律に与えた目標の「1人10羽」は＋αを期待したと解釈できます。しかし、例えば俊彦くんは1羽／20分ですから、10羽折るには200分を要します。単純な作業でつまらない、しかも苦手なこと。やる気をなくし、取りかかりすらしないかもしれません。作業量としても全員10羽ずつなら総計520分が必要になり、最後に作業を終える俊彦くんを待つなら3時間以上を費やすことになります。

こんな状況になれば、篤司くんや和宏くんはイライラを募らせるかもしれません。みな男子ということもあって序列ができ、学級内のポジションは固定していく予感がします。俊彦くん、あるいは健二くんも、特別な支援が必要と見なされるでしょうか。もしかしたら、それがいじめや不登校につながることも考えられます。

ここで、再び、「一斉一律」というキーワードが浮かんできます。教員は子どもたちに「みな同じ」を課すことで、日々これと同じような状況を生んでいる可能性があります。よくある、「授業のねらいをどの程度にすれば、みんなにちょうどいいか」という問いは、そうした状況につながる典型的な考え方です。

さて、私たちが真に問うべきは、もちろんこの状況をどう変えるかです。先回りしておけば、俊彦くんや健二くんに支援人材を充てるといった発想を安易にとることなく、です。まずは、問題の根にある「みな同じ」を「みな違う」に逆転して具体的なやり方を考える。前章で私たちが得たのは、この考え方だからです。

そこで、次に題材にするのは、いわゆる「オルタナティブ教育」です。モンテッソーリ、シュタイナー、レッジョ・エミリア、サドベリー、フレネをはじめ、日本なら、きのくに子どもの村学園などに代表される「もう一つの学校教育」の形です。その中でもここで取り上げるのは、ペーター・ペーターゼンが一九二四年にドイツで創始し、スース・フロイデンタール・ルッターが一九五〇年代以降にオランダで発展・普及させた「オランダ・イエナプラン教育」です。

基本的なことから解説すると、オランダのイエナプランは、「オープンモデル」を強調します。「イエナプラン教育二〇の原則」に基づいてカスタマイズ・ローカライズ可能なことに特長があり、考え方を共有し、やり方の多様性を大切にする本書とも軌を一にします。原則として掲げられている人間観も、「どんな人も、世界にたった一人しかいない」「どのような人も、自分らしく成長していく権利をもっている」など、第一章で示した「始発点＝みな違う」という考え方を具体的に表現したものと捉えることができます。

やり方については、部分が相互に連関して全体を成す以上、安易な部分取りは避ける必要があります。そのことを十分に認識したうえでここでの議論に必要となるものを取り出せば、①異年齢学級、②自立学習、③インクルーシブになります。ただし、これでもまだ、部分取り感は否めません。表層的な模倣は百害あって一利なしですから、十分注意してください。

そのうえで解説していくと、①、②、③は、まずもって、すべてが事細かに手続き化されたマニュアルとは対極に位置しています。教員は、三つが合わさることで、学習者のことを常に考え続けるよう要請されます。第一章の最後で紹介した杉並の制度設計と同じように、やり方が思考停止の回避を強化する構造になっているということです。

三つの年齢から成る学級、ブロックアワーでは、週始めに自分でつくった計画に従って自立学習します。インクルーシブの考えから、障害の有無を超えてみなが同じ場で学びます。「みな違う」という状況が当たり前になると、教員は子どもたち一人一人のことを、あるいは子どもたちどうしの助け合いや生かし合いを常に考えることになります。子どもたちにとっても、おのずと協同が生まれ、支える・支えられる双方の経験ができる条件が整います。そもそも、同年齢のみで構成され、誰からも助けを必要としない集団など、ひとたび学校を出ればほとんど存在しないのです。

この場面から分かるのは、「みな違う」を始発点として、「違いを認め、生かし合う」という考え方が働いているということです。自立学習を支えるとともに、違いを認め生かし合うためのやり方を考え、子どもたちと関わることが教員の大きな役割になっています。

では、この考え方・やり方を、先の思考実験に応用するとどうなるでしょうか。

解答の一つは、「自分のベスト＋αを目指そう」「できないことは協力して」、です。全員がもてる力をいかんなく発揮することで、45羽＝10＋5＋3＋2＋25できるかもしれません。仮にそうだして、残り5羽はどうしましょう。

「じゃあ、あと1人1羽ずつ」

俊彦くんができるのを他の4人がただ待ったとしても70分ほど、総計300分ほどの作業量で目標を達成します。もちろん、早く終わった人がサポートすることも、困ったら自身で助けを求めることもできます。そうなればもっと早く目標に到達できるし、生徒たちは、「自分なりにできた」満足感から「誰かの役に立てた」という有用感までさまざまな感情を経験できるようになります。

すべての子どもに「自由と相互承認」の感度を育もうとするとき、学校での学びや生活は、こういう考え方をもって営まれることが望ましいはずです。したがって教員の腕の見せどころの一つは、違いを認め生かし合う状況をさまざまにつくり出すことによって可能な限り序列を流動させるとともに、その中で一人一人が社会的自立に向かう学びを支えることです。遊びや給食、清掃、クラブ活動や部活動、委員会活動、各種行事など、生活共同体として学びを営む日本の学校教育の思考伝統でもあるはずです。

イ　学びの構造転換の基本的な考え方

「みな違う」を始発点とすることで、一人一人がもてる力を発揮できるようになり、その結果として集団としての生産性も高まる。教員の支えによって十分に「違いを認め生かし合う」ことができれば、それはすなわち「よい公教育」の在り方にかなうことになる。とすれば、次に考えるべきは、これを具体化・一般化し、教育をよりよく変えるための道筋を一人でも多くの人に拓くことです。

そこで、再び立ち返るべき原点が、「自分で選び決め、探究に浸り、協同して共に生き・生かし合う」という自然な遊び＝学びです。これを、先の思考実験から明らかにしたことを踏まえて教員の「手だて化」する、「授業改善から学びの構造転換へ」が次の話題です。

要点は、再び「逆転」というキーワードに集約できます。まず、考え方を、「教員がどう授業をつくり、どう学習者に教え授けるか」から、「学習者が自分で選び決めながら進める学びに、教員としてどう関わるか」に変える。「あらかじめ」決めた教授の計画を完遂するのではなく、学習者の自己選択の機会を最大化し、自己決定で貫く学びの在り方を追究する。そのうえで、「後追い」を基本に、学習者のみでは到達できない内容や目標に向かう過程を支え、共に探究していく。

「あらかじめ」の教授から、「後追い」の支援・共同探究へ。教員の基本姿勢だけを取り出せば、学びの構造転換の考え方は、こうまとめることができます。

この姿勢によって、まず、学習者が探究を内発する条件が整います。第一章で述べたとおり、自分で選んで決めて、何もかもを引き受けるからこそ、「もっと・より以上」を求めて自ら探究に向かうからです。したがって協同も、基本は学習者が自ら選び取る学び方の選択肢の一つとして位置づけます。その目的は、「真」の「主体性」と「多様包摂性」を育むこと、分かりやすく言えば、「自由」を支える「自ら行動を起こす意志」と、「相互承認」を支える「多様で異質な他者と共に生きる意志」を育て上げることにあります。

別の言い方をすると、「授業改善」という言葉には、暗黙のうちに「教員主体」の視座が含まれているということです。これを「学習者主体」に転換するということは、ある状況が与えられたとき、一人一人に異なる学習者が、どんなことを思い、どんなことを考えるかに視点を据え、どんな学びや探究を展開する可能性があるのかを、視野角を大きく広く取って想像するということです。そして、この視点・視野角のもと、多様な探究課題や探究方法を選ぶことのできる条件と環境を整えることによって、誰もが共に学び生かし合うことのできる機会を生み出すのです。

例として、小学六年生の国語科から、立松和平《たてまつわへい》作『海の命』を取り上げます。第一章は、幼児期の終わりを想定して例を出しました。そこで、本章では、学童期の終わりに時期を定めます。そのうえでこの例を取り上げたのは、私が現在のやり方に大きく疑問を感じていたことが理由です。

ストーリーは、主人公の太一《たいち》が、村一番のもぐり漁師だった父の命を「瀬の主」であるクエに奪われ、父が死んだ瀬で毎日一本釣りをしている与吉《よきち》じいさに無理やり弟子入りするところから始まります。

『海の命』を使った教員主体の典型的な授業展開は、教科書例題「登場人物の関係を捉え、人物の生き方について話し合おう」を学習課題とし、場面ごとにスモールステップの課題を与えて六時数程度で単元を構成するものです。その背景には、学習指導要領が定める指導事項の参照はもちろん、小学校最高学年の三学期ということがあります。「生き方」を考えるに相応しい時期だということでしょう。

実際、この文章の最後の場面は、村一番の漁師になった太一が、父が死んだあたりで「瀬の主」かもしれないクエに遭遇するところから始まります。しかし、太一は結局もりを打たず、その心情は、大魚に父を重ねて「海の命だと思えた」と描写されます。「クエを殺すことで仇《かたき》を取り、父を超えようとしたものの、最後は共生の価値に転ずる」との解釈・分析が、学習課題の中心に「生き方」を置くことを後押しするということです。

ここで思い返してほしいのは、深い学びはほんものの文脈と切実な問いとによって支えられているということです。自分自身の読書経験を振り返ればお分かりになると思いますが、私たちが文学に触れる接点は、必ずしも「生き方」だけではないはずです。そもそもは「なんとなく読みたい」が先にあり、ある瞬間ふと「問い」が湧き起こり、それが絶えず更新されていく、そんなこともしばしばでしょう。さらに言えば、国語科の目標は、学習材の解釈や分析を深めること自体にあるのではなく、その過程で言葉に関する知識や技能、思考力・判断力・表現力といった資質・能力を育むことにあります。

とすれば、なぜ、問いや学習課題を「生き方」に限定し、授業が進むほど教員が期待する「正解」が透けて見えるような展開で、学びを浅い「にせもの（unauthentic, fake）」にする必要があるのでしょう。

そう教員に問いかけると、「じゃあ、『一番心に残ったところ』『もっとも感動したところ』を中心に読ませるのはどう？」という質問が返ってきます。たしかに、元の課題よりはいいかもしれません。

しかし、なぜ、「感動」でなければならないのでしょうか。その問いで、例えば「つまらない」は許容されるでしょうか。「なぜ『海の命』はつまらないのか、どうして心に残らないのか」を課題にする子がいたとすれば、むしろそれは、分析の力を高める批評的探究としても、学習集団に解釈の多様性をもたらす点でも大きな価値があるはずです。

そこで、学習・探究課題は、「生き方」も含めて「みな違う」「自分で選ぶ」が許容され、「違いを認め生かし合う」につながる、「自分で問いや課題を立てて読もう」にする。協同やテクノロジーの活用も選択肢に入れ、解決のための探究計画を一人一人に委ねる。ここまでが一般解、そのベースラインです。そして、ここからが教員の腕の見せどころ。「この見方・考え方を使う」「まず自分で」「異なる感じ方・考えの人を見つけて交流を」「時間や場の使い方も考えて」など、目標や学習状況に応じて「探究の条件」を提案・交渉していきます。

国語科としてもう少し深掘りしておけば、『海の命』の解釈・分析としては、復讐譚とはまったく別の、「瀬の主への憧憬《しょうけい》、海への畏敬、与吉じいさの後継」もあります。この例からも分かるとおり、すべての文章には、複数の解釈・分析が成立します。

であれば、まず、多様な解釈、「私はこう読んだ」をもち寄って、そこから共通性と差異性を見いだしていく。そのうえで、作家論的・作品論的にも妥当な分析「たしかにこう書いたに違いない」、しかし「これ以上は読者しだい」を問い合い探究する。そうすることで、個人・集団ともに学びが広く深くなっていく展開を期待できます。

少し極端に言えば、「共生すら人間中心の考え方だと思う」「欺瞞《ぎまん》に思える」と批評する子がいてもいいはずです。教員の解釈・分析に到達させるのではなく、むしろそれを超え出る可能性を支え、共に探究する。その過程で、一人一人の多様で固有な生活経験（エピソード）が引き出され、共有されるからこそ、学びは広く深くなるのです。それに、少し想像を広げてみれば、まさにこの時期だからこそ、「生き方を押しつけられるような居心地の悪さ」を覚える子がいる可能性にも気づけるはずです。

ここで、学びの構造転換にチャレンジした教員が典型的に口にする感想を引用します。

「学びが個別化すると、子どもたち一人一人の違いに応じた関わりを増やせる」

「分からないとき、できないときに『自分たちでやってごらん』と返せば、だいたいのことは解決できる」

「子どもたちが壁に当たり、じっくり悩んだところでポイントを教える。指導事項を押さえた『ワンポイントレッスン』の入れ方、タイミングが『肝』」

「学ぶべき核心に迫るのが早くなって、時数も標準の六～八割で済む」

「教科専門性を高める努力は絶え間なく続ける必要があるけれど、総合的に考えればすごく楽になる。しかも教員にとっても楽しくて、学習の効果も何倍にもなる」

教員が不安に思う「教えるべきことを教えられない」「収拾がつかない」状況にはならず、与えられた自由や自己選択・自己決定の機会が、子どもたちの「自ら学び共に成長する力」を引き出すものであることが分かるはずです。

特に印象深かったのは、同じく六年生の国語科・宮沢賢治《みやざわけんじ》『やまなし』で学びの構造転換にチャレンジしたときのことです。「無駄な死は一つもない」との主題の解釈で参観していた大人を含むみなを唸らせたのは、杉並の学力調査で言えばR1や2、前学年の学習内容で「つまずきがある」「学び残しが多い」状況の子でした。

「この子、R4や5じゃないの⁉」

担任からすると、

「いつもやろうとすらしないあの子が‼」

こうした子どもたちの姿は、小学校でのチャレンジの際にほぼ例外なく観察される現象としてよく話題になります。

そんなこともあってか、子どもたち自身としても、

「自分でつくった課題、自分の気になっている課題が解決できるのが楽しい」

「教科書が考えるヒントになる」

「むずかしいことを考えることで、教科書に書いてあることが分かる」

「自然と誰かと話したくなる、他の人の考えが気になる」

「全員の考えと自分の学習課題がつながる」

「自分でじっくり考えて、友だちともたくさん考えて、それでも分からないときやできないときに先生に教えてもらえる」


そういった感想が、自然と出てきます。加えて、多くの教員が、

「踏み出してみる『勇気』以上に大切なものはなかった」

と言うことも、また、ベテラン教員から、

「ついつい長年の『癖』で待てずに教えてしまう、まとめ過ぎてしまう」

といった素直な気持ちの吐露があったことも、このチャレンジが誰にも開かれていて、実現のためにはみなで継続して取り組む姿勢が必要なことを教えてくれます。


ちなみに、学びの構造転換は、「教えるのは苦手、専門教養は最高度」のような教員に輝きを取り戻す側面もあります。

「先生すごい、何でも知っている！」

「もっと話聞きたい!!」


そういった言葉は、こうした教員に対する子どもたちの尊敬のまなざしから来るものです。逆に、もっとも苦労するのは、当然ながら事細かく指示を繰り返す教員です。特にチ

ャレンジの初期には、子どもたちの「手が止まった」タイミングですぐに話しかけ、探究への没頭状態から現実に引き戻してしまう場面がしばしば見られます。「子どもたちが黙っていても、じっくり考えているだけかもしれない。一言でも自分から発するまで待とう」

とりわけ課題をつくる場面は、探究意欲の喚起や持続を大きく左右しますから、後追いと、こういう場面でやってはならないことのネガティブ・リストを意識するだけでも、ずいぶんと子どもたちの様子が違ってきます。

信頼と忍耐をもって待っていると、子どもたちには、「後からぐっと伸びる」という意味での「後伸び」の瞬間がやって来るのです。特に、子どもたちが自然と協同し出すタイミングは堰《せき》を切ったように学びが広く深くなるサインになりますから、探究の時間をじっくり与え、そこまで待てるかどうかが学習の成否を大きく左右します。

ウ　学習者と学習材の往還的研究

しかしながら、これ以上、具体化を進めると、単純なやり方の話になってしまいます。そのことに気をつけつつ、学びの構造転換の基本的な考え方をまとめていきたいと思います。

そこで、次に問うべきは、仮に先の探究課題なら、子どもたち一人一人がどんな学びや探究を展開する可能性があるのかということです。

「与吉じいさになんで弟子入りしたのか」

「『瀬の主』はどういう意味か」

「なぜクエを殺さなかったのか」

あの子、この子、また別の子と想像していくと、これまで「教材研究」と称して一人テクストを分析（分解）していたときよりもはるかに大切なことが分かります。この行為の本質が、育成を目標とする資質・能力に即して行う「学習材を通した学習者の研究」であり、「学習者を通じた学習材の研究」だということです。

これを、「学習者と学習材の往還的研究」と呼びます。

では、仮に、「つまらない」という思いをもった子が課題や解決方法を考えられずに困っているとして、みなさんなら、どう関わるでしょうか。他の子との協同を促すことも選択肢ではありますが、ここでは教員による支援・共同探究から考えます。その際に踏まえるべきは、文章には「内容」と「表現」の二つの側面があり、ここでの目標が、「描写への着目」と「登場人物の相互関係や心情などを捉える」という見方・考え方を育むことであるということです。

例えば、「なんでつまらないの？」と問いかけ、できる限り待ってみます。

「……内容はいい気がするけど、なんかこうグッとこない」

「『グッと』？」

「どきどき？」

「『臨場感』みたいな？」

〔中略〕

「なら、『書かれ方』かもしれないね」

最後の一言は、表現・描写に着目できていることに気づかせる、いわゆる「明示的指導」です。

実際、『海の命』は、太一に寄り添いつつも、「語り手」の立場から書かれています。そのことをあらためて意識した教員は考えます。

「ならいっそ、特定場面だけでも太一を一人称にして物語をリライトしたら。登場人物の関係の理解も進むし、あくまで解釈・分析や考えを形成するためのリライトだから、その質を『書くこと』として評価する必要もない」

「そうだ、リライトを通した解釈・分析と考えの広がりや深まりは、『読むこと』の事項に準拠した『思考・判断・表現』だけでなく、『主体的に学習に取り組む態度』を観点に

『何を学んでいるか』という『経験の本質』、探究意欲や学び方を評価すればいい」「評価規準は、例えば『自分の課題を解決したいと願い、より以上の解釈・分析と考えの形成に必要な活動を見いだし積み重ねている』にしたらどうだろう。そうだ、この評価規準なら、一人一人の活動の多様性を包摂しながら全員一律に適用できる！」

そういった考えが、次々と駆け巡るはずです。

このような思考過程をたどる学習者と学習材の往還的研究は、複数人で、過去の実践も振り返りつつ行えば、さらに可能性が広がります。そして、こうした質の高い対話が日常になることで、教員主体の授業は学習者主体の学びに転換していきます。起こり得る未来を展望する「往還的研究」、過去から未来の糧を取り出す「省察的実践[23]」が一体となったこの対話こそが教員組織の核であり、その質と量が専門職組織としての成熟度を図る指標でもあり、構造転換を持続可能にする条件なのです。

こうして学びの構造転換は、学校組織の日常にも及んでいくことになります。

(3) 委ねて支えて共に探究する教員

ア 本当の意味での働き方改革

私たちがこれまで無自覚に前提としてきたのは、前章でも述べたように、「みなと同じようにできない違いを分け隔て、より細かく丁寧に教える」という教員主体の教授の発想でした。この奥底に潜むのは、やはり、「教えなければ（何も）できない」「指示しなければ（何も）学べない」という人間観であり、「みな同じ」という考え方です。これらが合わさることで、違いを分け隔てるというやり方が生まれ、より細かく丁寧に教えるというやり方が、際限なく裾野を広げてゆくのです。

皮肉なのは、より細かく丁寧に教えるほど自己決定性が失われ、内発的な動機づけが減退する側面があることです。期待どおりの反応がなければ学習を先に進めず、みなと同じように「できない」ことばかりに着目しがちになり、「あれをしたらこれ」「これをしたらそれ」と教員の労力はどこまでも増殖、にもかかわらず、子どもたちの可能性には幾重にも天井が課されます。

しかも、です。みなと同じように「できない」ばかりへの着目は、習熟度別授業や特別支援学級をはじめ教育機会を外に向かって拡大し、子どもたちの学びや学校生活を同質性の高い集団ばかりで組織するものにします。ときに分け隔てること自体が目的化し、「学習者一人一人の視座に立って教育機会をグラデーションのように保障する」「共に生きる世界に参加する力を育む」という目指すべき目標が見失われていきます。

その結果、どんなことが起こるでしょう。本来たんに「従順」であるにすぎない「指示に従い積極的に活動する」ことが「主体的」と見なされ、「自ら行動を起こす」ことこそが真の主体性であることが見失われてしまいます。協同もまた同質性の高い集団内で指示され受動的に行うだけの活動になり、「自ら差異を超え、多様で異質な他者と共に生きる」真の多様包摂性も育ちようがなくなります。

ただ、幸いなことに、こうした考え方・やり方を乗り超えようとするチャレンジはこれまでにもあったし、新たな取り組みもそこかしこで生まれています。大正の自由教育や戦後の新教育、先のオルタナティブ教育も然りです。もっと身近な例で言えば、第一章の最後で紹介した交流及び共同学習や副籍交流、あるいは自校内通級と理解される特別支援教室も、子どもたちの学びや学校生活に多様性を取り戻す、大きなきっかけになるはずです。

これらの底に共通して流れているのは、「違いも認めて混ざり合い、委ねて支えて共に探究する」という学習者主体の支援・共同探究の発想です。多様な教育機会を確保する必要を十分考慮しながらも、言語や文化、思想や宗教、肌の色や性別、社会階層、あるいは障害の有無といった違いを越境してみながが共に学び、子どもたちがより「自立的・協同的な学習者」に成長することで、「市民社会」のよりいっそうの成熟を願うのです。

あらためて、考えてみてください。

今、本当に私たちが期待すべきなのは、いじめや不登校などの根元にある「みな同じ」を「みな違う」に逆転することにより、問題自体が起きなくなるようにすることです。私たちが本当に願うべきは、子どもたちが「自分で・自分たちで」何もかもを学び、身につけることができるようになることで、教育の担い手としての私たちを必要としなくなることなのです。

これらの先に、本当の意味での働き方改革があることは、言うまでもありません。

イ　教育課程の個別化と三者合意による編成

では、こうした学びの構造転換の考え方を、現行制度の延長線上でもっともラディカルに追究するならどうなるでしょう。私なら、学習指導要領の総則に規定された「社会に開かれた教育課程」の未来の姿として、教育課程が「個別化」し、現在のそれが「学校としての協同に関する全体計画」へと位置づけを変える姿を見ます。そのとき、個別化して一人一人のものとなった教育課程は、その編成権を、学習者・保護者・校長の「三者合意」に移行する。なぜでしょうか。

学びの構造転換は、考え方の根底に「人は自ら学び共に成長する」という人間観・教育観を置いています。子どもたちの成長の可能性に蓋をせず、「学びたい」を最大限に生かそうとすることは、その具体的な表れの一つです。またそれは、選ぶという行為によって自分の「こうしたい」「こう生きたい」を鮮明にし、自分の人生を自分で選び取る力を育てていこうとするものでもあります。

けれど、教員にも、「自らの賢さをだれかのために役立てられる人になってほしい」「自然と共に生きてほしい」といった成長への願いがあり、だからこそ「これを学んでほしい」という思いがあります。『海の命』に即して言えば、保護者の中には、曾孫をその手に抱くことができなかった自分の祖父や祖母の生き方を「教えたい」という思いのある方がいるかもしれません。また、自らの経験から、「障害の有無に関係なく、みなが共に生きられる社会をつくってほしい」と願う方もいるでしょう。

そして、もちろん、学習指導要領に代表される「学ばなければならない」ことや、かつての企業戦士の現代版である「グローバル人材」「クリエイティブ人材」の育成など、公からの要請もあります。二〇三〇年頃となるだろう次期改訂のさらにその先を見据えれば、複数回の入学時期、飛び級や早期卒業などが当たり前になる中で、「あらかじめ」の「年齢主義」が脱構築され、教科区分や標準時数に関する規定も緩やかに、さらには対面とオンラインの融合も進んで自分なりの探究を核とした「後追い」の「課程主義」が実現していくはずです。しかし、そのようなときが来ても、「共に生きる」という社会の要請に応える側面が公教育から消え去ることはありません。

協同に関する全体計画も、ここに策定の根拠があります。そして、このとき、教員主体のカリキュラム・マネジメントは学校としてこの全体計画をどう扱うかという営みになり、一方、個別化した教育課程は、学習者個々を主体に学習資源の最適な配置を考える「ポートフォリオ・マネジメント」がその実現のための営みになるはずです。

つまり、こういうことです。

考え方の始発点を「みな違う」に逆転するということは、学校の仕組みのもっとも深い部分にある教育課程の個別化に半ば必然的に行き着きます。教育が十分に公で在るためには、「すべての人の合意」を意味する「普遍意志」がその条件になる以上、個別化した教育課程の編成権について、学校という公的機関の校務一切の掌理権を有する校長のみならず、学習者が未成年である場合は保護者がその一部を有すこともまた、論理的に考えて半ば必然の帰結となります。

そして、何より、「生きたいように生きる」自由の内実は、一人一人で異なっています。だからこそ、教育課程は、学校と保護者のみならず、学習者自身を含めた三者の合意によって編成されるとき初めて、子どもたちを真の人生の主体とする学びの支えになるのです。そしてこれこそが、公教育のよさをはかる規準としての「普遍福祉」、つまり、「すべての人のよりよい生」にかなう在り方なのです。

ウ　教育人材の本質的な役割

そこで、教員の役割も、おのずと定めることができます。学習者が自分で選び決めながら進める学びに後追いで関わるという基本姿勢のもと、「A学びたいこと」「B教えたいこと・学んでほしいこと」「C学ばなければならないこと」の関係において、一人一人にA∩B∩Cを目指しつつ（図2－1）、ひいては、AにBとCが包摂される地点を目指すことです。

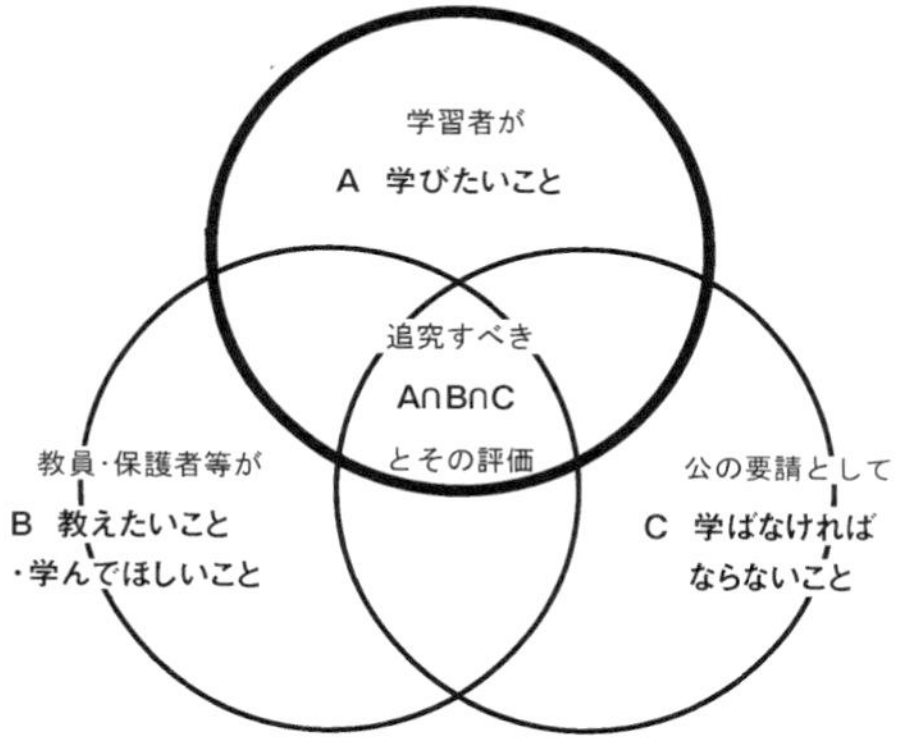

図2－1　教員・教育人材の本質的な役割

この図に表現した考え方は、教員の児童生徒への関わりのみならず、もっと広範な、学びを支え教育を担う人材の役割の本質を表現しています。じつは、私が、学びの構造転換に先駆けて一貫教育の研究に取り組んだ理由も、この考え方が前提にあったからでした。

幼児教育を基礎とした義務教育九年間で「学ばなければならないこと」の「系統性」を理解しているからこそ、「教えたいこと・学んでほしいこと」を生かしつつ「学びたいこと」から始めることができます。それがあるからこそ、幼児期に基礎が育まれる「自分で選び決め、探究に浸り、協同して共に生き・生かし合う」という自然な遊び＝学びを、生涯学習を視野に〈連続性〉をもって実現することができるのです。

これで、学びの構造転換の考え方を実践に移す準備が整いました。ここまでの議論を踏まえれば、「同一場面の同一活動でなければ評価できない」「そのような評価が行えない授業はできない」という評価の考え方がいかに本末転倒であるかも分かるはずです。総括評価としての評定の在り方も、その主たる機会と材料を一斉に行うワークテストや定期考査のみに求めるのではなく、一人一人が自らの探究計画に位置づける、いわば「力試し」の総括となっていくでしょう。つまり、学習評価の個別化・多様化です。

そして、ここにも、教員の大きな腕の見せどころがあります。学習者一人一人の学習評価をA∩B∩Cの追究と表裏一体に行うというこのきわめて高度な作業は、教員が免許状を有するまさに専門職であることの意味を発見することでもあるからです。

2　依存と孤立を乗り超える

（1）自己肯定感をめぐって

ア　考え方とやり方の関係

少々余談になりますが、私は、大学で非常勤講師をしていたとき、成績判定の主な材料は講義内のレポートにしていました。ほぼ毎回のレポートは、三日後までなら事後提出も可です。最終回には採点済みの全レポートと仮評定を返却、成績異議申し立てとレポート再提出の機会を設けていました。

多いときで一〇〇名ほどの講義でしたが、学生は、自分のニーズに応じてこの仕組みを活用してくれていたように思います。

「いい成績がほしいので、レポートを修正して再提出したい」
「部活やサークル活動にも時間を割きたいので、不可でなければいい」
「レポートはメールで事後提出するので、そのつどコメントがほしい」

などです。事後提出期間に誰かと協同してもかまいません。自分なりの経験に裏打ちされた考え方を重視する評価規準を明示していましたから、ウェブ検索などをしてもさほど

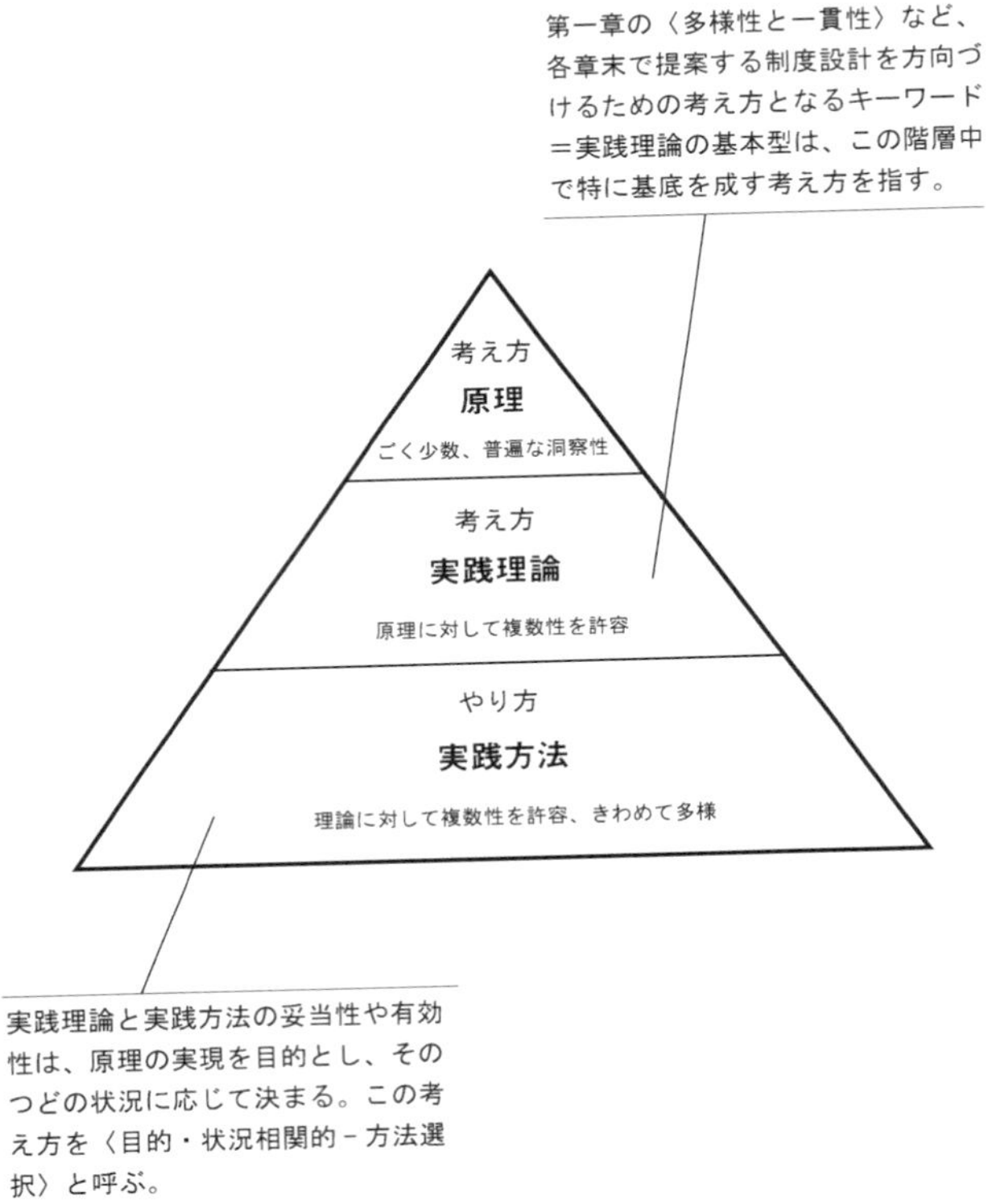
第一章の〈多様性と一貫性〉など、各章末で提案する制度設計を方向づけるための考え方となるキーワード＝実践理論の基本型は、この階層中で特に基底を成す考え方を指す。
考え方
原理
ごく少数、普遍な洞察性
考え方
実践理論
原理に対して複数性を許容
やり方
実践方法
理論に対して複数性を許容、きわめて多様
実践理論と実践方法の妥当性や有効性は、原理の実現を目的とし、そのつどの状況に応じて決まる。この考え方を〈目的・状況相関的－方法選択〉と呼ぶ。

図2－2　考え方とやり方の関係（原理－理論－方法のピラミッド）
原理より理論のほうが、理論よりも方法のほうが複数存在する。例えば、誰もが納得できるよう、すべての子どもに「自由と相互承認」の感度を育むことはよい公教育の原理＝満たすべき本質と条件・規準であり、「学びの構造転換」はその実現のための実践理論の一つであり、『海の命』の展開例はこれらの考え方を具体化する実践方法の一つである。

意味はありません。剽窃《ひょうせつ》は絶対に許さず、悪質な場合は一度で不可です。

こうした条件のもと、成績を納得して受け取る、納得できないなら再チャレンジできることが、受け身ではない学びに不可欠と考えていました。

実は、こんな例を紹介したのは、誤解しないでほしいことがあるからです。それは、『海の命』のやり方を「一般解」としたように、本章で紹介した例があくまで「入り口」にすぎないということです。図2－2に示した「考え方とやり方の関係（原理－理論－方法のピラミッド）」からすれば、「原理」や「理論」を具体化する「実践方法」は無数にあります。

ちなみに、私が大学で課していたレポートは、大テーマこそ指示するものの、具体的な問いと表現方法は自由にしていました。複数の専攻から学生が集まる講義だったこともあり、数学専攻であれば数学で、美術専攻であれば絵画で、音楽専攻であれば音楽で言葉を補完するなど、学生同士でもよい刺激になっていたようです。

大切なのは、あくまでも考え方です。図内に示したように、よい公教育の原理＝満たすべき本質と条件・規準を底に敷きつつ、「目的」と「状況」に応じた明確な意図をもち、さまざまな実践理論や実践方法を使い分ける。私の実践例も、学びの構造転換の理論に基づき「大学」という状況で具体化された方法の一つと捉えることで、小学校や中学校でも

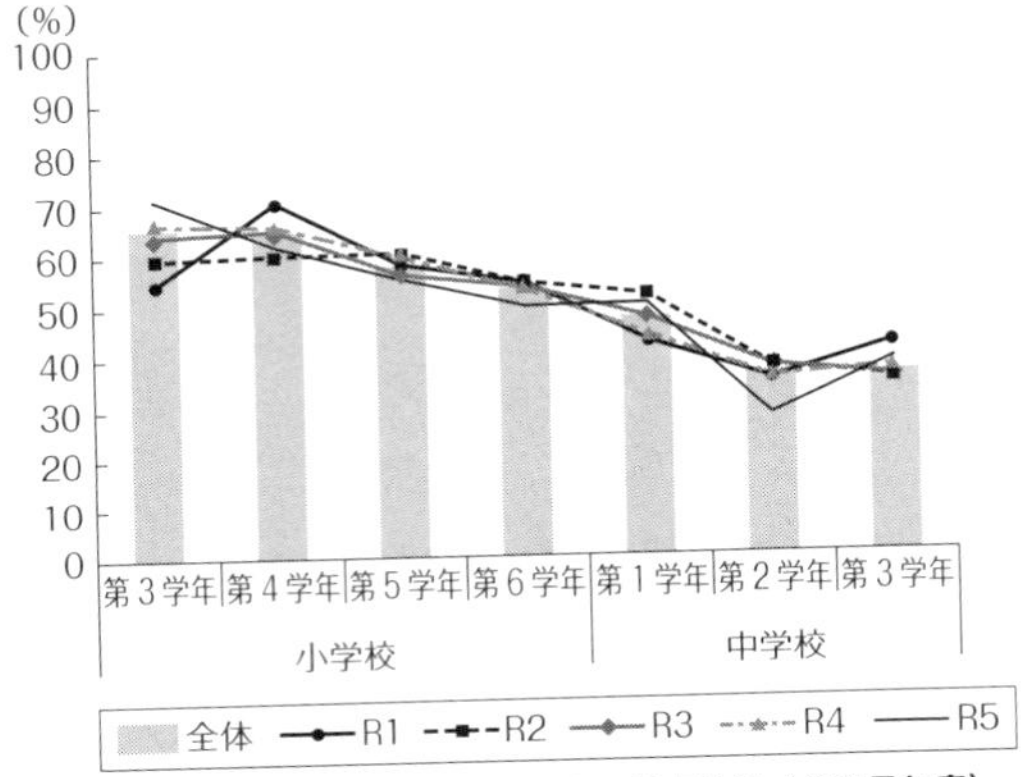

図2-3　「自己の受容（自己肯定感）」に関する調査結果（令和元年度）

わずかばかりお役立ていただけるところがあるかもしれません。

イ　教育人材から教育組織へ

さて、本章の話題は「教育人材と組織」でした。ここまでは、教育人材について教員を中心に論じてきました。したがって次に論ずべきは、「教育組織」です。ただし、ここからの内容は、「教員（のみ）が構成する学校組織」の範囲を超えていきます。

予告しておくと、ここでの主題は「依存と孤立を乗り超える」になります。これは、私たち大人が、「教えたいこと・学んでほしいこと」「学ばなければならないこと」を踏まえて子どもたちと関わるうえで、では、「学びや成長を支える最たる方向を、どこに定めておけばいいのか」という問いにもつながっていきます。

この話題の導入として、図2－3には、「自己の受容」に関する調査結果を示しました。第一章でも紹介した杉並の調査から、「今の自分に満足している」という質問項目の肯定率を示しています。いわゆる、「自己肯定感」について尋ねる内容です。

おおまかに傾向を見ていくと、学年全体の肯定率は小三の六五パーセントから学年が進むにつれて低下していき、真ん中の小六では五五パーセント、中三では三五パーセントになります。段階別に見ると、小三はR1＝五五パーセントからR5＝七〇パーセントに向けて順に肯定率が高くなり、中二ではR1から4が三五パーセント前後のところR5が三〇パーセントであることを確認できるのみで、他に特筆すべき傾向はありません。逆に言えば、段階間にほとんど差がないのが特徴です。

ここで問いかけたいのは、学年進行に伴う肯定率の低下傾向についてです。例えば教員は、この調査結果を見ると、多くが「仕方がない」「ごく自然なこと」と感想を述べます。みなさんも、そのように思われるでしょうか。

たしかに、「努力（頑張る）」と「能力（できる）」の補償的関係が理解できるようになるのは、一般に一〇歳前後からと言われます。「期待（こうであったらいいな）」と「結果（こうであった）」の混同も徐々になくなり、自己評価が正確になっていくことも間違いありません。小学校高学年ともなれば学童期から前青年期に至りますから、「自己同一性の確立という発達課題の乗り超えに伴う結果だ」「中二でR5がもっとも低いのはむしろ成長志向の表れ」と言われれば、たしかにそんな気もしてきます。

しかし、「我が国と諸外国の若者の意識に関する調査（満一三から二九歳対象）[24]」から、「私は、自分自身に満足している」（同じく四件法）の結果を参照したらどうでしょう。日本の肯定率は四五・一パーセントです。その次に低い韓国でも七三・五パーセント、その次のスウェーデンでは七四・一パーセント、ドイツ、フランス、イギリス、アメリカは八〇パーセント以上です。それでも「日本人は謙虚だから」との声が聞こえてきそうですが、この「謙虚」の内実もまた問題です。

そもそも、「謙虚」とは何でしょう。よく知られるとおり、心理測定にはさまざまな認知バイアスがかかります。その代表である「社会的望ましさ」からすれば、日本では謙虚という価値観が社会的に受け入れられやすく、それゆえその方向への回答の歪みが大きいと推察できます。

つまり、「謙虚」というよりは、顕著な「右に倣《なら》え」の傾向。

ここに、「依存と孤立」という主題につながる要因が隠れています。

このことと関連して、杉並の調査から、もう一つデータを紹介します。図2－4には、保護者の選考行動が強く影響する「塾・家庭教師等による学習時間（平日・分）」の調査結果を示しました。

まず、目が留まるのは、区全体（図2－4－1）です。学年全体で見ると、小三の約四五分から小六の約一一〇分に向けて学習時間が増加することを確認できます。その内実は、学年進行に伴う段階差の拡大であり、小三ではほぼ同値のところ、差が最大となる小六ではR1＝六〇分、R2＝七五分、R3＝一〇〇分、R4＝一四〇分、R5＝一七〇分になります。この傾向は、中一で全体が七五分になることからも分かるとおり中学受験に伴うもので、東京都内でも都心に近い基礎自治体ではしばしば観測される傾向です。

なお、中学校でR5が4や3よりも塾・家庭教師等による学習時間が少ない傾向は、本区の調査内容が自由記述重視であることに起因すると結論づけています。「与えられたことを早く正確に」ではなく「自分なりに」を求められたとき、大切なのはやはり普段からの自己選択・自己決定です。『やまなし』で紹介したR1・2とR4・5の逆転もここから生まれた現象と考察しており、同時に、「私たちが求める学力とは何なのか」「それは、どのようにして育むことができるのか」という問いを強く喚起する調査結果です。

しかしながら、ここで特に着目してほしいのは、小六になると中学受験のために学年の約六割が塾に通う小学校（図2－4－2）の結果です。異個体の比較＝同個体の経年変化

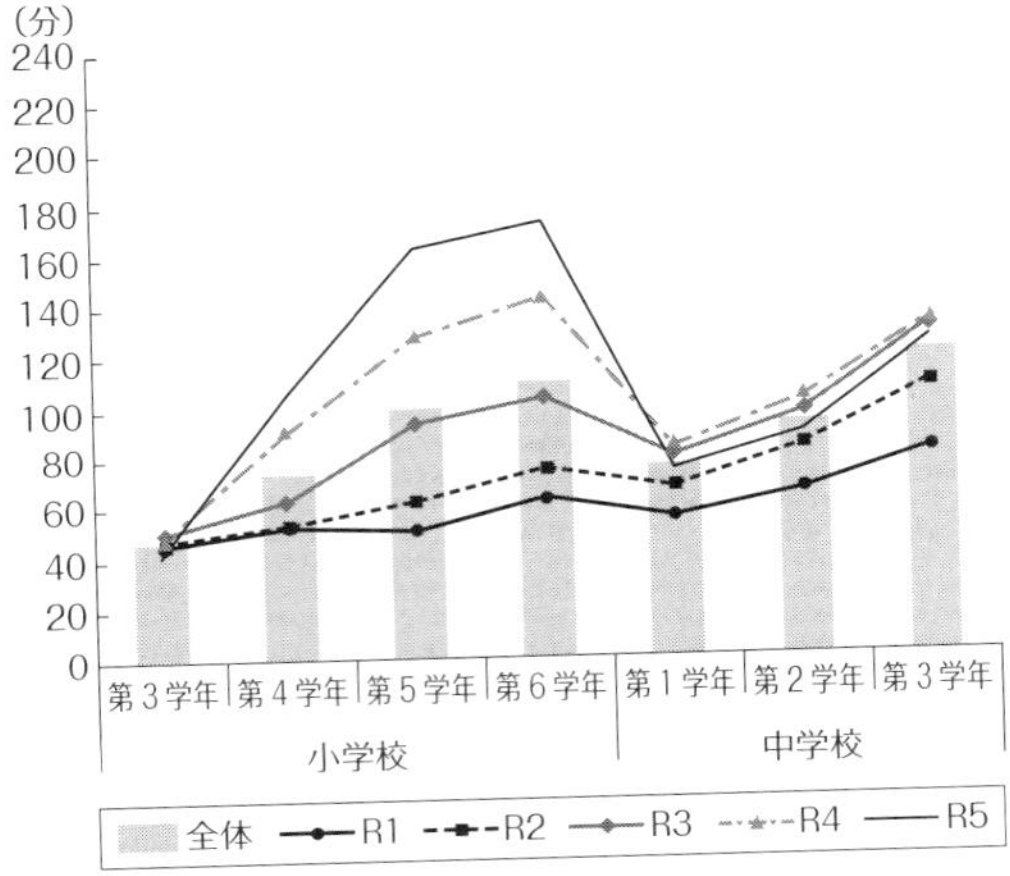

図2－4－1　「塾・家庭教師等による学習時間（平日・分）」に関する調査結果（平成30年度）
（杉並区　小3＝3,270、小4＝3,208、小5＝3,250、小6＝3,109、中1＝1,953、中2＝1,992、中3＝2,013）

ではないことに注意する必要がありますが、Ｒ１から３の比較で見れば、小四の段階間の差はＲ１＝一五分、Ｒ２＝三五分、Ｒ３＝六〇分でほぼ等間隔です。ところが、小五になるとＲ２が３に接近して両段階ともに八〇分、Ｒ１は約四〇分です。小六になると、今度はＲ１が追従し、Ｒ２と３はおよそ九五分、Ｒ１は八〇分になります。

　みなさんは、この調査結果の背景として、どのような実態を想像されるでしょうか。

　この学校の先生たちと話していると、分かってくることがあります。大勢の保護者が「受験を」という

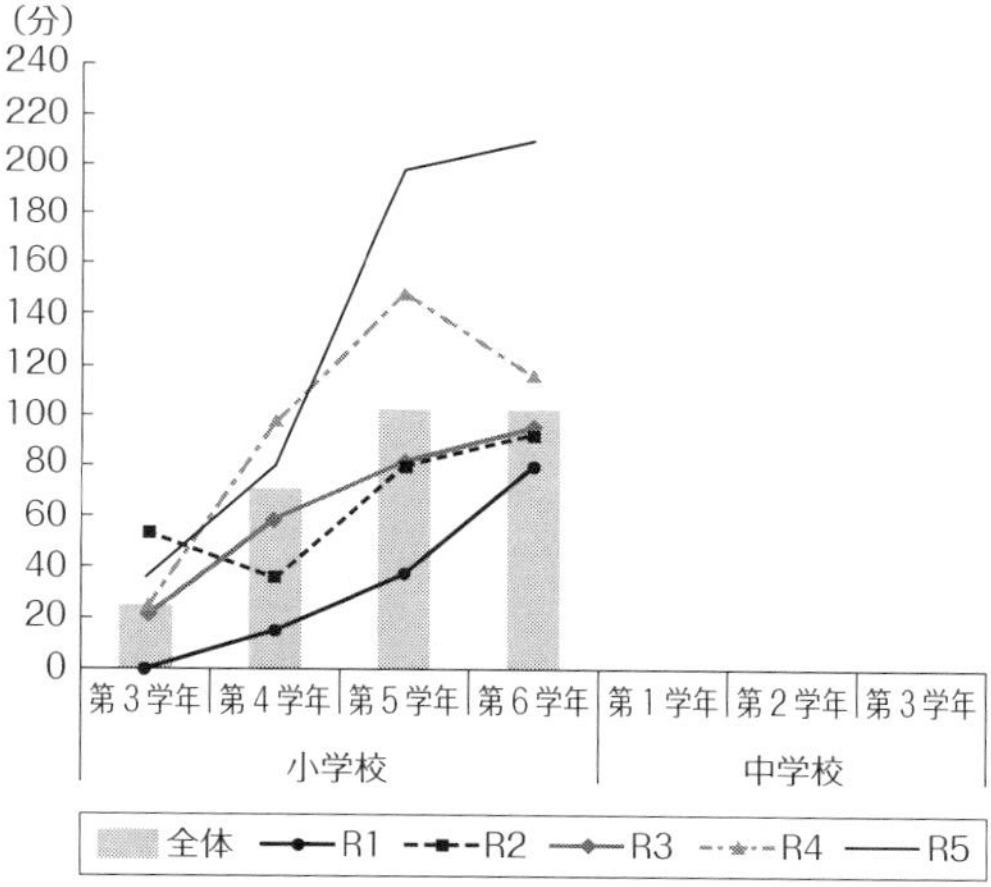

図2－4－2 「塾・家庭教師等による学習時間（平日・分）」に関する調査結果（平成30年度）
杉並区のある小学校　小3＝81、小4＝81、小5＝71、小6＝78

空気になると、他の保護者も不安になる。ところがこの「空気」、最初から「大勢」だったわけではありません。「誰か」が他の誰かに伝播して「数人」になる。しかし、都市部の学校ということもあって地縁のない世帯が多く、日常的にみなと顔を合わせて話すほどには深い関係にないため、正確な実態を知る術がない。いつの間にか、「この地域の子はほとんど受験する」と錯覚する。塾に通うという決断をみなが右に倣えとすることで、「受験しないまでも、通塾しないとわが子が割を食うかも」という予期を自ら実現してしまう……。

この調査結果は、実態のない他者一

般・ありもしない空気に依存的になる個人の選択行動をこのように推察させます。通塾や受験の是非を問うているのではありません。その選択や決定が、保護者、何より子ども自身の「本当の願い」かどうかということです。

もし、そうでなければどうでしょう。学びは管理され、競争の手段になり、「できない」ばかりに着目するようになります。結果として、自己の肯定はむずかしくなり、例えば不登校が、他者を否定して逆説的に自己を肯定するいじめ行為が、その総体として学級の荒れが、といった悪循環が生まれます。

こうした状況がたんに「机上の想定」でないことは、特に都市部の小学校で教員経験があれば実感をもって分かるはずです。そして、そうである以上、自己の受容に関する調査結果、その背景として推察できる「右に倣え」の傾向は容易に看過できません。

一つ付け加えておくと、インターネットについては、小学生の三五・九パーセント、中学生の七八・〇パーセントが「自分専用のスマホ」で利用しているとの調査結果[25]があります。このことを考慮すれば、自己肯定感の低さ、「右に倣え」の傾向とともに、リアルとネットの関係の二重性が影響している可能性も想定する必要があるでしょう。

（2）近代の始まりから社会を考える

ここまでを踏まえ、以下では、考察の対象を「社会」に広げます。問題は「根」から引き抜かなければ、何度でも生え替わってくるからです。

言い換えれば、問題の根は社会にあるということです。そして、私たちは、その変化を歴史的に分析することで、これからの教育組織を考えるうえで欠かせない考え方を取り出すことができます。

ア　再び明治時代から考える

結論から言えば、この問題の起源も近代の始まりにあります。一八七三（明治六）年、前年に発布され学制によって方向づけられた個人の在り方と並んで、今日に至る社会の在り方を大きく変えたもう一つの制度改革がありました。土地の私的所有を認め、個人に税を課した地租改正法です。

その要点は、「村請制《むらうけせい》」を例とすることで理解できます。ここでの『村』は、「地理的な範囲」ではなく、年貢や諸役を賦課する単位である人々の「関係」に名前が付いたものです。関係が単位であり、誰かの破産は他の誰かの負担になる以上、そこでは、「自助」不可能な個人は当然の結果として共同体の「共助」で支えることになっていました。社会は、生業上の「必要」が生む共同体から始まっていることが実感できる。それが、近世社会の特徴です。[26]

逆に言えば、近代社会の個人は、近世社会の共同体をいったん解体することで生まれたということです。「個人の解放」と「社会の解体」は表裏一体の関係にあり、これが極まるところ――近代のなれの果て――に、先ほど触れた「依存と孤立」が同時に現れることになるのです。

決定的な変化は、戦後、三段階で進みました。[27]

一段階目は、一九六〇年代に起きた「地域社会の空洞化」。農村の過剰労働人口が都市部に移転し、新しくできた住宅団地に工場労働者の夫を専業主婦が支えるサラリーマン家族が住むようになったことにより、地縁に根差した共助が薄れていったという変化です。二段階目は、一九八〇年代までの「家族の空洞化」。高度経済成長を経てテレビや電話が個人化・個室化するとともに、コンビニ時代の到来で食料品や日用品も個人で調達できるようになったことにより、家族と関わる必要が薄れていったという変化です。

この二段階に共通するのは、世帯、個人という順で「市場」への依存が進んだことです。生活の必要を市場が満たせば、地域社会や家族の形成は一人一人の選択に委ねられる度合いが大きくなります。それは同時に個人の解放の過程でもあり、したがってこの変化は近世から近代への変化の延長線上にあることが理解できます。

さて、注意すべきは、ここに言う「必要」が、食料品や日用品などで生存や安全の欲求を満たすことに限定されるわけではないということです。

第一章末で述べたように、一九七〇年代には、一億総中流という階級意識だけでなく、大衆教育社会も実現を見ました。これらを踏まえ、あらためて、こう問うことができます。

物的・教育的な最低限の必要が満たされたとき、共同体にはどんな必要が残るのか。このことが十分に認識されずに地域社会や家族の解体が進み続けると、どのようなことが起きるのか。

この問いが、先の自己肯定感や「右に倣え」の問題につながっていきます。

イ　平成時代から考える

三段階目となる一九九〇年代以降の変化、これこそが「依存し孤立する個人」です。

一九九〇年代は、これも第一章末で述べたように、バブル崩壊後の経済停滞から格差の時代へと向かうその前段階にあたります。すでに個人は、地域社会と家族の空洞化、市場への依存によって孤立の一歩手前にいます。私と同世代である四〇歳代を例に取れば、就職氷河期で新卒一括採用に乗れず、続くデフレ・スパイラルと緊縮財政の中で正規雇用者の平等を守ることの裏返しとなったワーキングプアや派遣切りを経験します。それゆえ家族を形成しようにもできず、今は親やきょうだいとの共倒れの危機に直面し、加えて地域社会の空洞化によって、つかむ藁《わら》さえもないのが現状です。

つまり、経済的に自助不可能になれば、生活保護をはじめ「行政」による「公助」に速やかに依存せざるを得なくなるのがこの段階です。市場依存が地域社会と家族の空洞化を通して孤立の素地となり、孤立はさらなる市場への依存を通して行政依存の素地となる。ここに、依存と孤立が循環的に強化する状況ができ上がります。

しかも、九〇年代にはインターネットとコンピュータの本格的な普及が始まり、二〇〇七年のスマートフォンの登場によって、テレビや電話に始まった基本財の個人化・個室化が一つの到達点を迎えます。情報や人間関係でさえ、物理的な制約を超えて個人が自由に調達できる。インターネット化を背景とした資本移動自由化の時代とは、個人が血縁や地縁、移動の制約から解放されることにより、社会の解体が一つの極点に達したということだったのです。

この過程で押さえておくべきは、日本に生まれた特殊な傾向です。その一つは、同棲や婚姻外出生の拡大がないまま婚姻年齢が上昇して生涯独身者が増加したこと[28]であり、もう一つは、自助と自己責任を強調し、寄付・ボランティア（共助）も税金（公助）も負担したくないという意識です。投票以外の政治参加に強い忌避意識があることも、ここで挙げておくべき大きな日本人の特徴です。[29][30]

これらは、解放された個人による新たな共同体の形成が進まず、社会を変える活動も忌避するために依存と孤立の循環的強化が止まらないという状況を象徴しています。そして、その帰結の一つが、一五～三四歳の若い世代で死因一位を占めたのはG7で日本のみである自殺[31]、明確な定義がないために実態すら十分に把握されていない孤独死やその中核を成す無縁死です。後者については、かつてみなの憧れであった団地、さらにはニュータウンの多くが、住民が高齢化したことによって問題の最前線にあることはよく知られているところでしょう。

私は、こうした現状に、再び「みな同じ」を転換できていない近代社会のなれの果ての姿を見いだします。血縁や婚姻に依らない拡大家族の肯定、友人・同僚といった狭い範囲を超えた遠く見知らぬ他者への援助は、考え方の始発点に「みな違う」を置き、自分とは異質な他者も同じ社会の一員と見なすメンバーシップに支えられているからです。

つまり、この問題が決定的に重要なのは、日本に特殊であることはもちろん、例えば移民の受け入れに不寛容な現状が象徴するように、さまざまな違いを越境する市民社会のよりいっそうの成熟が以後に期待できなくなるからです。

ここで思い出してほしいのは、「社会的自立」という考え方です。

共生のための社会が小さくなれば、自立の可能性も萎《しぼ》みます。先に調査結果から考察した顕著な「右に倣え」の傾向も、多様な価値に不寛容な社会にあって、排除のリスクを回避する心理が働いていることを推察させます。人々は、自分らしく生きることを承認されない点で社会関係的にも孤立した個であり、第一章で例示したSNSでの同調的なやり取りもあいまって主体性なき「相互依存的な共同体」を形成します。その中で育つ子どもは、自分なりの選択や決定を尊重されず、空気に縛られて依存的に振る舞い、それゆえ自分の存在に十分な承認を得られない、孤立を感じる個へと再生産されていきます。

つまり、子どもたちの自己肯定感の低さは、依存と孤立が循環的に強化する「小さな社会」に根があります。言い換えれば、社会的に自立した個が形成するという意味での「相互承認的な共同体」のもとで行われる教育を支えとしない限り、子どもたちが、社会的自立に向かってよりよく成長することはむずかしいということです。

ここにおいて、共同体の役割は、何より一人一人が自由に生きるための選択や決定を承認し尊重することに転換しています。逆に言えば、日本の社会の現状は、近代のなれの果てに至っていまやそれとは対極にあり、自身が主人公であるはずの人生の物語は、人々の、子どもたちの手から滑り落ちているということです。

（3）生かし合う組織へ

ア　予測する未来と選び取る未来

自分で選ぶことは、「人生一〇〇年」「計算機自然」時代におけるすべての出発点でした。しかし、私たちは、自分で選び決めることをむしろ避けたくなる、小さな社会を生きています。

エコーチェンバーやフェイクニュースと知りながらも、相互依存的に「右に倣え」で行動する。AIのアルゴリズムに身を委ね、フィルターバブルやポピュリズムに乗って見たいものだけを見て大衆迎合的に生きる。そのほうが楽なのかもしれませんし、今後、こうした姿勢には、よりいっそう拍車が掛かることも予測できます。

しかしながら、嘆いてばかりはいられません。そして、ここからは、未来を「予測する」のではなく、明確な意志をもって「選び取る」必要があります。

考えてみてください。一〇〇人若者がいたら、半数以上が自分の存在を肯定しない事実を。他国と比較するまでもなく、さらに言えば、他の誰と比べるのでもなく、ここで私たちが問うべきは、目の前にいる子どもたち一人一人に、どんな社会の中で、どんな人生を送ってほしいのかという未来の選択であるはずです。

少なくとも私は、小学校の中学年くらいまでなら、全身全力で自分を肯定してほしいと思います。中学生になったとしても、「いろいろな人に応援してもらって、自分で選んで決めてとことんやっていることには満足だから、『やや肯定』くらいかな」という程度でいいから、自分の存在を受け容れてほしいと思います。

努力と能力の補償的関係を理解していくことも同じです。例えば、誰もが共に生きる・生かし合う協同の学びが日常となればどうでしょうか。

「自分だけで頑張れないときは誰かと」「一人でできないこともみんなとなら」

自立のための努力の仕方や能力の内実は、市民社会のよりいっそうの成熟にふさわしい共生を底に敷いた社会的自立に育っていくはずです。

イ　教育組織の先に見る社会

まとめると、こうなります。

私たちが子どもたちに本当の社会的自立を願うなら、空洞化し小さくなった社会を、もう一度、大きなものにしなければならない、と。

先にも例示したように、私たちは、学校でも社会でも自ら死を選ぶ人がいることを知っています。その選択の背景には、恐怖や不安をはじめさまざまな感情状態を考えることができます。

しかし、すべてその選択を実行に移す最後の要因は、私たちが「絶望」という名で呼ぶ心理です。

どんな「可能性」も自分には残されていないと絶望するとき、人は、「生きたいように生きる」自由の中には「自ら命を絶つ」選択肢もあることを発見します。それは、死の際に立つ人を救う方法が、唯一、可能性を与えることにしかないことも意味しています。

では、子どもたちにとって、生きる可能性の源泉となるものは何でしょうか。

言うまでもなく、自己肯定感です。

自分の選択や決定を、本当に尊重し応援してくれる人たち。

それゆえ交換や代替のきかない、心底大切だと思える人たち。

そうした人たちとの関わりの中で、自分という存在が個性を失うことなく、社会に包まれているという実感。

このような自己肯定感があってこそ、子どもたちは、よりよい成長という自分の可能性を信じ、自らの選択と決定を貫くことができるのです。

「ねぇ、私、将来、考古学者になりたい。だから大学院に行きたい」
「まだ中学生じゃないか、それにそんなものになってどうするの？」
初めての本気に戸惑い、何気なく発した一言がどんなに子どもたちの人生を左右するのかを、私たちは、今一度自覚しなければなりません。

こうして、私たちが目指すべき教育組織も明らかになります。

一人一人の違いを認め、その人が自分らしく在るための選択や決定を尊重したうえで、誰もが社会に包摂されるようにする。そして、誰もが包摂されることにより、よりいっそう社会が大きくなるようにする。そのことで、社会的に自立した個による相互承認的な共同体を形成し、止まらない依存と孤立の循環的強化を乗り超える。

それはすなわち、市民社会のよりいっそうの成熟という未来を選び取るために、教育組織を教員（のみ）によって構成された学校組織にとどめず、「大きな社会」に開いてゆくということです。

3　協働による実践事例

(1)　近代教育組織を超えるために

私は、比較的田舎で育ったこともあって、小・中九年間を一学級四〇人強で過ごしました。正直に書きますが、およそ全員が、いじめる側にも、いじめられる側にもなった経験があります。関係の流動性は失われ、学級内の序列は固定していました。しかし、誰も不登校にはならず、自ら命を絶つこともありませんでした。今考えれば、奇跡にも思える結果です。実際、成人してから、そう同級生たちと語り合ったこともありました。

さて、そんな状況で日々を過ごし小学校も高学年になった頃から、私は、一〇分ほどの通学路でいつも誰かの視線を感じる気がしていました。現在から振り返ってみれば実に単純な話で、通学路脇に建つ家々のすべてに誰が住んでいるのかを知っていたことが理由です。しかし、不思議と嫌に思ったことはなく、肯定的に言えば、いつもどこか「温かいまなざし」に包まれていたということでした。

同じく、私が今住む部屋は、上の階に三歳のお子さんのいるご家族が暮らしています。早朝から「タッタッタッ……」という子どもの走る音が響くけれど、「また足が速くなったな」と思うくらいで不快に思ったことはありません。疲れているとき、もっと寝ていたいときでもです。それは、「騒音」ではなく、知っているあの子の「気配」だからです。

両エピソードに共通することは何でしょうか。

当たり前すぎるかもしれませんが、私たちは、身体実感を伴う関わりを重ねていくことによってしか、たがいの存在を十分に承認し肯定することができないということです。視線の感覚も聴覚を刺激する音も、知り合いでなかったら、否定的な感情を経験していただろうことは想像にかたくありません。

近代由来の関係が固定され序列化される教室、血縁や地縁で狭く定義された家族や地域社会は、現代において、たしかに課題視すべきものです。一方、インターネット化による、関係が匿名で過剰に流動的な状況も、一歩間違えば、見知らぬ他者を「不快刺激の発生源」としか見なくなるリスクを潜ませています。

解放された個人による新たな共同体の形成は、こうした状況でこそ必要になります。

例えば、同性婚や婚姻を伴わない事実婚を認め、養子を縁組みすること。

シェアリングエコノミーの価値を広げ、一〇〇人家族に家一〇〇戸で生きること。

ＳＮＳを介し、世界に広がる友だち一〇〇〇人の関係の中で生きていくこと。

あるいは、パラソーシャルなオンラインのエオルゼアで、仕事一筋だった父と息子の関係が、家族との絆が、再生・新生することだってあるかもしれません。[32]

そして、こうした新たな共同体の在り方に触れ、教育の担い手として何をすべきかを考えるとき、私たちは、子どもたちと関わるうえでの大切な指針を得ることができます。

「異は世界を拡げる」、つまり、すべてを子どもたちの自己選択や自己決定に委ねていては「類は友を呼ぶ」になりがちな社会関係の中で、異なる個性と出会わせることです。『海の命』や『やまなし』の例で言うなら、未知を探究することとそのものを大切にしながらも、自分とは異なる解釈に意図的に出会わせることや、自分たちだけでは到達できなかった分析の可能性に気づかせること。

そういった、「人」に限らず「世界の未知を告げ知らせる」ことは、教員による教授を、学習者主体の学び・後追いの視座からあらためて価値づけます。また、それは同時に、多様包摂的な「共に生きる」意志の育成に果たす教育人材、ひいては、多様な個が集う学校の役割の大きさに、あらためて気づかせるものでもあります。

(2) チームがもたらす認識の転換

しかしながら、ここからの道程には、そうとうな困難が伴います。地域社会や家族の空洞化に続き、学校という共同体にも空洞化の兆しが現れて久しいからです。

図2-5に示したのは、戦後における長期欠席児童生徒の割合の推移(年度間・千分率)です。中学校では、一九七〇年代末から不登校を理由とした長期欠席が上昇し始めている傾向が確認できます。五〇年代末に発見が始まった学校恐怖症や登校拒否のみならず、一

億総中流・大衆教育社会の成立を背景に「みなと同じように学校に行かない」ことも選択し得る価値になり始めるのがこの時代です。二〇一二（平成二四）年度以降は、小学校の不登校も増加傾向にあることが確認できます。

私たちは、もはや、「もっとも身近な義務教育機関」というだけで、子どもや保護者を区市町村立学校に縛りつけておくことはできません。オンラインを含めたオルタナティブな教育機会は、今後、確実に拡充していくことが予測できるからです。

ただし、このことは、ただちに区市町村立学校が不要になるということではありません。公教育機会の多様化は、むしろ、選択や選抜のかからない個が共に学び成長できるという価値を再確認することにもつながります。前章末で述べたように、自分たちが生活する地域社会を題材にしてほんものの文脈で学べるということも、区市町村立学校がこれからよりいっそう追究すべき体験価値になるでしょう。

教員と学校のみからなる教育人材や教育組織の在り方も、だからこそ変わっていかなければなりません。そこで、以下では、「教育人材と組織」領域の制度設計を方向づける考え方とともに、杉並区教育委員会の実践事例を紹介していきます。

ここでの制度設計のキーワードは、人と人との「生かし合い」を意味する〈協働〉です。すでに一貫教育の方法の一つとして示したこの考え方は、要点から述べれば、「1」

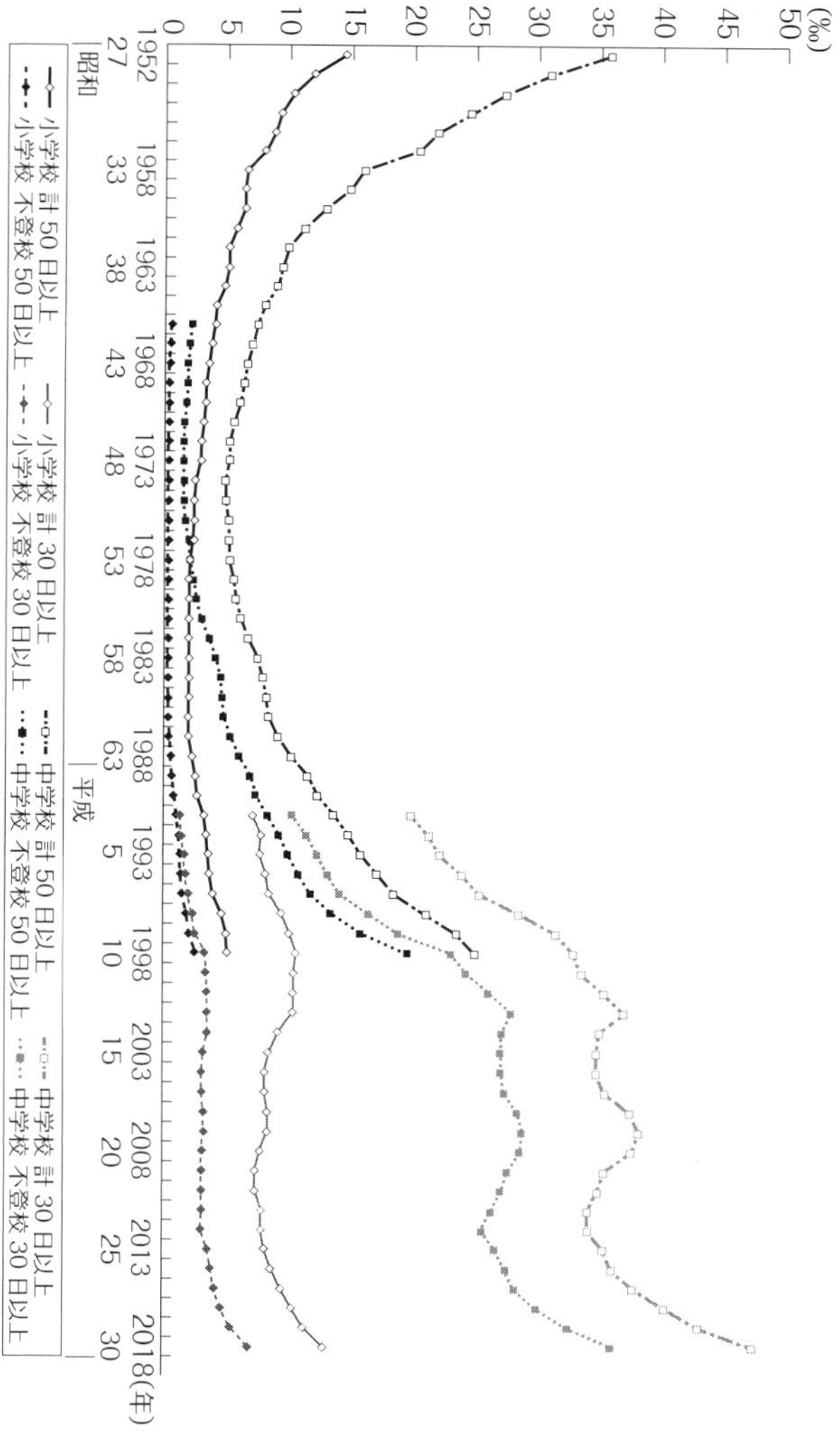

図2－5　長期欠席児童生徒の割合の推移（年度間・千分率）[33]

を単位とするのではなく、「2以上」の「組み合わせ最適」を問いに立てるという発想の転換にポイントがあります。

再び思い浮かべてみてほしいのは、教室という閉じた空間の中で、教員一人から児童生徒四〇人に対して一斉一律に教授する状況です。近代合理化のなれの果てとなったこの「1 to n」という構造は、子どもたちに関わるさまざまな問題だけでなく、本章冒頭で例示した教員の過酷な労働の根にもなっています。「みな違う」を始発点とした「違いを認め生かし合う」考え方が子どもたちの問題をその根元から断つように、教員の働き方や学校組織の在り方についても、根本的に発想を変えなければなりません。

そこで、〈協働〉です。組み合わせ最適は、「1 to n」も選択肢の一つに包摂する「n to n」という考え方です。小学校で具体例を考えるなら、ある学年が「教員1人－児童35人」の二学級である場合、これを「教員2人－児童70人」と捉えれば、教員・児童ともに協働・協同の選択肢が広がります。全学年が単学級の学校なら、生活科・総合的な学習の時間を縦割りで複式学級のように展開することも選択肢になります。中学校の複数担任や全員担任も、この考え方に基づく具体的なやり方に位置づけることができます。

杉並区教育委員会では、このような考え方を根底に敷きつつ、ここ一五年ほどで学校組織の構造を大きく変えてきました。二段階あるその第一戦略は、「量的拡充」です。教員

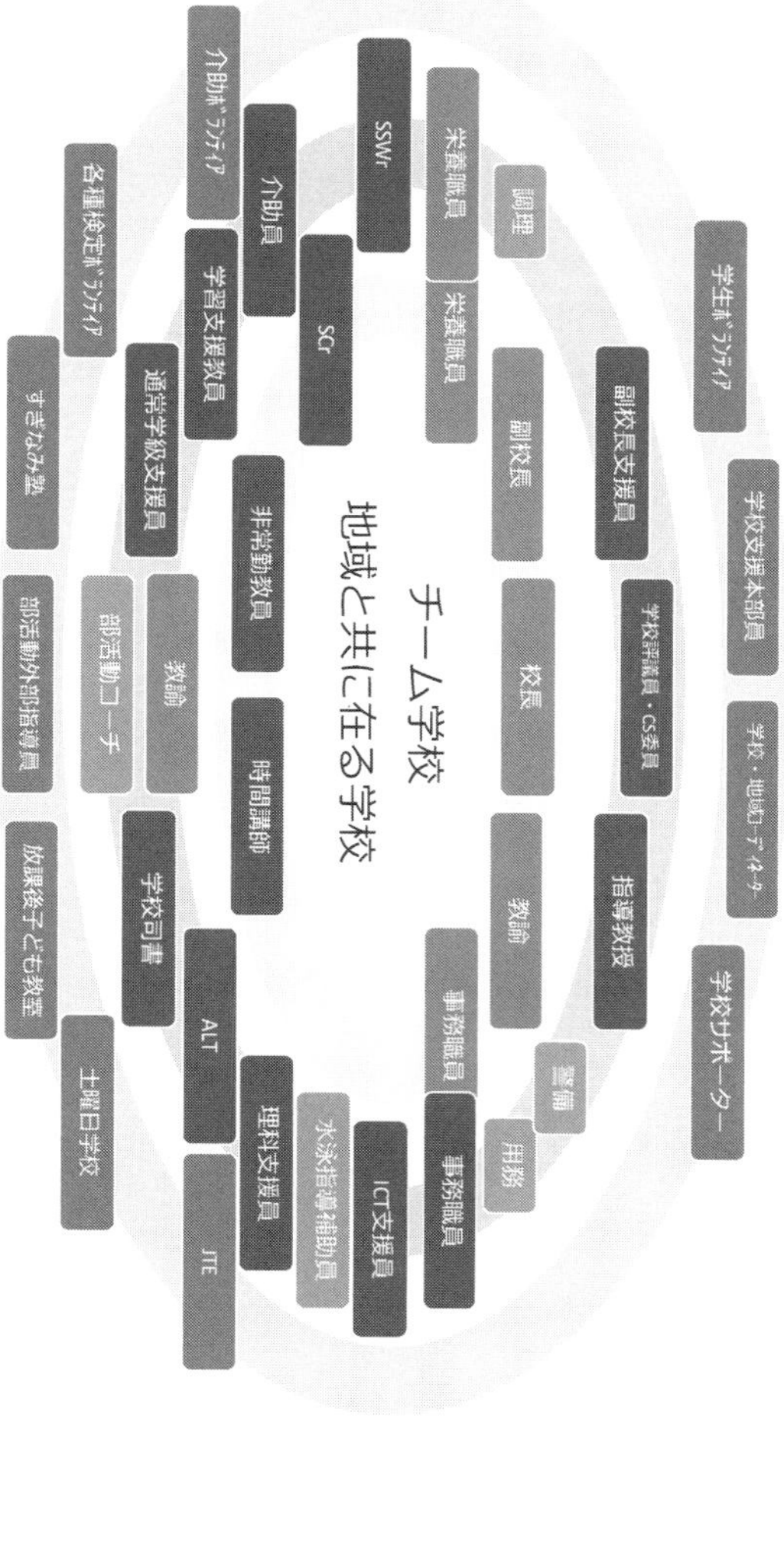

図2-6　学校組織のイメージ
三重円は財源による分類であり、内が都費、中が区費、外がボランティアによる。

の大量退職・大量採用や応募倍率の低下傾向、過酷な労働状況などを踏まえ、従来の「同一免許職種による同質性集団」を、複雑で多様な課題・問題に対応可能な「異職種協働による多様性集団」に変えてきたということです。

図2－6には、そのイメージを示しました[34]。

「教員の労働環境として第一に実現すべきは、すべての課題・問題を独力で解決できるよう、例えば集合・悉皆《しっかい》で何度も研修を課すことではなく、孤立を防ぎ、常に複数人で子どもたちと関われるようにすることである。したがって、個々の力量を高めるサポートを大切にしつつも、異職種間の専門職対話を促進する研修を必要最小限に行い、協働による日常的な業務遂行の中で実践力を高めることを、人材と組織に対する支援として重視する」

この図には、教員研修に関するこうした考え方も込められています。

しかしながら、およそ一五年にわたって、財政当局との折衝の中で人材を徐々に拡充してきたために、「継《つ》ぎ接《は》ぎ感」が否めないこともまた事実です。

一例として、特別支援教育関連の人材を取り上げると、図内の学習支援教員、通常学級支援員、介助ボランティア、介助員に加え、特別支援教育専門員、特別支援教室支援教員、臨床発達心理士・特別支援教育士・学校心理士、学校巡回専門員となる言語聴覚士・作業療法士・理学療法士、さらに、行政配置のスタッフとしても教育支援チームと専門家チームがいます。配置や訪問の申請様式が複数存在することもあり、特に副校長（教頭）の事務はきわめて複雑・煩雑になります。

しかし、それでも継ぎ接ぎを繰り返してきたことには、明確な理由があります。それが、第二戦略の「質的転換」、予算規模が一定の水準に達したところで事務手続きの効率化などを理由に可能な限り人材を統合し、専門分化した単校単位の配置から、小中一貫教育の組み合わせ校＝地域単位の包括的な予算措置に移行することです。

このことで、各学校・地域は、特色ある学校づくりや一貫教育のもと、実態に応じて人的予算を柔軟に活用できるようになります。ただし、その目的は、あくまでも学びの構造転換の実現にあることを忘れてはなりません。みなと同じようにできない子どもを取り出し、同質性を高めることで一斉一律の教授を展開しやすくする。そうした予算の活用は、目指している学びと成長の在り方に反しますから、容認されません。

さて、こうした制度設計を進める〈協働〉は、本章冒頭で触れた「くじ引き」状況も解決することができます。結論から言ってしまえば、学校組織の考え方が大きく変わりつつある今、「あの先生は……この先生は……」と「だけ」問うても仕方がないのです。

本章で論じた自己肯定感の問題の構造が理解されれば、いじめにせよ、不登校にせよ、学級の荒れにせよ、その根が、少なからず地域社会や家族の空洞化にもあることが分かるはずです。人権や生命を危機に曝すような場合は論外としても、特定の教員について「一人」を単位にあれこれ言う問いの立て方自体がそもそも間違っているということです。

子どもたちに最善の学びと成長のための環境を実現するには、「組み合わせ最適」の発想に立ち、自身を含めた人的資源をどう活用したらいいかを問う必要があります。変えなければならないのは、教員一人にすべてを委ねるという問いの立て方自体なのであって、いわゆる「チーム学校」が目指すべき認識の転換も、この点にこそ本質があります。

一つ付け加えておくと、かつて、「モンスター」と形容された保護者からの過剰要求については、何かあるとすぐに「訴える」と言うことの背景に、地域社会の空洞化を見る必要があります。地域で孤立し公助に依存せざるを得ない心理状態を考えれば、受け止め方も少し違ったものになるからです。

もちろん、すべてのケースがこれに該当するわけではありません。しかし、当該の保護者を、地域社会の中間共助につなげることが根本的な課題解決につながることもある以上、この視点だけは常にもっておくことをお勧めします。

（3）共に在るまちへ

そして、ここまでの議論を追ってくれれば、「地域運営学校」の母体となる「学校支援地域本部（地域学校協働本部）」と「学校運営協議会」についても、大きな社会を目指す「核」になるという本当の価値が理解できるはずです。

ここで確認しておかなければならないのは、学び成長するのは、何も子どもたちだけではないということです。

教員のみならず、保護者や地域等学校関係者をはじめとした大人は、子どもたちの「学びの支え手」「教育の担い手」であると同時に、生涯にわたる「学び手」でもあります。さらに言えば、子どもと大人の別なく、すべての人は「社会のつくり手」です。

この考え方が大切なのは、支援本部が、学校が地域等から必要な人材を集めることを正当化する手段としてのみ使われることが珍しくないからです。支援本部員となる方々にとって学校に関わることは、学びの機会でもあり、学校を通してみなと共に社会をつくる機会でもあります。その実感や悦びがもてない限り、地域の協力を得たどんな教育活動も、例えば「金の切れ目＝縁の切れ目＝事の尽き目」となって持続可能な仕組みにはなりません。

杉並区では、学校支援本部は区内での先行事例を踏まえて二〇〇六（平成一八）年度に全国に先駆けて導入を開始し、一〇（平成二二）年度に全小・中学校に設置しました。二〇一八（平成三〇）年度の活動実績（小・中学校六四校総計）は、支援本部員約六〇〇人、部活動外部指導員を含む学校サポーターの登録者数およそ一四〇〇人、活動回数は一万五〇〇〇回を超えました。

一方、地域運営学校は、二〇〇五（平成一七）年度に指定をはじめましたが、二〇一八（平成三〇）年度実績（小・中学校六四校総計）でもまだ五二校です。学校運営協議員は計五〇〇人を、年度間の会議開催回数は計五〇〇回を超えましたが、なぜ、支援本部とは異なって、全校設置には至っていないのか。

この違いに、これから述べたい制度設計の要点があります。

結論から言えば、「実」を取ることが理由です。「形」ばかりの指定を行っても、実が伴わないばかりか、学校経営や教職員の任用に関わる学校運営協議会の権限の濫用すら招きかねません。

そこで、支援本部を先行して設置し、学校と地域の協働関係を広げ、深めていく。さらに、誰もが社会のつくり手であることを実感し、その悦びを体感できるようにしていく。

こうした経験を、教員、保護者、地域等関係者が共にしていくことで、学校組織は、おのずと子どもたちを、そして、自分たちをも包み込む大きな社会の核になっていきます。それは、この制度の目指すところが十分に理解され、「自治」――これは、第三章を経由し第四章で概念的なアップデートを行います――の準備が整うということであり、この時点で初めて、学校運営協議会を設置して地域運営学校の指定に至ります。

学校を核とした大きな社会は、あらためて言えば、依存と孤立の悪循環を止める可能性をも持った相互承認的な共同体なのです。共助が不可能なことだけを公助に頼るという「補完性」の原則に基づくことにより、地域社会は持続可能なものになっていきます。先のような順序で指定に至ることが重要なのは、とりわけ市場依存・行政依存の度合いが強い都市部・都心部において、この制度をたんに学校への過剰要求＝依存への窓口としないためです。

以下には、二〇一五（平成二七）年度発刊の『学校支援本部ってなんだろうBOOK[35]』から、第一章で紹介した事例と地域の重複がない学校支援本部の活動例を掲載しました。

ここに紹介した取り組みは、ほんの一例です。その他にも、例えば、NPO法人スクール・アドバイス・ネットワークが編集する『スクールサポートガイド』には、企業やNPOとの協働事例が数多く掲載されています。元保護者の方々が設立した同団体には、小学校に派遣する日本人英語指導助手を、「すぎなみ地域大学」の区民講座を通じて養成・配置する業務も委託しています。杉並の学校と地域の関係を語るうえで欠かせない存在です。

なお、支援本部の活動は、最初期には、多くの場合で学校と教育課程の「外」から始まります。登下校時の見守り、各種行事や研究発表会の交通整理などがその典型です。ところが、ここに紹介した二冊子に掲載されている事例を見ていただくと、「内」側の活動が多く含まれていることに気づくはずです。

この「外から内へ」という過程は、学校と地域の〈協働〉を進めていくうえで大きな関門になります。そして、この乗り超えには、コーディネーターが重要な役割を果たすことを申し添えておきます。杉並区では、二〇〇二（平成一四）年度に全国初として設置した「学校教育コーディネーター」を四名でスタートし、支援本部全校設置後の一三（平成二五）年度からは、教育委員会が実施する研修を受講した「学校・地域コーディネーター」が各校三名程度で計約二〇〇名配置されています。

紹介したい事例は、関係方々の顔が思い浮かぶため、尽きることがありません。

青少年委員四〇名強が事務局となり、二三の中学校区ごとに組織される地域教育連絡協議会・地域教育推進協議会。二〇一一（平成二三）年度に区内高等教育機関と、一三（平成二五）年度に区内都立学校と、一八（平成三〇）年度には早稲田大学教育・総合科学学術院と締結した包括協定……。

そのすべてが、「大きな生涯学習社会」を意味する「学びのまち・杉並」を構成し、子どもたちを、そしてすべての区民の方々を、そこかしこで行われる学びを通じて緩やかに、優しく包み込むことを目指しています。それこそが、「地域と共に在る学校」の本質的な意味においての展開であり、選び取るべき未来であると確信しているからです。

前章末で、〈協働〉は、みんなで地域のこと、自分たちのまちのことを考えようということだと言いました。本章が明らかにしたのは、「まち」には誰もが包摂される「大きな社会」という側面があり、それが教育組織の目指す在り方でもあるということです。「チーム学校」や「地域と共に在る学校」は、教員の過酷な労働を「公正な仕事」に変えるための大きな支えではありますが、だからと言って、それが目指すべき最終的な状態ではありません。

私が期待するのは、さまざまな専門職や地域の関係者と共に教員が学びの構造転換に挑戦することにより、子どもたちが、大きな社会によって包まれているという実感をもちながら、「自立的・協同的な学習者」に成長することです。そのとき、いじめや不登校をはじめとする課題・問題の多くは根が断たれ、教職・教育に携わることが「人生のやりがいある活動」になる、「本当の意味」での働き方改革が実現すると考えるからです。

「難問は根もとから引き抜かねばならない。つまり、新しいやり方で考えはじめる必要がある」

哲学者ルートヴィヒ・ウィトゲンシュタインの至言です。[36]

次の第三章では、学びと教育の場となる「教育施設・設備」について考えていきます。本章で教育組織が社会へ構造を広げたのと同じく、次章も、教育の外へと視野を広げることで公教育政策の〈全体性〉に迫っていきます。

◯『学校支援本部ってなんだろうBOOK』から

①「むさし野の森」プロジェクト　よみがえれ　むさし野の森の自然：杉並区立方南小学校　ゲスト講師・協力団体等：方南ふれあいの家（支援本部、おやじの会、PTAのメンバーなど）

本部から：「むさし野の森」として親しまれていた森を復活させ、森と水辺の自然環境を軸とした生態系をつくり、児童が多様な生き物と関わり、自然を守ることなどを学んでほしいとの依頼でした。ホタルの幼虫里親制度、講座の開講、小川作りなどの活動を広報しています。

学校から：「ホタルを観る会」では、児童・保護者・卒業生・地域の方々など、毎年延べ300〜500名が「むさし野の森」に集まってホタルの温かい光を見ています。方南の地域のつながりを象徴する取り組みです。

②いきものファッションショー：杉並区立杉並第四小学校　ゲスト講師・協力団体等：女子美術大学、杉四アトムの会（オヤジの会）

本部から：土曜授業の企画として、美術大学からの提案を基に作品の製作を行い、完成した作品を表現する取り組みを学校へ提案しました。当日は会場となる教室・体育館の設営と保護者への参加を呼びかけました。

学校から：児童は、大学生にアドバイスを受けながらクラフト袋を使って鳥、虎、魚などさまざまな生き物の衣装作りに取り組みました。最後に全員が自分の衣装を着て体育館でファッションショーを行い、図工とはまた違った個性豊かな作品を披露する機会となりました。

③「?」の種を探そう：杉並区立松庵小学校　ゲスト講師・協力団体等：大妻女子大学准教授、東京農工大学教授、公益財団法人東京動物園協会他

本部から：学校全体に科学実験のできる28のブースを設け、児童が自主的に周回して体験をします。科学の面白さ、楽しさ、不思議さに触れ、自然や科学への興味を高めたいとの依頼でした。科学ワンダーランドとなった当日は、講師ともに延べ190名のボランティアが活動しました。

学校から：地域の多彩な方々の協力で、大人でも不思議だ、何でだろうと思うようなブースばかりでした。地球を救う発明をする子、明るい未来を築く子が育つ一歩となりました。

④商店街の宣伝マンになろう：杉並区立桃井第三小学校　ゲスト講師・協力団体等：近隣の商店街

本部から：地域の人々と関わり、社会を生きる力を育むために協力してもらえる商店を探してほしいとの依頼でした。先生たちと共に学校周辺の商店街を回り、児童のインタビューやチラシ配り、仕事体験への協力を依頼しました。お店の都合にも十分配慮して計画を具体化しました。

学校から：販売する側からの視点に立って物事を見ると、新たな発見をすることができます。支援本部は商店街とのパイプをつないでくださっています。

⑤日本の伝統・文化理解教育：杉並区立天沼小学校　ゲスト講師・協力団体等：地域の専門講師・専門団体

本部から：特色の一つとして、地域の専門講師の協力を得てほんものを体験させたいとの依頼でした。学校と共に実施内容を決定し、講師との調整やサポーター募集、事務や用務と協力した準備、当日の立ち合いや事後報告会もしています。天沼中学校華道部も活動に参加しています。

学校から：実体験を通じて日本特有の価値を知り、国際社会におけるアイデンティティの基礎が養われています。特に6年生が取り組む緑の芝生での野点（のだて）は、6年間の継続的な経験に基づく貴重な体験です。

⑥朝遊ばせ隊：杉並区立馬橋小学校　ゲスト講師・協力団体等：地元自治会

本部から：始業前の30分間、キャッチボール、サッカー、バドミントン、一輪車、竹馬などで遊びながら児童の安全を見守ります。近隣の方々で児童と関わることに積極的な人材をリストアップ、広報でもボランティア参加を呼び掛けました。「あいさつ運動」や「花咲かせ隊」も行っています。

学校から：朝から元気に遊ぶことで、体を目覚めさせてスムーズな学習の開始につなげることもできています。地域の方々との触れ合いが増え、年齢を超えて人と関わる力も育っています。

⑦松ノ木わんぱく美術館：杉並区立松ノ木小学校　ゲスト講師・協力団体等：松ノ木町会

本部から：学校の外壁を児童の自由な作品で飾ってはどうかと提案しました。作品の募集、材料の準備、展示協力、投票期間を支援本部で決めます。地域の方にも投票してもらい、結果を全校の前で発表。児童は評価されたことに、地域の方々は景観が明るくなることに喜びを感じています。地域の方々をアートで緩やかに結ぶ関係につながっています。

学校から：壁面に展示された個性いっぱいの児童の作品は、通りを歩く児童たち、保護者や地域の方々にとっても楽しみなものです。

⑧ラストサマーライブ：杉並区立高南中学校　ゲスト講師・協力団体等：男声アカペラグループ BBQ & Green Fields

本部から：吹奏楽部の演奏を地域の方々に聴いていただき、音楽を通して交流できるプログラムを構成しました。プロとのコラボレーション体験は生徒にとってよい刺激です。吹奏楽部が日頃の練習の成果を発揮できるように、支援本部がライブの準備や運営などを行います。

学校から：生徒たちは夏休みのコンクールが終わった直後から練習をします。高い技術をもつコーラスの方々との交流はもちろん、地域や保護者の方々に演奏を聴いていただくこと自体が価値ある活動です。

⑨地域のみんなで読書会：杉並区立井荻中学校　ゲスト講師・協力団体等：地域等関係者、井荻中学校司書

本部から：読書を通して地域の方々と交流し、感想を語り合うことで多様な考えがあることを知り、読書を深めるきっかけとして定期的に開催したいとの依頼でした。進行や本の選定を支援本部員が行い、当日もテーマに関連した新聞記事などがあれば印刷して配布しています。

学校から：この読書会は、学校を基地として異年齢の人々が集う空間をつくっています。本校で実施している「全校読後交流会」と共にさまざまな人の意見に出会い、視野を広げる活動になっています。

⑩東田中学校図書館交流会：杉並区立東田中学校　ゲスト講師・協力団体等：学校司書（東田中学校・杉並第二小学校・東田小学校）、成田図書館

本部から：小中一貫の組み合わせ校関係にある3校連携事業の一つとして、図書館を利用した交流会を提案しました。支援本部は事務局となり、小学校と打ち合わせを行って目的を共有します。東田中図書館運営協議会を通して学校司書と共に計画を進め、広報も行いました。

学校から：小学生の好奇心溢れるまなざし、それを温かく見守る中学生。当日は東田中の図書館に小学生、中学生の輝く瞳と笑顔が溢れました。読書を通して義務教育年代にある子どもたちの感性を磨く行事です。

⑪手習い塾：杉並区立杉並和泉学園中学部　ゲスト講師・協力団体等：卒業生や地域等関係者

本部から：自学自習をモットーに、塾に通えない、家に居場所がない、学習につまずきがあるなど悩みを抱える生徒も通ってくれることを期待し、卒業生や地域の大人が見守り心を育てる塾を提案しました。小学部高学年も受け入れ、課題を解決し、中学部へ円滑につなげています。

学校から：手習い塾の良さは、サポーターの支援を受けながら、中学部の生徒が主体的に学習しているところです。夏休みには小学部の高学年の児童も参加し、中学部の生徒から良い刺激を受けていました。

第三章　求めに応える施設・設備

――「定型・無味」から〈応答性〉へ

続くこの第三章では、「教育施設・設備」について考えます。前章までを踏まえたうえでこの話題を取り上げるのは、〈多様性と一貫性〉〈協働〉の可能性を最大化するためです。

なお、本章では、「人生一〇〇年」と「計算機自然」時代の肯定的な側面も取り上げます。前章は中盤でつらい内容も多かったですが、ここでは、未来を肯定する姿勢も忘れずに話を進めていきたいと思います。

1　学びと教育の場となる施設

(1) 学校建築と見方・考え方

「教育施設・設備」——そう聞いて私が最初に思い当たるのは、「学校建築」です。大学の教職課程でもあまり扱われないこの用語、みなさんは、ご存じだったでしょうか。

自分の子どもが通う中学校が老朽して、改築することになった。

自分が所属する小学校が統廃合の対象になって、新築されることになった。

そういった機会でもない限り、ほとんど意識されることがないのがこの話題です。

しかし、そこは多様な子どもたちの集う場。「学校建築」という用語を知れば、それがきっかけになって子どもたちが学んだり生活したりする姿をより具体的にイメージできるようになります。施設複合化・多機能化（ハイブリッド化）が進む現在では、幼児や高齢者、障害者と日常的に触れ合う学校も思い浮かぶでしょうか。

他方、教員にとっては、教育の場であり仕事の場です。一人一人の学びの可能性を拡げる「七つ道具」を備えることはもちろんのこと、ときには子どもたちと離れてゆっくり過ごせる空間もあることが期待されるでしょう。保護者や地域の諸関係の方々にとっても、PTA室や学校支援地域本部室の設置が当たり前になってきたのが最近の校舎です。

しかしながら、学校建築については、用語自体があまり知られていないこともあってか、憂慮すべき状況がたくさんあることも事実です。

そこで見ていただきたいのが、図3-1です。ここでみなさんに質問です。この写真にある仕切られた空間、名前は何というでしょうか。

……「デン」です。壁の一部をへこませて作る「アルコーブ」とともに、最近の校舎には設けられることの多いこの空間。簡単に言えば、ちょっとした「隠れ家」「秘密基地」です。子どもたちの「アジール（自由領域）」として設置されているのですから、それを教員が日常的に使っているとすれば、設計コンセプトに対する根底的な否定になります。そもそも「物置き」でもないのに、なぜ、このような使われ方をしているのでしょうか。

図3－1　ある小学校の仕切り空間（著者撮影）

写真をよく見ると、可動式・昇降式の椅子やテーブルがあることも確認できます。ということは、この校舎には、これらの家具が置かれる教室間をつないだオープンスペースがあり、教室もオープン型であることが想像できます。実際そのとおりで、しかも竣工一〇年ほどのこの校舎は、当該の自治体きっての環境共生型学校（エコスクール）として設計されています。

ところが、聞けば、それが意識されるのは総合的な学習の時間の環境学習のときだけ。教室の可動式ウォールも常時閉め切り。はっきり言って、もったいない。

大切なことは、今のままでは、子どもたちに造形的な見方や考え方が十分に働かないということです。同じく、技術や生活、集団や社会の形成者としての見方・考え方も、ほんものの文脈の中で働くせっかくの機会を一つ逸しています。

それはなぜなのか、という問いをもって本章を始めましょう。

(2) 徳と美が重視される時代

ア 育むべき資質・能力

この問いを考える導入として、もう一つ、質問があります。みなさんは、これから子どもたちに育むべき資質・能力は何かと問われたら、何とお答えになるでしょうか。

速やかに結論を述べると、資質・能力は、「①-1知識」「①-2技能」、「②思考力・判断力・表現力等」、「③学びに向かう力・人間性等」から構成されます。二〇一七(平成二九)年改訂の学習指導要領はこれらを三つの柱とし、①を「生きて働く」、②を「未知の状況にも対応できる」、③を「学びを人生や社会に生かそうとする」と規定しました。ほんものの文脈で深く学ぶことによって育まれるのがこれら資質・能力であり、「何ができるようになるか」という「目標」(の基本型)を明示するものです。

一方、日本型教育の伝統には、「知」「徳」「体」を生きる力として育むとする「内容」論、哲学的には、「真」「善」「美」こそ人間精神の追究対象であるとする「目的」論もあります。それぞれ「何を学ぶか」「何のために学ぶか」に関する説明です。「目的-目標-内容」で「次元違い」と整理すれば優劣はありませんし、それぞれを異なる次元に配置する考えもあるでしょう。

つまり、ここで問うているのは、これらがすべて大切だと分かったうえで、「人生一〇〇年」と「計算機自然」時代に「特に重視されるものは何か」ということです。

基本的な説明を終えたところで、私の考えを述べます。

「徳」と「美」。そして、先の資質・能力の柱を一まとめにする「学び方」。これが私の答えです。学び方については、すでに第一章で調査結果も紹介しました。一つ補足すると、「自分で選び決め、探究に浸り、協同して共に生き・生かし合う」という「学びの構造転換」は、内容を通して目的・目標を実現するために「どのように学ぶか」という「方法」についての考え方です。施設・設備の在り方は、目指すべき学びと教育の在り方が方向づけることになります。よって、以上を踏まえて論を進めると、現在の教室や校舎に欠けている点とともに、造形、技術や生活、集団や社会の形成者としての見方・考え方が十分に働かない理由もおのずと明らかになるでしょう。

イ　徳の重視

では、「徳」の説明から始めましょう。先に要点を言うと、徳を重視する背景には、計算機自然時代のテクノロジー観があります。

このことを理解するための補助線として歴史をたどると、テクノロジーとは、まず、人の間にある体力差を埋めるものとして存在してきたことが分かります。例えば、「石器」。縄文時代の狩猟採集が中心の生活では、弓矢を扱う技術が敏捷な動物を狩る機会を広げました。例えば、「鉄器」。弥生時代の農耕牧畜では、鋤《すき》や鍬《くわ》の活用が持って生まれた身体能力の差を縮めました。近代・工業社会の「蒸気機関」や「内燃機関」は言わずもがなです。

この説明は、産業革命の歴史を簡単に追ったものです。とすれば、次は、すべてが「情報（技術）」になるとも言われる現代・情報社会です。私たちは、今、計算機によって制御された義肢で身体機能を補完・拡張するだけでなく、知力の個人差もテクノロジーが補ってくれる時代に入っています。情報検索エンジンやオンライン教育機会はもちろん、拡大を続けるデータベースと今後の量子コンピューティングの発展は、個に応じて得意を伸ばし苦手を補うAI学習アシスタントの著しい性能向上を実現するかもしれません。

それゆえ、情報環境の格差が教育環境の格差につながるとの懸念があることも確かです。しかし、歴史の大局から見れば、知育環境の格差は明らかに是正に向かっています。情報格差も同様であり、だからこそ、例えばブルーオーシャンを前にして、いち早く飛び込む決断力や実行力が求められる。これが、狭義の学力＝認知能力だけでなく、非認知能力＝社会・情動能力が話題になることが多くなった背景の一つです。

ここで押さえておくべきは、体と知の力差がこれまでのような経済的不自由をもたらさなくなったとき、道徳の感度がよりいっそう重視される時代が来るということです。換言すれば、人間と機械の境界が曖昧になる時代だからこそ、欲望・願望が生む問いや、身体がもたらす温もり、後述する美的感覚といった「人間らしさ」がより大切になるということです。

あらためて確認しておくと、道徳の本質は、人間の本性が「自由」を求める欲望・願望である以上、多様で異質な人々が共に生きる・生かし合うための「相互承認」です。これと関連して、人の性格を五つの因子の組み合わせで捉える「ビッグファイブ」を使った双生児研究に基づくと、優しさ、相手への信頼、利他や思いやりなどの協調性は、その育ちに（非共有）環境の影響が大きい傾向があります。[37] 他方で、体格やスポーツの才能、知能や学業成績には、遺伝の影響が大きい。

第一・第二章でも触れたシェアリングエコノミーの盛り上がりを考えると、『教育』と『福祉』をキーワードに高齢化した団地の一室をリノベーションし、『若者サポートステーション』『子育て応援室』『大人塾』をごちゃ混ぜにした場をつくりたい」「できれば、『高齢者福祉施設』と『障害者施設』も」

といった願いは、多くの人が挑戦可能で、しかも社会的に必要とされる度合いの高い生き方・働き方につながるかもしれません。

誤解を恐れずに言えば、「強い人」だけでなく「優しい人」もより自由に生きることができる。両者の生かし合い・協働を追究すれば、もっと社会をたがいの個性を認め合う相互の承認感度で満たすことができる。

それが、一人一人の「違い」を計算機テクノロジーによって社会の価値ある多様性へと変える計算機自然時代です。

ウ　美の重視

さて、話が肯定的になってきました。そこで次は「美」の説明です。

ここで、一つ、調査結果を紹介します。図3-2には、これまでと同じく杉並の調査から、「探究の情動」というカテゴリに含まれる三つの質問項目の結果を示しました。

探究の情動は、哲学的な伝統に従って真・善・美を追究の対象に定めています。質問項目は、順に、「真：普段から、いろいろなことに『ふしぎだな』『なぜだろう』と感じることが多い」「善：普段から、ほんとうに『よいこと』や『わるいこと』は何なのかと考えることが多い」「美：普段から、形や色、音などに触れて『きれいだな』『美しいな』と感

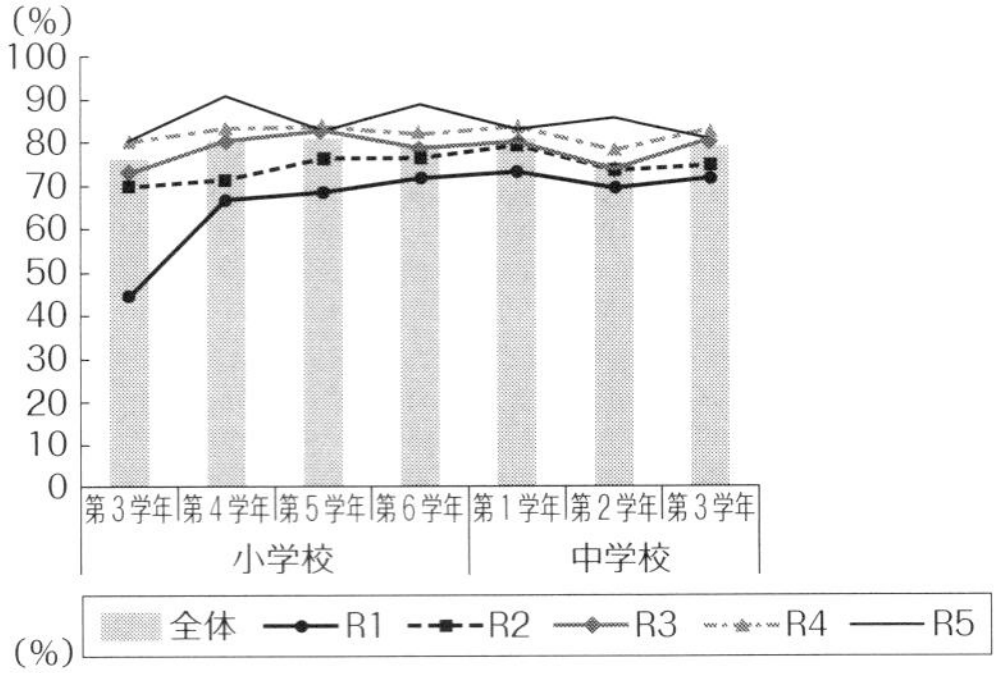

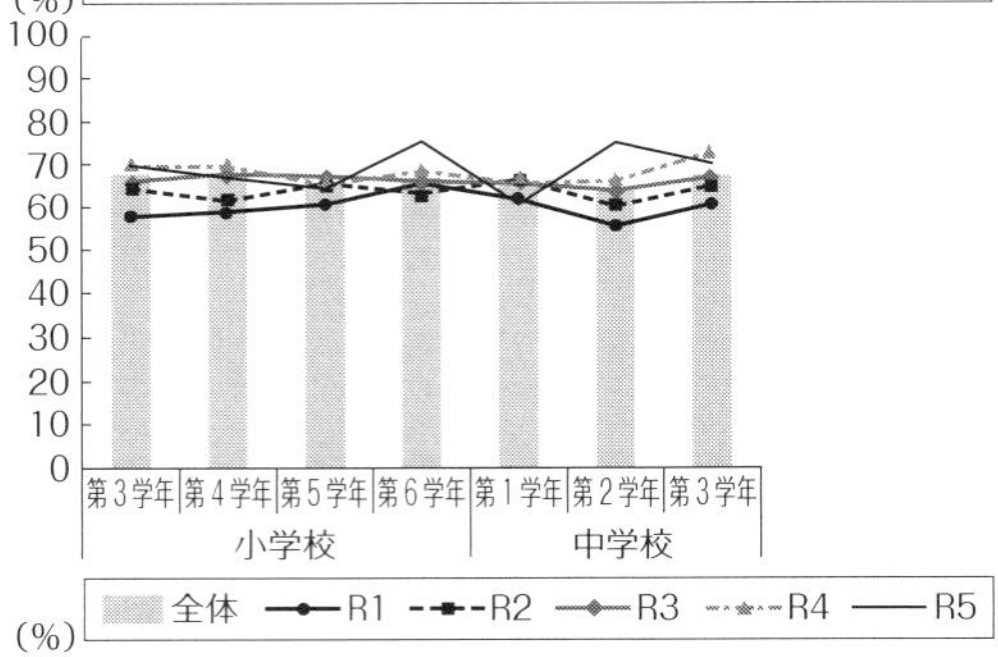

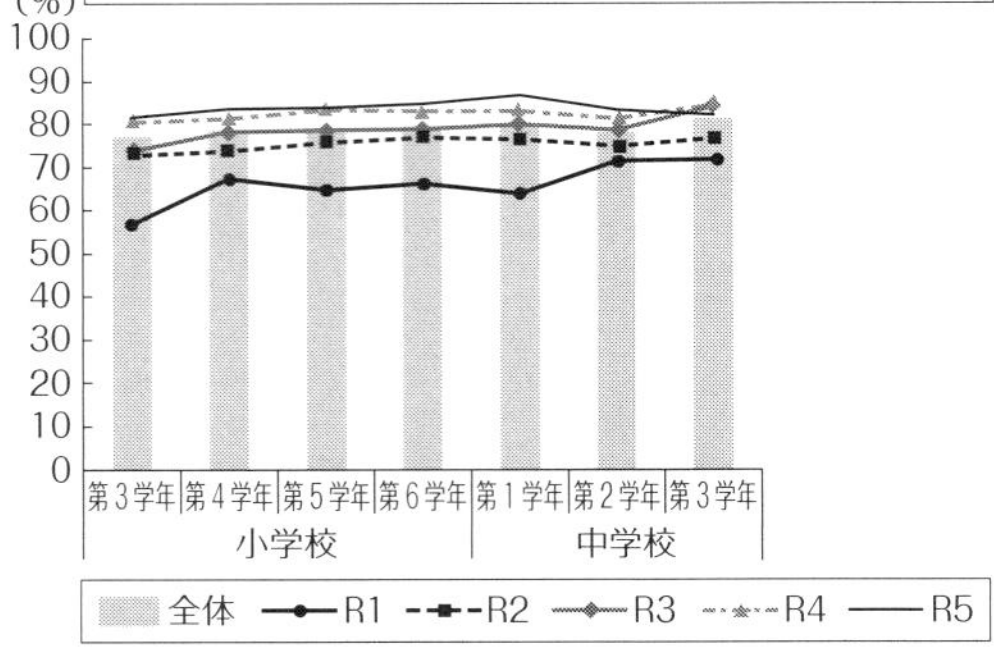

図3－2　「探究の情動」に関する調査結果（令和元年度）
上：真　　中：善　　下：美

じることが多い」です。

結果を見ていくと、まず、学年全体では、三項目とも学年間の差がほとんどないことが確認できます。真と美は八〇パーセント前後、善は六五パーセント前後の肯定率です。一方、段階間の差では善と比べて真が、そしてさらには特に美で明確な傾向があります。美の中一を例に取ると、およそでR1＝六五パーセント、R2＝七五パーセント、R3・4＝八〇パーセント、R5＝八五パーセントとなり、小三から小六も、同じくR1の低さが目立ちます。特に小三では、R2以上がすべて七〇パーセントを上回るところ、R1のみが五五パーセントです。ただし、中二と中三ではともにR1＝七〇パーセント、R2＝七五パーセントとなり、両段階間の差が縮まる傾向も確認できます。

昨今、美と関連しては、STEM（Science、Technology、Engineering、Mathematics）にArtを加えた「STEAM教育」がよく話題になります。明治に「藝術」と訳されたArtは「（神の創造した）自然物」に対する「人工物」が原義ですから、いわゆる「ハイカルチャー」という意味ではありません。だからと言って、その対比である「カウンターカルチャー」までもがこの話題の範囲ではないことにも注意しておいてください。

例えば、私たちは、道端に転がる石ころ一つにも美を感じることがあります。つまり、美は、「役立つかどうか」とは必ずしも関係はなく、ただただ「たまらなく心惹かれる」ことのほうにそれを感じる契機があります。どんな対象に惹かれるかは十人十色、しかし、私たちは、ある種の「快適さ」の感覚を伴う「これは美しい」との情動が喚起する経験をたしかにもっていて、真や善と比較してもっとも「自分らしさ」が表れるのがこの価値規準です。

想像してみてほしいのは、遠い未来の姿です。

ＡＩやロボティクスの発展が人知を超え、社会的善に関する調整を自動化する日が来る。

そのような未来が訪れたとき、私たちは、いよいよ美の規準でしか物事を判断できなくなるはずです。

そうした展望をもちつつ要点を言うと、美を強調するのは、「みなと違う人」が価値を獲得しやすい時代だからです。個性をより生かして自由に生きられる時代への期待がもてるからです。

美の規準は、美／醜に関する経験が、快／不快の秩序と清潔／不潔の経験を基礎に善／悪の経験と混ざり合い積み重なることによって育まれていきます。年端を重ねるとともに複雑で豊かになる一人一人の美的感覚は、例えば芸術分野において、国境や民族といった違いを越境した相互の承認・触発を生み出す契機にもなります。

実際、子どもたちの美的感覚を思い浮かべてみると、「新しい」「きれい」「明るい」といった単純な対象を美しいとみなす傾向に気づくはずです。複雑で豊かな美を「美たる」と感受するには、一定の陶冶《とうや》が必要になる。たとえば五月も終わりの見えたころなら、平安由来の七十二候から小満《しょうまん》の初候「蚕起食桑《かいこおきてくわをはむ》」における季節の楽しみ「卯《う》の花腐《くた》し」がいい題材になります。端的に言って、これを「侘《わび》・寂《さび》に通じて趣深い」（ゆえに美しい）と感受するには、それ相応の経験が必要になるということです。

こう考えると、計算機自然時代のテクノロジーを支えとした人生一〇〇年時代は、これまでより長く生きる中で積み重ねる選択が自分だけの「皺《しわ》」や「襞《ひだ》」を生み、それらをこれまで以上に生かすことのできる「人生即価値、価値即人生（Life As Value）」の時代と言うことができます。そこで、例えばSTEAMへの関心の高まりもあって習い事でも人気のプログラミングを選ぶなら、その子の「やってみたい！」を一番の理由とするのがお勧めです。同じく人気の英語についても、あるときふと地球儀を回していて「この国に行ってみたい!!」といった会話が選択のいいきっかけになるはずです。

そうした経験の中で、際立っていく個性、とりわけ美の感性は、他にはない自分だけの価値へと育ち上がっていきます。『海の命』を「つまらない」と批評する子や『やまなし』の主題を「無駄な死は一つもない」と解釈した子に例を見るように、「みんなと違う」ことが「自分にとっての強さ」になり、多様な価値観を社会に拡げることで「誰かにとっての優しさ」にもつながる。先の（道）徳に関する議論を踏まえてまとめれば、これまで以上に「らしさ」や「得意」を生かした生き方を選択できるのがこれからの時代なのです。

(3) プロジェクト材としての教室と校舎

ア 学校生活のプロジェクト化

ここで、いったん話をまとめ、施設・設備の話題に戻っていきましょう。

優しい人やみんなと違う人もより自由に生きられる人生一〇〇年・計算機自然時代。新しい職業としてよく話題になるユーチューバー、ひとり出版社やひとり飲食店、民泊や民旅のオーナー、地域コーディネーターなども、自分の「らしさ」や「得意」がSNSやクラウドファンディングの支えもあって生活の糧になっています。

遊びや学び、仕事や家事の区分を自分なりに融解して、多様な生き方を選択できる。徳と美の重視は、「与えられた尺度」で「誰か以上」を目指すことよりも、「自ら見いだす価値基準」で「自分なりの幸せ」を探究することの大切さを強調します。

たしかに、視点を変えれば、あらゆる資質・能力が尺度化され序列化される「ハイパー・メリトクラシー（超能力主義、超業績主義）[38]」の懸念も否定できないでしょう。先の新しい職業の背景にあるシェアリングエコノミーにも、すべての個人がグローバル経済に直結され、SNS上のあらゆる行為が信用指数で格付けされる監視社会につながる側面があることを十分に考慮しなければなりません。

しかし、これからの時代には、あなただけの人生が価値となり、それがよりいっそうの自由につながる側面があることも確かです。そうであれば、ここで問うべきは、多様な生き方や働き方を相互に承認・触発し合う素地となるよう、「らしさ」や「得意」、もっと子どもたちに身近な言い方をすれば、「大好き」や「お気に入り」といった一人一人の個性が共に生き・生かし合われる教室や校舎の在り方となります。

先回りしておくと、これは、純和様のデザインを取り入れろとか、先端ICT環境を備えることが必須といった話ではないことに注意が必要です。手すりやスロープ、エレベーター、オストメイトや車椅子でのおむつ替えにも対応した多目的トイレ。情報保障のための点字ブロックやコミュニケーションボード。医療的ケア児や障害児のことを考えれば、酸素療法や経管栄養のための機器も。こうした設備は、誰もが包摂される大きな社会の器、あらためて言葉にすれば、学びの構造転換を通して目指す「フル・インクルージョン」の場にはたしかに不可欠なものです。

しかし、それでも、この話題の本質を捉えていません。そう、ここで追究すべきは、教員や建築士から見た教室や校舎の設計・デザインではなく、主体的な生活者でもある子どもたちに環境構成を委ねることで、学校生活それ自体をほんものの学びの文脈にすることなのです。

ここで、もう一つ、調査結果を紹介します。

図3－3は、「学校生活の充実度」のカテゴリに属する、「自分の学級（クラス）では、机や本棚の置き方、スペースやコーナーの作り方、掲示の仕方などの教室環境をみんなが話し合って決めている」の調査結果です。学年全体の肯定率は、小三の五五パーセントから徐々に低下して小六では五〇パーセント、教科担任制も影響していると推察できる中学校では中一・二で四五パーセント、中三になると四〇パーセントを下回ります。学力段階からは明確な傾向を見取ることがむずかしいですが、R5は小四以降の全学年で単独または他段階とほぼ同率でもっとも低く、中二・三ではR5からR1に向かって肯定率が高くなる傾向が確認できます。学力段階が高いほど、現実を冷静に見つめる実態を反映した結果でしょうか。

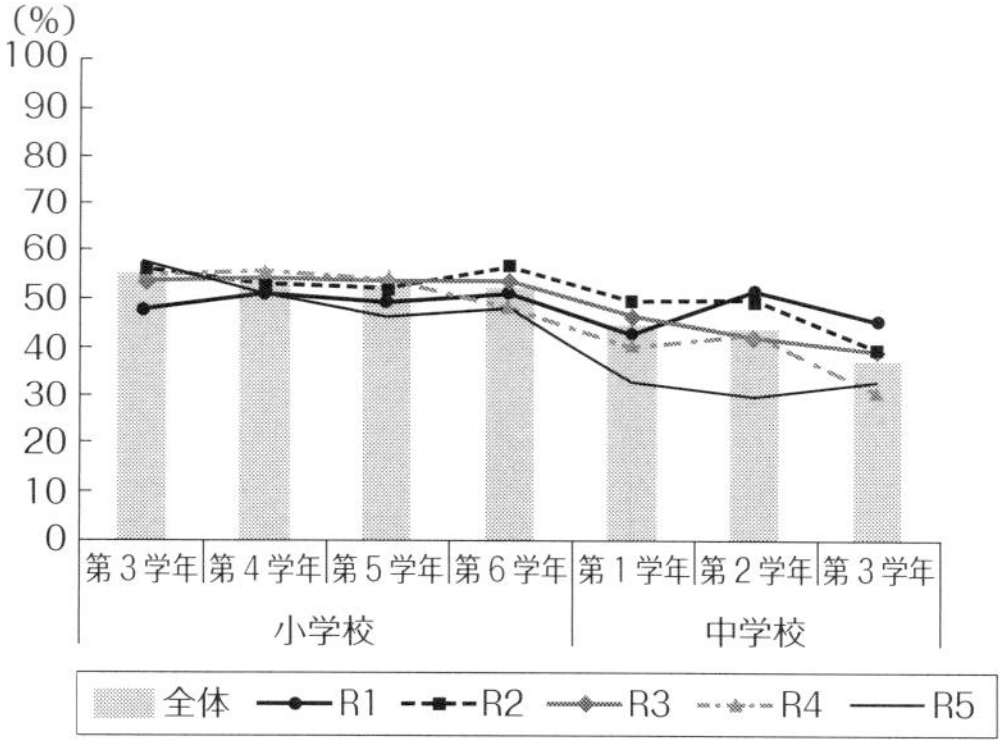

図3－3　「学校生活の充実度（教室環境の構成）」に関する調査結果（令和元年度）

本章冒頭で言及したオープン型の教室が増え始めるのは、一九七〇年代後半からです。オープンスペースにラウンドテーブルやカウンター型のティーチャーコーナーを備える。教室が向かい合っていたり、可動式スクリーンウォールで柔軟な間仕切りができたり、通常学級と特別支援学級が同フロアに配置されていたりもする。個別の学びから学級・学年を超えた協同の学びまでさまざまな形態に対応でき、教員にとっても組み合わせ最適による協働を発揮しやすいゾーニングは、すでに校舎の設計でスタンダードになっています。

ところが、です。この調査結果は、子どもたちにとって自由度の高くなったはずの学習・生活空間を、いまだ教員主体で扱っている現状を表しています。それどころか、一部では、注意欠陥・多動性障害（注意欠如・多動症）をはじめ特別な支援を要する（と、「みな同じ」の一斉一律を前提として教員が見なした）子どもの増加を理由に、教室をクローズに戻し、その周囲に曇りガラスで内部を見えないようにした個別指導室を複数設けるような設計例さえも見られています。

こうした状況を考えれば、私たちが取り組むべきことは明らかです。学びの構造転換の考え方を学校生活全般に拡げ、まず、教室や校舎を学習材の一つと捉え直す。徳と美が重視される時代を踏まえ、環境構成を、学校生活の主体である子どもたちの協同探究に委ねていく。

では、これによって、どんな変化が起きるでしょうか。そこで見ていただきたいのが、図3－4です。これは、教室を協同探究のプロジェクト材とする「教室リフォームプロジェクト」[39]の実践例です。子どもたちが、教員の支援・共同探究のもと、「もっと・より以上」の学習・生活環境を求め、一年間その在り方を探究し続ける。結果としてでき上がるのが、こうした教室の姿です。

「探究」という視点から考えると、四五分や五〇分という標準単位時間、一〇以上にもなる教科等区分を前提に教員によってあらかじめ決められた時間割は、学びを「細切れ」にする側面を否めません。

図3－4　「教室リフォームプロジェクト」の実践例[40]

「今やろうと思っていたのに！」

が自分で選ぶことの最たる妨げであるとすれば、

「今いいところだったのに‼」

は探究に浸ることへの大きな制約です。

しかし、子どもたちには、そのような現状でも、一日の学校生活において、多くの時間
みんなと共に接し続けている学習材があります。

そう、それこそが、自分の教室（ホームルーム）です。

思い浮かべてみてください。例えば、学年始め・学級開きの際に、

「みんなで一年間過ごす教室を、自分にとってもみんなにとっても学びやすく、生活す
ることが楽しくなる場所にするために、どうしたい？」

と問いかけたらどうでしょう。まず、自然な生活＝学びのプロセスに誘うことができま
す。

「たまには、リラックスできるスペースもあったらいいな」

「季節の様子が分かる掲示板を設けるのはどう？」

「でもさ、一日の多くの時間は勉強だから、そこもちゃんと考えないと」

「一人で学ぶときも協力して学ぶときもあるし、そのタイミングもみんなばらばらだよ

ね」

「だったら、とりあえずタブレット端末で図面を描いて考えない？」

「あ、私それ得意！」

「じゃあ、学習支援ソフトで『意見箱』を作ってみんなで共有できるようにしよっか」

「デジタルサイネージみたいにして、みんなのお気に入りとか大好きをシェアできたらいいよね。物を置くスペースは、どうしても限られちゃうから」

生活者とプロジェクト材の往還から想像されるその光景は、さながら自らの人生を探究する人々がたがいに寄り合うシェアハウスのようです。この子は化石コレクター、別のこの子は工作マニア、あの子はお掃除名人、別のあの子は昆虫博士……といったように、一人一人の個性が際立っていくことが期待できます。

これは、係や委員会についても同じことが言えます。特に学級の係は、多くて四〇人もの個性を決まり切った役割とマニュアルに当てはめるのではなく、子どもたちの学びと生活の必要から生成していくことが大切です。教室は、教科を基本とした学び、係や委員会を含む学校生活の両者において子どもたちが真に主体となったとき、初めて、自分たちでリフォームする必要を十分に実感するからです。

ここで徹底されているのは、学びの構造転換に基づいた、「自分たちのことは自分たちで決める」という考え方です。次の第四章の話題にもつながるこの考え方は、一般化すれば、「学校生活のプロジェクト化」と名づけることができます。中学生ともなれば、教室リフォームの発展として「学校（校舎）を一二〇パーセント生かそう」といったプロジェクトを設定することもできるでしょう。

イ　知識があるからこそ働く見方・考え方

しかしながら、こうしたプロジェクトの始めに、「学校に備えたい物」についての調査をすると、気づくことがあります。回答のほとんどを机や椅子、照明、時計、空調機、冷水機といった耐久消費財が占め、美の大きな源泉である芸術や文化に関するものが本くらいしか出てこないことです。

では、こうした現状を踏まえたうえで、教員は、子どもたちにどう関わればいいでしょうか。ポイントは、知識として「知っている」からこそ働く「見方」と「考え方」があるということです。

ここでは、芸術・文化に関連させて、フェルメールを題材にしてみましょう。

「技術革新の西洋／伝統保守の日本」「一七世紀のオランダ」「ポワンティエ」「カメラ・オブスクラ」。こうした知識は、絵画の見方をたしかに変えます。多くの人にとって馴染《なじ》み深い『真珠の耳飾りの少女（青いターバンの少女）』一つをとっても、「フェルメール・ブルー」を知っていれば、当時、金よりも高価だった天然ラピスラズリを多用して困窮した画家の生涯にまで思いをはせることができるでしょう。

ここで言う「見方」とは、簡単に言えば「着眼点」のことです。ある作品に向けられた関心が、「形」「色彩」「材料」「存在する空間」「積み重ねた歴史」「作家の生涯」といった着眼点を立てます。それによって私たちは、「表現上の特徴」や「作者の想い」などをその作品から分節できるようになります。

一方、見方と並列されることが多く、それゆえ混同されがちな「考え方」は、この着眼点のもとで立てた問いや課題を解決に導く「思考過程」や「思考手続き」のことです。造形に関しては、自分の思いを表現したり機能性を追究したりする「発想・構想」「創造」などです。「鑑賞」にも同じくその側面があり、フェルメールであれば、「宗教画」と「風俗画」、「全体調和の重視」と「技巧の顕示」といった作風の変化を対比することによってさまざまな知を取り出すことができます。「見る目がある」「違いが分かる」とは、このような、単なる知識が見方・考え方にまで熟練したことの表現に他なりません。

学びの基本型こそ同じくするとはいえ、幼児教育とそれ以降の違いは、まさにこの点にあります。教科を基盤に、より高度・高次な資質・能力を育む学びが小学校からの本領です。そのために教員は、後追いの支援者・共同探究者[41]であることを基本姿勢としつつも、ときには積極的に知識の教授者となる必要があります。これまで「大好き」や「お気に入り」を「学校不要物」として排除し、「みな同じ」を課してきた経緯からしても、一人一人の個性を解放し、芸術や文化への関心を高める知識を与えることは不可欠です。

本章の話題に即して、徳と美が交わる学校建築の例を紹介したいと思います。

図3-5に示したのは、個人的にも大好きな愛媛県にある校舎、竣工から六〇年余を経て「日本で一番美しい小学校」「木霊が宿る校舎」と呼ばれるようになった八幡浜《やわたはま》市立日《ひ》土《づち》小学校です。二〇〇八（平成二〇）年、新しい校舎への改築と旧校舎の改修とで地域住民を二分しましたが、議論を重ねたうえで保存再生されることになった中校舎と東校舎は、二〇一二（平成二四）年に国の重要文化財にも指定されました。

考えてみれば、「美しい」は、形や色、音といった外形的特徴だけを表す形容（詞）ではありません。私たちは、物のみならず事、ある営みやその背後に見え隠れする人の精神性にも美質を感受するのです。

光庭やクラスター型配置によって教室に両面から差し込む優しい光。障子とランプのある図書室はベランダへと続き、一体となった喜木川には桜の花が散り、糸をたれると魚がはね、五月の薫風に乗ってミカンの花の香りが漂う。伊予《いよ》絣《がすり》と金箔による市松模様の壁

講談社現代新書
発行部数ランキング

（1964年創刊）

21位　美しい日本の私
川端康成、サイデンステッカー＝英訳

22位　ローマはなぜ滅んだか
弓削 達

23位　森田療法
岩井 寛

24位　生きることと考えること
森 有正

25位　発達障害の子どもたち
杉山登志郎

26位　不死身の特攻兵
鴻上尚史

27位　ユダヤ人
上田和夫

28位　弁証法はどういう科学か
三浦つとむ

29位　〈勝負脳〉の鍛え方
林 成之

30位　はじめての構造主義
橋爪大三郎

講談社現代新書
公式サイト

哲学史の本の中に「哲学」として登場してくるものは、もう哲学ではない。
向こうにある哲学を学ぼうとすれば、
哲学した人の残した思想を読んで理解し、
共感を感じたり反感を感じたりできるだけだろう。
哲学はこちら側にある。自分自身の内奥から哲学をはじめるべきだ。

永井 均（『〈子ども〉のための哲学』）

図3－5　愛媛県八幡浜市立日土小学校（著者撮影）

が見事な旧補導室＝現相談室。校舎のみならず、座面の湾曲した椅子や角の丸みが優しい机をはじめとした備品のおよそすべては、設計当時の地元の大工・職人がつくったものであり、どれも美しく、そして「温もり」に溢れています。

この校舎を設計した同県大洲《おおず》市出身の建築家・松村正恒《まつむらまさつね》は、次のように言っています。

「わたしは、小学校をつくるとき、まず子供になったつもりでプランを考えはじめるのです。（中略）ふとんのなかで目をつむる、子供に変身する、童心にかえる。学校のなかを走りまわる、座ってみる、変化と感動を探りだす。決められた敷地がよみがえって学校のかたちが現れる。歓声が聞こえてきます」

この発言から想像を拡げれば、日土小の建築・家具の美は、温もりを醸《かも》すつくり手の精神性の美を内部に宿し、木材のラッカーフィニッシュが幾度・幾人もの手に触れることで、徐々にその本質を発露しているように思えます。

さて、ここに至って私は、造形的な見方・考え方が十分に働かず、技術や生活、集団や社会の形成者としての見方・考え方もほんものの文脈の中で働くせっかくの機会を一つ逸していると言った理由を、端的に述べることができます。

「知識がないから」。これがすべてです。

もし、教員をはじめ私たち教育の担い手が、徳と美が重視される時代観、とりわけ教室や校舎を協同探究のためのプロジェクト材とすることの意味と価値を知っていれば、どうだったでしょうか。第一章で示した現在の一般的な教室はもちろん、本章で例示したデンの様子、調査結果に表れた教員主体の環境構成や耐久消費財にとどまる生徒たちの要望は、もっと違ったものになっていたはずです。

造形的な見方・考え方は、主に図画工作科と美術科によって育まれます。しかし、小・中学校において、音楽を合わせた芸術系教科の全時数に占める割合が、多い学年でも二〇パーセントに満たないことを考慮すれば、造形や音楽の美を感受しても、それを探究する機会が十分にないことが容易に推測できるでしょう。

家庭科・技術科を中心に育まれる生活と技術の見方・考え方にも、同じ課題があります。しかし、その内実は、衣食住やテクノロジーをはじめ生活をよりよくするための着眼点と思考手続きですから、学校生活の場である校舎や教室を学習材とすることで、それが働くほんものの文脈を一つ増やすことができます。造形的な見方・考え方、たがいのよさや可能性を発揮しながら集団や社会の形成者となるための見方・考え方も然りです。

ウ　学び方の重視

そして、以上から私は、本章最初の話題のまとめとして、とりわけ義務教育段階で子どもたちに育むべき資質・能力のキーワードを、「学び方」[42]に定めます。「学び方」というこのキーワードの要点は、端的に言えば、知識や技能、思考力・判断力・表現力、学びに向かう力・人間性の「使い方」を方向づけることにあります。知識一つをとっても、もはや一斉一律にみなで同じものを暗記することに意味はなく、何らかの課題解決に向けて、おのおのが、おのおののやり方で学ぶということは明らかです。では、その「課題」の最たるものは何かといえば、徳と美についての説明で述べたように、一人一人が自分の「らしさ」や「得意」を生かしてより自由に生きることです。

つまり、学び方とは、資質・能力の三つの柱を活用し、一人一人異なった人生において、「必要なときに、必要なことを、自ら学び身につけることのできる」力を意味します。そしてまた、人生におけるどんな未知の事象・現象との出会いからでも、「自分なりに問いや課題を立て、自分たちなりの方法で知を学び取る」自立的・協同的で探究的な学び方こそ、これから子どもたちに育むべき資質・能力の本質であり総体だということです。

この考え方からすれば、社会の情報化の過程で流布している知識軽視の風潮や知識不要の論が、いかに的外れかも分かるはずです。知識は、使い方が変わったがゆえに身につけ方が変わったにすぎません。フェルメールの例を思い返せば、「教科等の特質に応じた見方・考え方」が、自ら知を学び取る学び方の中核的な思考作用であることも明らかです。定型・無味で、そこで学び生活をする子どもたち一人一人の「息吹」を十分に感じられない教室。こうした現状を課題視せずにいたこれまでの思考停止状態は、私たち教育の担い手にも、知識を、しかも生きて働くよう身につける必要を再認識させます。

しかしながら、校舎もまた定型・無味である理由を十分に明らかにし、これからの在り方を考えるためには、教育施設・設備の話題を、その外に向かって、さらに展開しなければなりません。

2　定型・無味を乗り超える

(1) 画一で均質な空間をめぐって

ア　現在の校舎と教室の起源

現在、老朽改築の時期を迎えている校舎の多くは、設計の起源を、①一八九五(明治二八)年の「学校建築図説明及設計大要」による南側グラウンド(＝北側校舎)、大正期の②創造性や自発性、体験的・操作的活動の重視から整備された理科、図画、唱歌、家事作法などの特別教室と③都心部での高層化の必要や関東大震災を契機とするRC造校舎、④戦後昭和の量的拡充に短期間で応えた安価で堅牢、単純で工夫のない片廊下一文字型校舎、にもっています。

明治の学校建築と言えば、文明開化を象徴した擬洋風建築で知られる、一八七六（明治九）年完成の長野県松本《まつもと》市の国宝・旧開《きゅうかい》智《ち》学校《がっこう》を思い浮かべる方も多いでしょう。ところが、こうした校舎が見られたのは主に明治初期のみであり、その後は工費や修繕費が和風校舎より高かったことも影響してデザインという関心そのものが消えていきます。教室もまた、空間面積は一八九〇（明治二三）年の文部省「小学校設備準則」に示された1教室80人÷4人／坪＝20坪（約66m^2）＝間口5間（約9・0m）×奥行4間（約7・2m）が原型であり、これに高さ10尺（約3・0m）を加えたものが継承されてきました。

近代教育学史上の巨人として知られるジョン・デューイは、かつて、「ものを聴くため」だけに作られた机や椅子を例に挙げ、「学校は子どもが生活をする場所ではない」と言っています。[43]およそ一〇〇年前の指摘が、現在にも通用してしまう。定型なままの場の設計、特に、子どもたちの息吹を十分に感じられない点で無味にとどまるその使い方に転換が必要なことを、あらためて実感する言葉です。

イ　教育施設から都市へ

図3－6　杉並区役所9階から西方向の風景（手前は屋上庭園、著者撮影）

さて、前章の「教育組織」が「社会」にまで話題を広げたのは、家族や地域社会（の空洞化）が子どもたちの心理に及ぼす影響を無視できないからでした。これと同じく、今、学校の内で起きていることは、二〇年後や三〇年後に学校の外で起きることにつながります。学校教育に関することは、それがどのような話題であれ、「内」と「外」を一対で、かつ、「過去‐現在‐未来」という時間軸の中で捉えなければならないということです。

では、教育施設は、ここで言う「外」を、どこに定めればよいのでしょう。

それは「都市」です。[44]

この話題への導入として、図3‐6には、西（奥）方向に奥多摩三山を中心とした関東山地を望む、杉並区役所九階からの風景を示しました。恐らく、杉並在住の方でも、よほど町並みを見慣れていなければ、これがどこの写真なのか判別がつかないはずです。

先の考え方に従うと、学校施設は、震災時に救援所となることなども含め、内側のゾーニングや敷地内の空間活用のみを機能としているわけではないことに気づきます。とりわけ校舎の外面は、その連続性を視覚的に確認できるという点で、学校組織と社会の関係以上に敷地外の都市景観とつながっています。

ところが、現在のさまざまな校舎を思い浮かべると、当該の地やそこで育まれた文化を速やかに連想させるような特徴をもつものがほとんどないことが分かります。同じく、都市の風景も、先の写真でガラス面に映り込んだ蛍光灯が合成かと景色を思わせるように、その地と結びついた価値ある個性を感じることはむずかしいはずです。

学校施設は、数多ある公共建築物の中でも、あまねく地域に配置され、周辺のほとんどの建築物よりも大きく、その地にもっとも長く在り続ける可能性が高いという性質があります。それゆえ、一つには、過去から現在に至る景観に調和し、もう一つには、現在から未来へと続く景観を表情づける。都市計画上の「ランドマーク」や「シンボル」といった外側からの機能、場所に紐づいた歴史・文化の「アーカイブズ」や「モニュメント」となることで地域のアイデンティティを証明する時間軸上の機能も有しているということです。

このことから分かるのは、学校の外観と都市の景観は、本来、切り離せない関係にあるということです。安価・堅牢・単純な校舎を建てるほかなかったという戦後昭和の事情はもっともな理由ではあるものの、それでは、一九五〇年代後半に造られた日土小の説明がつかなくなります。建築家・松村という個人がユニークであったことはそのとおりですが、そこで思考を止めてしまっては、後進の私たちが未来に生かす糧を取り出すことはできません。

大切なのは、考え方です。松村が、「山深く、人知れず咲く、名はなけれど清楚な花一輪、立ち去りがたい、そんな建築が創れたら」と自らの道を語ったように、周辺環境が外観を中心に学校建築の在り方に影響することを着眼点としたうえで、都市の景観が、価値ある個性を失った経緯と理由を理解する。

そこに、学校施設、ひいては、教育施設一般のこれからの在り方を考えるうえで欠かせない考え方があるはずです。

（2）近代の始まりから都市を考える

すでに述べたように、都市は社会の器でもあります。したがってその問題の根も、社会の歴史を近代の始まりからたどったときと同じ道筋で理解することができます。

ア　再び明治時代から考える

先回りして要点を言えば、今回の歴史分析で見いだされる問題の根は、「自治」です。「自分たちのことは自分たちで決める」こと。その始まりは、すでに第一章で述べた「自分で選ぶ」ことにあります。つまり、自治とは、「みな違う」を考え方の始発点とし、一人一人が自分で選ぶことから始まり、自分たちのことは自分たちで決めることにその内実があるということです。

ここで思い返してほしいのは、近代化とは合理化の過程であり、近代社会が近世共同体の解体と個人の解放から始まったことです。これらは、中央集権化を支えた考え方、その結果として生じた現象であることから、対極には、近世までの藩政による地方自治（分権）の解体があることが分かります。

これらを踏まえてまとめれば、近代以降の日本の都市は、地方による自治がなく、かといって中央による統制も追いつかなかった「無秩序な成長」に特徴があります。

具体的には、とりわけ地域社会の空洞化が進んだ一九六〇年代に、都市部への人口移転に伴う住宅不足から団地やニュータウンが建設され、郊外の農地や山地を場当たり的に宅地化したことで「都市のスプロール化」が始まりました。戦後の応急処置的な復興計画と財政難による整備不足から始まり、高度経済成長期からは一転して秩序なき膨張へと進む。モータリゼーションによる「自動車通行優先の都市化」もこの時期に始まり、都市は、さまざまな人や物、事を飲み込みながら現在の姿に向かっていきました。

一九八〇年代までの都市の問題は、このわずかな記述に凝縮されています。

国家主導、しかし全体計画（マスタープラン）をもたなかったため、部分的で個別の基盤整備事業だけが進む。緩い土地利用規制で市場原理を働かせるため、土地が資産化して、住宅を確保できない人が問題になるばかりか、都市全体の視点に立った土地利用も進まない。しかも住宅政策は、景気対策に使われることが常だった。

東京を例とすれば、明治初年の武家地処分に始まる都市再編、大正の関東大震災とその後の復興、戦時昭和の軍事優先の都市計画や大空襲が祖型にあることも確かです。しかし、現在の姿に大きく影響したのはやはり戦後の高度経済成長期であり、そこには、経済優先という軸しかなく、社会福祉などが入り込む余地はほとんどありませんでした。

文化的な表情を欠く学校建築も、まさしくこうした時代の所産なのです。

イ　再び平成時代から考える

続く一九九〇年代以降は、インターネット化を背景とした資本移動自由化を加速因として、依存と孤立が循環的に強化された時期でした。地域社会と家族の空洞化の後、新たな共同体の形成が進まなかったことは、前章で考察したとおりです。

本章で確認すべきことは、さらにその背景に、都市・住宅政策の影響があったことです。一例としてニュータウンを取り上げると、大規模な開発が進んだ地域では、住宅難もあって戸数が数万に達しました。ところが、一〇万人から二〇万人台の規模でも独立した基礎自治体にならなかったことに特徴があります。

ここで、前章と本章の論点が一つに交わります。都市は社会の器である以上、新住民の多い地域でその計画が住民参加の視点を欠けば、自治による新たな共同体の形成は進まない。ニュータウンについて言えば、人々の交流を生む図書館や文化ホール、体育施設が整備対象ではなかったこと、高齢者施設や保育所が同じ扱いだったことも自治の妨げになったはずです。

もう一つ、学校施設と都市との関係を考えるうえで、忘れずに言っておかなければならないことがあります。それは、自動車通行優先の都市化がどのような事態を生んだかということです。

横断歩道橋、歩道と不分離の車道、車が進入する生活道路。すぐに思い当たるのは、登下校中の子どもが命を失った自動車事故です。これは、学校による通学路の指定や保護者による安全確保、子どもの危険認知能力、ドライバーの不注意や交通違反だけに問題を還元することはできません。防災や減災の観点から問題になる狭隘《きょうあい》道路も含め、都市計画の一環としての道路それ自体に原因があるということです。

「道」は、場所と場所とを結び、人と人、物と物、事と事を結びつける役割をもっています。古来「無縁」であったその空間は、日常の関係から解放され、誰もが自由で対等になれる場でもあり、それゆえ恰好の「遊び場」でもありました。「市」も同様であり、この二つから思い浮かべる都市の風景は、多世代で賑わう「商店街」でしょう。

ところが、今や商店街は多くがシャッター街と化しています。大きなきっかけとなったのは、一九八九（平成元）年の日米構造問題協議によって大きく規制緩和が進んだ二〇〇〇（平成一二）年、小売店を保護してきたいわゆる「大店法」が廃止されたことでした。八〇年代に始まった経済効率性と社会有効性をリバランスする議論が熟さないままなされてしまったこの決定は、ローカルな小規模事業者を根こそぎ持続不可能な状況に追い込むことで、地域社会の空洞化によりいっそうの拍車を掛けることになったのです。

都市の問題は、こうして裾野をどこまでも拡げていきます。社会や経済との関係を考えれば、前章で取り上げた自殺や孤独死・無縁死はもちろん、駅周辺の街路や公園すら追われ、河川敷しか行き場のなくなった生活者、街路の無差別殺傷事件や孤立した保護者による幼児の虐待死など、人の温もりを失った器としての現状について取り上げたいことはいくらでも出てきます。

しかし、ここで論ずべきは、こうしたことを十分踏まえたうえで、その地と結びついた価値ある個性を失った都市の景観、そして、校舎の外観のことです。

一つ補足すると、都市の健全な発展を目指して一九一九（大正八）年に制定された（旧）都市計画法は、無秩序なスプロール化の進展を受け、一九六八（昭和四三）年に同じ名称の新法に改正されています。その後は、一九九二（平成四）年に市町村にマスタープランの作成を義務付け、一九九九（平成一一）年の改正では、地方分権の流れから都市計画の決定について政令指定都市と市町村の権限を大きく拡充しました。自治の兆しがあるということです。

ところが、です。都市は、膨張と無秩序が一定の度合いを超えた時点で、身体実感をもってその全体を把握することができなくなります。「行政区画」という地理上の境界は知っていても、今自分が住んでいる都市が、どこから始まってどこで終わるのかを理解できている人は多くないはずです。それは、都市の全体をイメージしてバーチャルな自分をくまなく歩かせることができるかどうかを試してみれば、すぐに分かります。

つまり、多くの人にとって都市の問題は、社会関係的にも地理的にも、それゆえ歴史的にも、すでに自分の手の上にはないということです。ある人にとっては帰って寝るだけの空間であり、別のある人にとっては仕事に行くだけの空間であり、また別のある人にとっては買い物をするだけの空間になる。道によってつながれているはずの場所や人、物や事の関係は、無秩序にスプロール化した都市と依存と孤立が循環的に強化する社会の中では、それぞれを分離独立した刹那のものとしてしかイメージできなくなるということです。

ここで、問題は核心に至ります。都市が、人の温もりや美を失って定型・無味にとどまるのは、「オーナーシップ」という意味での自治とその積み重ねを欠くからです。「自分たちのもの」という実感がなければ、大切にしない。自分の住む都市に立地する学校施設もまた、例えば幼稚園や保育園などが「迷惑施設」と呼ばれることもある現状の中で、どれだけの人が「美しくあってほしい」と望んでいるでしょうか。

(3) 求めに応える施設・設備へ

ア　再び、選び取る未来へ

人は、都市の原初の体験を、どこにもつのでしょうか。抱っこされて見た景色。手をつないで歩いた道。ふと公園に立ち寄ってみれば、たくさんの人がいる。遊具で遊ぶ。砂場で見ず知らずの誰かのシャベルを使う。いつの間にか一緒に遊んでいる。あるときから通学路を一緒に歩くようになる。

どれも大切には違いありませんが、私が特別価値を感じるのは、砂場の経験です。じょうろやバケツで雨のように水を注ぎ、指先や足先を十分にぬかるんだ砂中へ潜り込ませてみる。すると、指や足の上層部分が盛り上がって自分のほうに返ってくる。自然の営みは、共に砂遊びをするように、すべてこの舞台のうえで積み重ねられていきます。

しかし、私たち大人は、今、都市を歩いていても、その起伏を意識することが少なくなってしまいました。アスファルトに覆われ、画一で均質になった空間。わずかな水溜まりにも苛立つ。坂があれば面倒と思う。曲がりくねった舗装路を歩いていてふと水の流れる音に気づき、足下が暗渠《あんきょ》であったことが初めて分かる。

不可視となった大地の記憶に思いを巡らせることをしなければ、そこで交わされた人々の営みや織り重ねられた物語、育まれた固有の文化も枯渇していくばかりです。

ここで思い返してほしいのは、私たちの美的感覚が、単純なものから複雑で豊かなものへと成長していく過程です。

都市の景観には、その不可分な要素として建築物も含まれています。しかし、日本の住宅市場でもっぱら高値・高価なのは新築であり、相変わらず戸建てが重視されています。再開発の経済性や減価償却という価値観を転換して美の規準を成熟させなければ、人々が刻んだ思い出もろとも「古くなったら捨てればいい」という話にしかならず、したがって「一〇年も経てば上物の価値はゼロ」の建築が乱立。防災の観点からも問題視される空き家に例を見るように、価値ある個性が時とともに都市に刻まれていくことはありません。

人と場所との情緒的な結びつきは、こうした近代合理的な価値観を超えたところに生まれます。とりわけ公共施設は、日土小にその例を見たように、保存や保全、スポリアやリノベーション、コンバージョンによって時を刻むことが建築価値を高め、「トポフィリア(場所愛)[45]」をまとった唯一無二の場所を生み出します。その意味で私たちは、ここでもう一度、近代のなれの果てを超える必要があります。

イ　教育施設の先に見る都市

しかしながら、これは、途方もない課題です。戦後の応急処置的な復興事業、高度経済成長期の無秩序な膨張下で一斉に整備された社会資本の更新需要を考慮し、何より時を刻むという観点からすれば、最低でも一世紀を見通した展望が必要になるからです。二世紀、もしかしたら、三世紀が必要かもしれません。国から個人まで細切れに入り組んだ土地の利権関係を考えれば、目眩《めまい》すらしてきます。

しかし、そう考えるなら、公教育としての出発点は、やはり学校建築にあります。子どもたちが、いずれあるべき未来を選び取るための原体験となるように、教室と校舎を学習者・生活者主体のプロジェクト材とする。自分たちの「らしさ」や「得意」、「お気に入り」や「大好き」で環境を彩りながら、徳や美の感度を共に鍛え合っていく。

結論を急げば、私は、その先に、大きな社会の器ともなる都市が、すべてが驚きと発見に満ちていた幼児期と同じく、世界を探究する情動を掻き立て、人々の「学びたい」にどこまでも応えるものになることを期待します。それは、「教えたい・学んでほしい」と「学ばなければならない」が、「学びたい」に包摂され、遊び、学び、仕事、家事の境界が融解していくイメージとも一致します。真に学習者・生活者主体を追究し教育課程が個別化する未来の学校施設は、都市を学習材・プロジェクト材とした「探究の基地」に転換するということです。

あらためてまとめましょう。

教育施設がその先に目指すのは、社会の器となる都市です。そうであるからこそ、学校施設・設備は、大きな社会がみなを包摂するものであるように、すべての子どもの「学びたい」に応じられるものでなければなりません。

いわば、誰もが自由で対等になれる学びと生活の場こそが最高の居場所。人の温もりや美に溢れた「すべての人の『学びたい』に応じる都市」は、学校が決して手放してはならないこの理想の先にあります。

3 応答性による実践事例

（1）近代教育施設を超えるために

休日に街を歩いていると、たくさんの人や動物が娘を構ってくれます。歌い踊りながら歩く迷惑な存在ということもあるのでしょうが、私が住む場所の影響も十分に考えられます。

この基礎自治体は、商業施設や企業の誘致を積極的に行わないこともあって、行政サービスを支える財政基盤がやや脆弱です。しかも、高層の建築・集合住宅を条例で制限しているため、人口が急激に増えることもありません。一聴すると「問題」と思ってしまいそうなこの状況ですが、その一方では地域社会の空洞化や行政依存の抑止になっていることも確かで、それゆえ都市の景観も、住民自身で維持していこうという姿勢が強いように思います。

北の主要駅と南の主要駅を結ぶメインストリートの大部分は、片側二車線の車道と自転車道、その左右には桜や銀杏を中心とする並木を挟んで石畳の歩道があります。さらに周囲には四季の変化を感じられる植生、ベンチや市民作家のアート作品もあり、「交通まちづくり」と言えば大袈裟ですが、コミュニティバスやシェアサイクルで南方に向かえばそこは長閑《のどか》な農地です。この地の原風景に近い湧水の小川は子どもたちの格好の遊び場になり、少し先の仲夏・芒種の腐草為蛍《くされたるくさほたるとなる》には、わずかですが蛍も見られます。

それでも、ここ数年の駅周辺の再開発でずいぶん様子が変わりました。商店街がシャッター街に変わったことも、郊外に大型ショッピングモールが登場したことも、自由市場で消費者の便益を追求した結果である以上、一概に否定できません。一週間もすれば飽きて買うものがなくなってしまいますが、空腹を満たすだけの食事ならコンビニエンスストアでいいやと思ってもしまいます。最近の昼食はそれが祟《たた》って一〇秒、ゼリー飲料です。

しかし、一九八六年にイタリアから始まったスローフード運動のように、土地固有の食文化や食材を見直し、自地域の小規模事業を持続可能にすることも視野とした取り組みを考えるとどうでしょう。例えば日本の食料自給率は、供給熱量ベースで二〇〇〇年以降四〇パーセント前後ですが、地域社会の空洞化が始まる前の一九六〇年代半ばは七〇パーセント以上でした。農業をはじめ多様な産業が国内・各地域に保持されることは、経済活動を通じて社会の中間共助を厚くし、民主制を支える「相互承認的な共同体」の素地をつくるうえでも不可欠です。

経済合理性を超えた価値。それを大切にファストフードへの対抗として始まったスローフードは、後に、スローシティ運動に発展します。ところが、都市の画一化・均質化は世界的な動向でもあり、例えば私たちにも身近な東南アジアのシンガポールで都市の景観を印象づけるのは、超高層ビル群です。その一つであるドリードン・コンドミニアムは、東京の国立競技場の一件で広く名が知られた故ザハ・ハディドによる設計でした。

地の都市が画一で均質になっていく。だからこそ、図としての建築には、ある種の奇抜な個性を求めるのでしょう。アルゴリズム・ドリヴン、コンピュータによる構造計算が可能にする彼女のスタイルは、その意味でまさしく現代建築です。

しかし——

数世紀先の未来を選び取る。

そんなことを考えていて私が思い当たったのは、「神の森」でした。

大地の特質を知り、一世紀を刻むことで、荒野にすらおのずと実が落ち発芽して後継樹となる植物社会を育むことができる。「永久ニ荘厳神聖ナル林相」を理想として大正時代に一〇〇年先を見据えた植林事業が始まった明治神宮、人工の原生・現在に生きる太古の鎮守のことです。

「現在の・自分にとって」、ではなく、「未来の・誰かにとって」。経済の論理が眼前に焦点を当てざるを得ないところがあるとすれば、都市の再生・新生は、自然と同じく遠く未来を選び取る想像力と意志が必要です。そして、子どもたちが生きることになるかもしれない二二世紀を想像したとき、私たちには、明確な意志をもって今やるべきこと、できることがあるはずです。

それは、子どもたちを、信頼と忍耐をもって未知の探究へと送り出すことです。それが安心してできる大きな社会、人の温もりや美に溢れた都市をつくる礎となることです。たくさんの大人に見守られているまなざしをどこか感じているからでしょう、娘は、新しくできた駅直結の商業施設を街の通りと同じように探索し、あさりのおじさん（鮮魚店の主人）と仲良くなりました。よく話し込んで（商売を邪魔して）います。

この例を一般化するつもりはありません。しかし、都市とは、そして、学校とは、近代合理性や経済合理性を乗り超えた先にある未知の、学びと成長にとって価値ある偶然の出逢いをもたらす場であってほしいと思います。

（2）都市を文化的に表情づける

ここまでを踏まえ、以下では、「教育施設・設備」領域の制度設計の考え方とともに、杉並区教育委員会の事例を紹介していきます。

教育施設・設備についてあらためて強調しておきたいのは、その設計やデザインが、学びと成長、人と組織の在り方に方向づけられることです。したがって、この政策領域の考え方は、おのずと〈多様性と一貫性〉〈協働〉の可能性を最大化するとの求めに応じるものになります。このことをキーワード化したのが〈応答性〉（そしてその促進と拡大）であり、考え方の始発点には、当然「みな違う」が置かれます。

施設・設備に求めるものは、立場による違いはもちろん、突き詰めれば一人一人で異なります。しかも、学びや生活、教育のニーズは刻々変化します。よって、〈応答性〉の高い場を実現するためには、施設も設備も設計のベースコンセプトに「動的」や「可変」を置く必要があります。その代表的な例が、オープンスペースで連結したオープン型のスクリーンウォールを備える教室であり、可動式・昇降式の椅子やテーブル、コーナーをはじめとした家具です。

少しばかり空想を広げておくと、今後の計算機科学の発展は、サウンドカーテンやエアーカーテン、空中ディスプレイのように、空間を「コンピューテーショナル・フィールド」[46]とした音・空気・光の計算機制御による間仕切りを通して、個人と集団の両ニーズにより動的かつ柔軟に応じる場を実現していくことが期待できます。これは、スマートホームやスマートシティのようにAIが最適環境を自律計算するだけでなく、子どもたちが、自分の学習・生活環境を一定の制限下でプログラミング可能になる未来を示唆します。

環境を人に応じて柔軟に変化させる。この姿は、ユニバーサルデザインの本質が「自分で選べる」ことであるとした第一章の議論を思い起こさせます。一人一人の選択にそのつど応えようとする〈応答性〉は、「ユニバーサル（デザイン）」をより本質的な概念にアップデートする考え方でもあるということです。対比的な名づけをするなら、「レスポンシブデザイン」[47]と呼ぶこともできるでしょう。

逆に言えば、ユニバーサルデザインは、「万人に共通のよい環境がある」ことを前提とした考え方です。一方、レスポンシブデザインは、例えばICT環境一つをとっても、量とスピードを重視する「スマート（速すぎるインターネット）」、質とブレーキを重視する「遅いインターネット計画」[48]のように、相反するコンセプトも一人一人が選択可能なものとして矛盾なく機能設計の全体に包摂します。屋根のある学校（対面）／ない学校（オンライン）なども然りです。

制度設計の考え方が定まれば、次は、具体的な取り組みです。

〈応答性〉の高い環境を実現するうえで大切なことは、第一に、場を活用する子ども、教員や保護者、地域等関係者から改築・新築懇談会を構成することです。第二には、行政が内部ゾーニングや外観デザイン、文化アーカイブズといった視点を踏まえた中・長期的な展望を示しつつ、さまざまなニーズを普遍意志のもとで普遍福祉たるように、設計やデザインに反映していくことです。そして、このときにこそ、都市に関する歴史分析を生かす必要があります。

職住分離が生活の基本となり、新住民の多い都市部・都心部の地域では、土地に由来する伝統や文化の継承と発展を常に意識し、新古の割合と年齢構成を十分考慮した住民参加を意識することが大切です。私の経験上、新築・改築計画には、総じて、「今教員が困っていること」や「最新」「最先端」といったニーズが反映する傾向があるからです。その結果、どんな校舎や教室ができるかは、ここまでの議論からも明らかでしょう。

そこで、最初に紹介する二つの事例には、本章中盤の内容に対応した「都市を文化的に表情づける」とのニーズに応答する校舎を取り上げました。

図3－7に示したのは、二〇一四（平成二六）年竣工の杉並区立高井戸《たかいど》第二小学校です。久我山《くがやま》地域の風景、緑豊かで閑静な住宅地に溶け込むことをデザインの意図とし、最大の特徴は、二階から一階を広大な空間として結合するデッキ通路にあります。

図3－7　杉並区立高井戸第二小学校[49]

歴史的に重要な文化財の価値が定まる前の新興国を中心とし、世界中で失われている都市の文化的多様性。いわゆる、「ジェネリック・シティ」[50]化を考えれば、一自治体の一学校・一地域でも、多様性保持の問題に向き合う必要があるというのが私の考えです。これは、「SDGs（Sustainable Development Goals）」や「ESD（Education for Sustainable Development）」にもつながる考え方です。

この点で、高井戸二小がもつデッキ通路の幾何学的な美は、近くの玉川上水やそこに残る未舗装の遊歩道、武蔵野の原風景を連想させることができます。児童の登下校や運動に使われるその様子からは、校舎の立地こそ久我山であるものの、近世の甲州街道と高井戸宿を思い浮かべることもできるでしょう。それは、地に固有の文化が、外観デザインの個性・多様性に反映しているということに他なりません。

次の図3－8は、二〇一〇（平成二二）年竣工の杉並区立松溪《しょうけい》中学校です。荻窪に立地する都市景観上のランドマークであり、幅広い地域住民の利用にも配慮して内部空間を設計するとともに、敷地内には高齢者在宅サービスセンターを併設しています。環境共生型学校（エコスクール）としての機能設計や教科教室型を採用したことも特徴の一つですが、ここで取り上げておきたいのは、多摩産材を使用した内装木質化です。

八〇年、もしかしたら一〇〇年先を見据えなければならないのが現在の校舎です。きっかけこそ東京都「多摩産材利用推進方針」にあったものの、木質化の決定は、教育施設としての明確な価値を見いだしたことに理由があります。しかし、それは、「木に触れることで温もりを感じる」「潤いのある優しい雰囲気の空間が演出される」「教室が明るく冬場でも暖かさを感じられる」といった、「今」に限定されたものではありません。時が刻む美やトポフィリアが、未来に向け学校建築の価値を高めていくことを期待したものです。

図3－8　杉並区立松溪中学校（著者撮影）

本校に前後しては、高井戸小学校（二〇〇八〈平成二〇〉年竣工）、荻窪《おぎくぼ》小学校（二〇〇九〈平成二一〉年竣工）、天沼《あまぬま》小学校（二〇一〇〈平成二二〉年竣工）、井草《いぐさ》中学校（二〇一二〈平成二四〉年竣工）などが内装木質化を採用しています。こうした校舎で学び生活した子どもたちが、その経験を、未来の都市、その景観の表情づけに生かしてくれることを願うばかりです。

なお、松溪中は、本章で取り上げた「学校（校舎）を一二〇パーセント生かそう」の実践校でもあります。その他にも、学校経営方針に掲げられた「集うすべての人に学びのある学校」「歴史が照らす未来へ」、それを支える学校支援本部や学校運営協議会の活動など、第二・第三章で示した多くの考え方が実践されていることを付記しておきます。

（3）都市に広がる・まちの拠点になる

次の事例は、高円寺の南・和田に立地し、「都市に広がる」「まちの拠点になる」とのニーズに応える一九八六（昭和六一）年竣工の杉並区立杉並第十小学校です。

図3-9-1・2に示したのは、外観と敷地計画です。外観の写真の左奥が校舎です。手前に位置する緑豊かな敷地は農林水産省の蚕糸《さんし》試験場の跡地につくられた蚕糸の森公園であり、学校の敷地と連続した空間として設計されていることに特徴があります。

図3－9－1　杉並区立杉並第十小学校[51]

注意深く見ていただければ分かるように、校庭と公園の境界を仕切るフェンスや塀はありません。都市部ということもあって不審者の侵入などを心配されるかと思いますが、悪意に対するセキュリティ（安心）や偶発からのセーフティ（安全）を確保する手段は、「内閉」「堅牢」だけではないことに注意が必要です。むしろ、「開放」「柔軟」をコンセプトとし、公共空間としての公園を緩衝地帯に多くの人のまなざしや気配で子どもたちの安心・安全を確保する選択をしたのがこの学校です。

いじめや暴力行為、体罰が閉鎖空間で起きやすいことを考えれば、教室とともに学校の敷地をオープンにする心理的効果を期待できます。その他にも、例えば地域のお年寄りにとっては、子どもたちの元気な姿を見ることが楽し

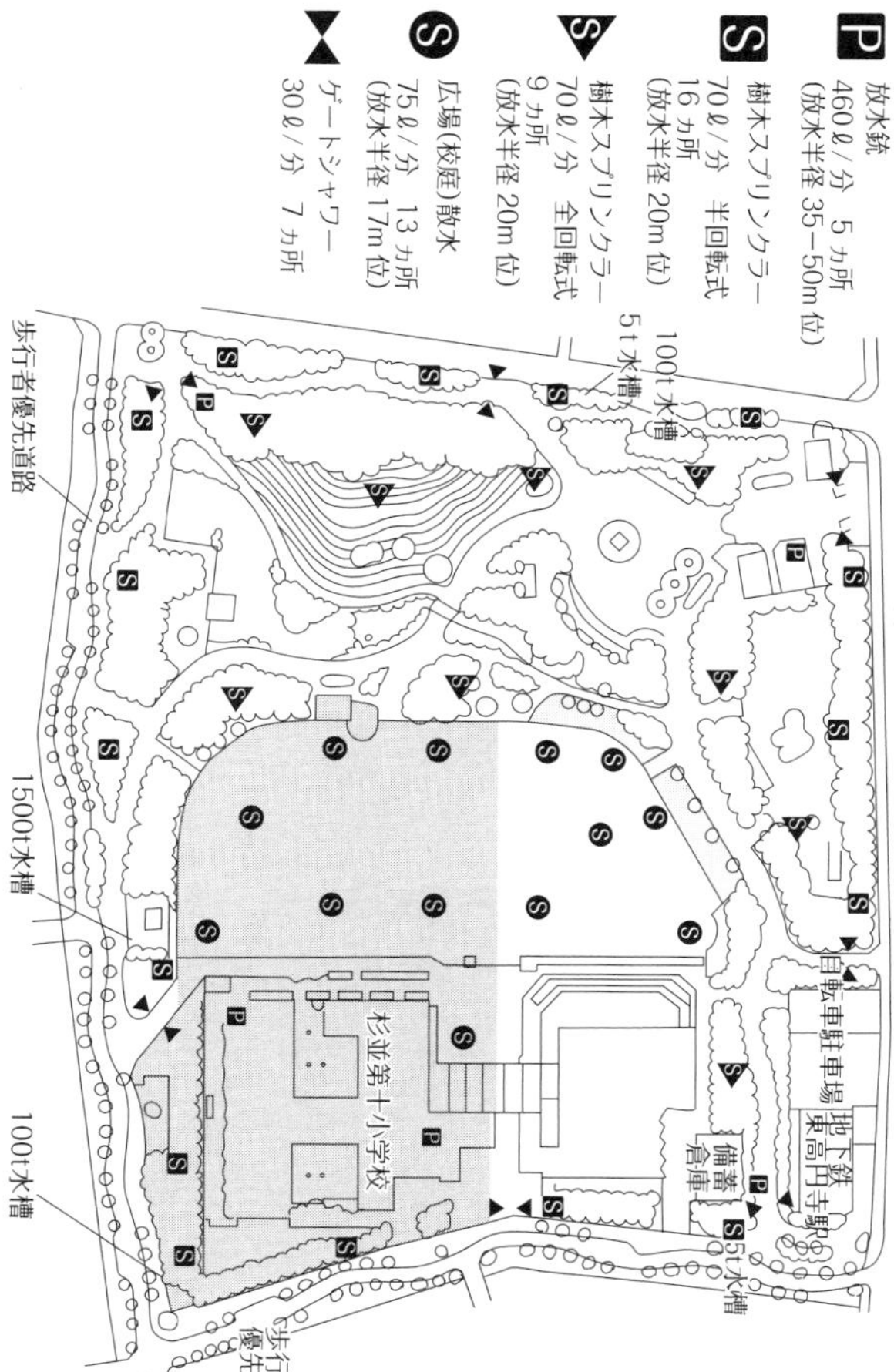

P
放水銃
460ℓ/分 5ヵ所
(放水半径35−50m位)
S
樹木スプリンクラー
70ℓ/分 半回転式
16ヵ所
(放水半径20m位)
樹木スプリンクラー
70ℓ/分 全回転式
9ヵ所
(放水半径20m位)
広場(校庭)散水
75ℓ/分 13ヵ所
(放水半径17m位)
ゲートシャワー
30ℓ/分 7ヵ所
青梅街道
100t水槽
5t水槽
歩行者優先道路
1500t水槽
100t水槽
自転車駐車場
地下鉄東高円寺駅
備蓄倉庫
5t水槽
杉並第十小学校
歩行者優先道路

図3-9-2 杉並区立杉並第十小学校[51]

みの一つになるでしょう。

また、本校は、慢性的な用地不足に悩まされる都市部の学校にとっても参考になる事例です。用地と関連しては、遊びの三間のうち空間の不足が指摘されて久しく、体力低下は全体として回復傾向にこそあるものの、過疎化が進む農村部などでは自動車利用の日常がむしろ課題を大きくしているとの話もよく耳にします。逆に、都市部では人がいても遊び場に乏しく、本校も、改築前は校庭が三〇〇〇平方メートルしかなかったこともあり、休み時間は一人遊びや数人の遊びが中心でした。

ところが、移転改築後は公園と一体になって九〇〇〇平方メートルが確保できたことにより、一〇人前後の集団遊びが複数発生したり、広い校庭に適した新しいゲームを考え出したりする状況が見られたという調査結果があります。低学年への遊びの伝承が顕著との傾向は、広い校庭が生んだ異学年交流の成果と考えることができます。

加えて、本校では、特色ある学校づくりとして、「蚕糸の森研究所」という架空の研究共同体を組織し、第一学年「しぜんあそび研究室」から第六学年「蚕糸試験場研究室」までの系統的・連続的な探究を展開しています。この活動は、学校運営協議会・支援本部、PTAや町会、郷土博物館、区立科学館の後継となる済美教育センター理科室、桑の葉染めワークショップの講師派遣元である大学と協働することで、大きな社会の再生・新生にも貢献しています。

　学校の特色は、都市の多様性の観点からすれば、本来はこうして立地域の特性から半ば必然的に決まることが望ましいはずです。地域と協働し、共に在ることが求められるとはいえ、均質・画一な空間で、しかも異動に制約される校長や教員に特色づくりを求めることの限界、それは、教育行政と都市計画行政が地域との協働を通じて解決を目指さなければならない課題でもあります。

　そして、最後に述べておきたいのは、その地域に固有の文化的行事が、学校の外観デザインにおいて果たす役割についてです。

　杉並には、第一章末で紹介した、東京三大夏祭りで知られる「高円寺阿波おどり」、その隣に位置する「阿佐谷七夕まつり」「阿佐谷ジャズストリート」をはじめ、地名を冠した文化的行事が数多くあります。

　しかし、高円寺阿波おどり一つをとっても、最初期となるおよそ半世紀前には、「準備に手間が掛かり過ぎる」「おどりが始まると店の前に人垣ができて商売にならない」といった意見から存続が危ぶまれた経緯があります。詳述しませんが、毎年の見物客が一〇〇万超となり、一つの都道府県を文化的に表情づける行事となるまでにどれだけの苦労や苦心があったかは、想像にかたくないでしょう。

高円寺や阿佐谷の取り組みが教えてくれるのは、都市部における文化的行事、とりわけ祝祭的行事が、解放された個人によって相互承認的な共同体を新たに形成し、オーナーシップをもって都市を自治しようとする際に果たす役割です。

祝祭のキーワードは、「反転」です。性別、強者と弱者、あるいは生産・蓄財と消費・蕩尽といった普段の価値を「転倒」することで相互の承認範囲を拡げ、すべての人が共に遊び食すことで自由を味わい尽くす。日常のケガレ（気枯れ）を払うハレの日の経験は、普段は流れていくだけの時間と通り過ぎるだけの空間の中で分離独立した人々に、一つの「基点」を与えます。そこで生まれる人々の交わり・社会の歴史の積み重ねが、地域を自分たちのものとし、その器となる都市にも固有の表情をつけていきます。

「この通りは、毎年夏になるとごった返すんだ」

「その中のあの建物のあの柱のあの傷、あのくすんだ色には、みんなの思い出が詰まっている」

「だから、建て替えるときにも、それをそのまま残せないとしても、みんなが建物を見たときにそのことを思い出せるようなスポリアや、『意味』のあるデザインを考えよう」

そうしてさまざまな記憶が端々に刻まれた都市に建つ校舎は、おのずと他の地域にはない個性をもつに至るはずです。

前章末で、「まち」には、誰もが包摂される「大きな社会」という側面があり、それが教育組織の目指す構造であると述べました。本章がここに付け加えるのは、すべての人の「学びたい」に応える「美や温もりに溢れた都市」という側面です。そして、その出発点は、子どもたちが学び生活する教室と校舎にあります。教育施設・設備の在り方を方向づける〈応答性〉は、そうした未来の都市を見据え、一人一人の学びと生活のニーズに動的に応えるための考え方でした。

大きな社会の器となった未来の都市。そこでは、もしかしたら、自分の子どもだけを育て、学校のみを主たる場として学んだ過去＝現在を、

「そんな時代があったなんて信じられない」

と振り返ることになるかもしれません。

あながち空想ではないその兆しは、私たちの身近なところにもたくさん発見することができます。第一章や第二章の末で紹介した、日常の中にあるからこそほんものの学びの文脈をつくり出す事例。人々の営みに関心を寄せて街を歩いてみれば、いわゆる「まち保育」[52]の取り組みに出会うことも多いでしょう。

公園や空き地、電車が通る道や商店街、個性ある民家、工場といった場をつなぐこと

で、都市の全体が学びの場となる。子どもたちが大きな社会に包まれていく。子育てももちろん同じで、困ったら、家の外に出て街を歩いてみる。すると、誰かとの関わりが、共助への縁が生まれる。

いわば、「出会いと学びの誘い場」。

私にとって未来の都市は、そんなイメージです。そして、そこに建つ学校は、もちろん人々の「温もり」と「美」に溢れたまちの中心、「探究の基地」です。

続く第四章の話題は、教育がよりよく公で在るための「教育行財政」です。よりよい成長のための学び、その支えとなる人と組織、施設・設備を、すべての子どもに、みなが納得できるよう、確実に届けるために行財政があります。しかしながら、基礎自治体においてその役割を担う教育委員会制度は、公教育政策においてもっとも未来への展望を欠くように思えます。

こうした課題の解決を目指しつつ、本論を一区切りする内容となるのが次章です。

第四章　引き受け支え合う行財政

――「無責任」から〈支援と共治〉へ

第四章の話題は、「教育行財政」です。これは、第一章から第三章までを総括する話題でもあるので、本論はこの章をもって一区切りになります。

ここで扱うのは、基礎自治体の教育委員会です。教育がよりよく公《おおやけ》で在るために、何を、どのように変えればいいのか。喩えるなら、不可視となったその制度にハンドリングのための「取っ手」を付けるのが本章の役割です。

1　教育がよりよく公で在るための行財政

（1）設置者としての管理・監督と未来に向けた挑戦

教育委員会――公教育の中でこれほど「よくない」イメージで語られるものもないはずです。しかしながら、みなさんは、区市町村教育委員会のことをどれくらいご存じでしょうか。恐らく、自分とはあまり関係がない、それゆえ何をしているのか、誰がいるのかよく分からないというのが正直なところではないでしょうか。
そんなことを反映してか、教育委員会の職員をすべて「○○先生」と呼ぶ方もいらっしゃいます。しかし、杉並を例とするなら、常勤職員二〇〇名弱のうち九割以上は一般行政職です。学校教育の専門的な内容の指導に従事する指導主事はおよそ一〇名であり、大学

以外の公立学校の教員をもって充てられるこの職員のみがいわゆる「先生」であること
は、意外と知られていないのです。

区市町村教育委員会の仕事は、義務教育について言えば学校の「設置者」となることが
第一です。ゆえに、よりよい成長のための学び、学びを支え教育を担う人、学びと教育が
行われる場の三つがすべての子どもに確実に届くよう、「管理・監督」を行う。これが仕
事の第二であり、こうした職務権限は、地方教育行政の組織及び運営に関する法律（以下
「地教行法」）の定めるところです。

ここで、以降の議論の前置きに、断っておきたいことがあります。それは、区市町村教
育委員会による設置者としての管理・監督が、（ごく一部の例外を除けば）量と質の両面にお
いて基本的に適切に行われているということです。

「量」というとイメージしにくいかもしれませんが、通学の距離や時間、児童生徒数か
ら学校を必要数設置してそこに教職員を配置し、施設や設備、厚生や福利、衛生や給食な
ど、運営に必要な環境を整備しつつ事務を行うことが基本です。「質」は、四年ごとを原
則として使用する教科書を採択するとともに、教育課程や使用教材、学習指導や生徒指導
などの適切さを確認、教職員研修の一部を担うことがベースラインです。

これは、おおまかに言って、文部科学省が学習指導要領を定め、都道府県教育委員会が

校長と教員の任命を行い、校長が校務を掌理するという役割分担に基づくものです。外国人児童生徒を含む不就学など解決すべき問題は残っていますが、私たちが、今、全国どこにいても最低水準を保って子どもたちに義務教育を届けられるのは、こうした現行の公教育制度ゆえであることを理解していただきたいと思います。「普遍意志」と「普遍福祉」に照らしたとき、これがどれだけ価値のあることかは、論を俟《ま》たないでしょう。

しかし同時に、これはあくまでも、「平時」の、しかも最低水準を「維持」する話であることにも留意が必要です。「非常時」、例えば大きな事件や事故が起これば状況は一変し、話は冒頭の「よくない」イメージに戻ります。

みなさんが教育長をはじめ区市町村教育委員会の姿を目にする典型的な場面は、恐らく、メディアを通じた謝罪会見ではないでしょうか。いじめ、あるいは教育活動中の事故で子どもの命が失われてしまったような場合では、設置した第三者委員会ともども「教育委員会は信用できない」と批判されることがしばしばです。教員の不適切な指導、あるいは過労死や自殺などの場合も違いはないでしょう。

私は、教育委員会の職員になって一五年になります。この間、杉並や縁ある自治体で、さまざまな事件や事故を経験しました。だからこそ、こうした不信の根を突き止め、元から断たなければならないことは肌感覚で分かります。そして、学びの在り方とともに、その支えとなる人や場の在り方も転換していく中、教育委員会に求められるのは、現状維持ではなく「未来に向けた挑戦」であることも、強く実感しています。

(2) 政策の全体を見る

ア 新自由主義 - 教育改革

ここから論じていくのは、未来に向けた挑戦へと続く道筋です。

そこで、まず、現在に至る教育行財政・区市町村教育委員会の状況を確認するところから始めたいと思います。

繰り返すと、日本では、一九七〇年代までに一億総中流・大衆教育社会が実現し、経済的繁栄を謳歌した八〇年代には、欧米へのキャッチアップを目指して出発した近代化が一つの到達点を迎えました。しかし、第二章で引用した不登校の増加に例を見たように、一斉一律の学びや学校生活が音を立てて軋《きし》み始めたのもこの時期です。同じく教育委員会も従来の一斉一律の管理・監督にとどまるわけにはいかず、何を、どう変えればいいのかという模索が始まったのが一九八〇年代でした。

そう、ここで議論の俎上《そじょう》に載るのが、「新自由主義」です。イギリス・サッチャリズムとアメリカ・レーガノミクスを追従したこの経済政策は、「小さな政府」「市場原理」を考え方の基本とし、公教育の改革イデオロギーとしても現在に色濃く影響を残していま す。「個性化」「多様化」「弾力化」を皮切りとし、バブル崩壊に伴う経済停滞が顕著になる九〇年代後半からは「選択と自己責任」「自由競争」が強調されました。そして、新自由主義‐教育改革が全盛となる二〇〇〇年代の代表的な話題は、義務教育費国庫負担制度でした。

子どもたちの学びは、言うまでもなく、第一には教育を担う人材によって支えられています。中核となるのはもちろん教員であり、公教育の機会均等を確保し水準の維持・向上を図るに当たっては、その給与費負担が大きな鍵となります。

ところが、二〇〇六（平成一八）年、義務教育費国庫負担法に基づく国庫負担率は二分の一から三分の一に引き下げられ、減額分は都道府県に税源移譲されました。財政力の弱い地域が学校の統廃合や教員給与の引き下げを検討せざるを得なくなったこの量的保障の「土台崩し」は、GDPに占める初等教育から高等教育までの教育機関に対する公的支出の割合を指標としたとき、二〇一六（平成二八）年調査において、OECD加盟の比較可能な三五ヵ国中最下位という結果にもつながっています。具体的には、加盟国平均、四・〇パーセントのところ、日本は二・九パーセントでした。[53]

公教育もまた、数多ある社会政策の一つです。そうである以上、国家財政が危機的状況となり、人口転換が進んで少子高齢となれば社会保障費の増大は避けられず、義務教育であっても潤沢な財政運営がむずかしくなることはある意味においては避けがたいことです。また、アメリカが主導したワシントン・コンセンサス以後の新自由主義に基づくグローバル経済について、その是非を十分に論じる紙面の余裕もありません。

しかし、先の国庫負担率引き下げの背景に、企業への税負担を軽減したい財界、教育への公的支出を縮小したい官界双方の思惑が働いたことは、やはり知っておかなければなりません。加えて、第一章で述べたように、「みな違う」の追究は、「みな同じ」の達成の上に成り立つものです。このことは、土台を崩した選択と自己責任・自由競争が、ごく少数の勝者との引き換えに、全体としては無視することのできない格差状態に行き着くリスクを示唆しています。

「失われた」と形容されたここ三〇年の経験が教えたのは、まさにこのことでした。簡潔にまとめれば、グローバルな自由放任市場は、需要と供給の均衡、効率的な資源配分を実現しなかったばかりでなく、二〇〇八（平成二〇）年のサブプライム危機に始まった世界的金融危機に象徴されるように、国家の適切な財政政策なしでは暴走すらしてしまう。そして、経済の土台が崩れ、かつ、社会が空洞化しているとき、義務教育の土台まで崩してしまえば世代の進行に伴う格差の拡大再生産は止めようがなくなり、言語や文化、思想や宗教、肌の色や性別、障害の有無、社会階層といった違いを超えようとしても、そのもっとも基礎にある生存と安全が脅かされていれば根源的な相互不信しか生み出さない。

これが、第三章までで論じてきた、一九九〇年代以降のインターネット化を背景とした資本移動自由化の時代における依存と孤立が循環的に強化されてしまう社会、オーナーシップを欠くがゆえに人の温もりや美を失った都市の底にある、現在の行財政の姿です。「市民社会」のよりいっそうの成熟を目指して教育がよりよく公で在ろうとするとき、区市町村教育委員会の未来に向けた挑戦は、この現状を正面から受け止めることなしにはあり得ません。

一九八〇年代は、七〇年代までの受験戦争の反動から始まった校内暴力の沈静化以後、不登校をはじめ、現在にまで続くさまざまな教育課題が露わになった時期でもありました。例えば一九八六（昭和六一）年には、いじめを理由とした自殺が広く社会的に認知されました。続く九〇年代には学習障害への関心が高まり、学校教育法の一部改正で二〇〇七（平成一九）年四月に特殊教育が特別支援教育に移行します。注意欠陥・多動性障害や高機能自閉症などの発達障害も支援対象に明記されたことは、学校教育史上の画期です。

複雑化・多様化＝難問化していく教育課題、その中で機能せずに荒れていく学級。しかし、二〇〇〇年代中頃には、戦後の第二次ベビーブームに応じて大量採用された教員が一斉に退職を迎えます。事実、杉並でも、この裏返しとして、教員約一五〇〇名（当時）のうち一〇〇名強が初任者（新規採用者・期限付任用者）という年が続きました。こうした状況と並行して問題になるのが、義務教育の土台崩しに直結したと言われる「定数崩し」でした。

定数崩しの要点は、常勤一人分の給与で非常勤複数名を雇うことにあります。小学校専科担当や中学校免許外教科担当のみならず、少人数指導、特別な教育ニーズに対応する学習支援や、学級の荒れに対応する学級改善の担当を設けるなど、この時期に志向されたのは、従来の「みな同じ」を何とか回復しようとする人事施策でした。その結果として起きたのが、第二章で論じた教育機会の周辺方向への拡張です。第三章で言及したクローズの教室と、内部が見えない個別指導室というゾーニングもこの流れに連なるもので、すべてその根底には、学校を同質性の高い集団に組織しようとする意図が潜んでいました。

つまり、定数崩しは、学校施設の設計もあいまって、いわば特定の子どもたちの「合法的疎外」を推し進めた側面を否めないということです。しかもこの問題には、「困窮する非常勤」という形で官製ワーキングプアを生み出すという、もう一つの側面もありました。戦後日本では教職員組合がいいイメージで語られず、また公務員の管理職全般が非常勤の生活について理解に欠けることもあり、臆せずに言えば、「それでもやりたい」という善意と「それでも生活のためにやるしかない」からの搾取で、しかも時代の要請に逆行する「みな同じ」を維持しようとしてきたのが義務教育行財政だったのです。

このように、行財政を取り上げることにより、前章までに論じた義務教育を取り巻く難問の根元は、さらに明らかになりました。

いまや学校は、土台までもが不安定になり、直面する課題を解決するだけの体力を欠いている。そればかりか、この土台崩しが「みな同じ」を強化する方向に作用したために、問題がさらに根深くなってしまった可能性も否めない。

そして、今でこそ下火になりましたが、こうした状況に追い打ちを掛けたのが、学校間で子どもを奪い合うことになった「学校選択制」であり、新自由主義的な目標管理の代表的な手段として使われた「学力テスト」でした。

「落ちこぼれはどうにもならない。吹きこぼれは放っておける。学力テストの結果を短期に上げるためには、中下位層を重点に教えるしかない」

山積する難問から来る無力感からか、当時、真顔でこのように語る校長や教員はたしかに存在しました。

「学校は時代の変化に応じることができていない。教員も変化の必要など感じていない。だから、古きを一掃する『大掃除』が必要だ」

二〇〇〇年代初頭、改革の旗を揚げた自治体や首長の多くに共通していたのは、こうした問題意識だったはずです。学校の体力不足という現状を理解せず、そして教員への不信をその底に据えるがゆえ、競争を是とする新自由主義に基づく手法で硬直した現状を揺り動かそうとする。それは、よりドラスティックな管理・監督に他なりませんでした。

私は、こうした一連の過程を、たとえ部分的にではあっても肯定することはできません。これを「時代の要請だった」「トレンドだった」などと片づけてしまえば、よい公教育の条件と規準を踏み外してしまったこの問題の根を覆い隠すことになるからです。

言い換えれば、教育がよりよく公で在るためにこそ存在するべきはずの教育行財政が、「すべての人の合意」を意味する普遍意志、とりわけ「すべての人のよりよい生」を目指す普遍福祉に反した——これが、新自由主義-教育改革という問題の根なのです。

イ　無視できない格差を拡大する学校選択制

しかしながら、例えば学校選択制については、子どもや保護者の選択の権利を拡大した側面があったという反論もあるでしょう。そこで、以下に、普遍意志・普遍福祉に照らせば無視することのできない格差が生じたことを示すデータを紹介します。

図4－1に示したのは、隣接区域選択型の学校選択制を導入したある基礎自治体において、特に憂慮すべき状況が表れた地域を取り上げたものです。上のグラフには「住民基本台帳上の入学対象者数に対する実際の入学者数の割合」、下のグラフには「平均正答率（国語、算数・数学）による自治体内順位」が示してあります。きわめて繊細なデータですので、区市町村名に加えて校種も伏せることをご容赦ください。

五校が立地するこの地域は、当該の基礎自治体内で社会経済的にもっとも苦しい状況にありました。それゆえ教育委員会は、E校を施策上の「モデル校」として教員人事や学校運営費を中心に資源を集中投下、周辺校の活性化を図るとともに、自治体全体の教育改革を先導する役割を期待しました。なお、隣接区域選択型であるため、A校からD校の学区にはE校を選べる地域が含まれています。

データを確認すると、上・下のグラフが一部連動しているように見えます。A校とE校の推移がその主たる根拠であり、E校に着目すると、導入から八、九年度目のあたりをピークとして、入学者数と学力順位がともに山型の軌跡を、逆にA校では谷型の軌跡を描いています。これは、A校がE校のもっとも近くに立地し、それゆえにE校を希望した割合が四校中でもっとも多かったことに主な原因があったと結論づけられています。

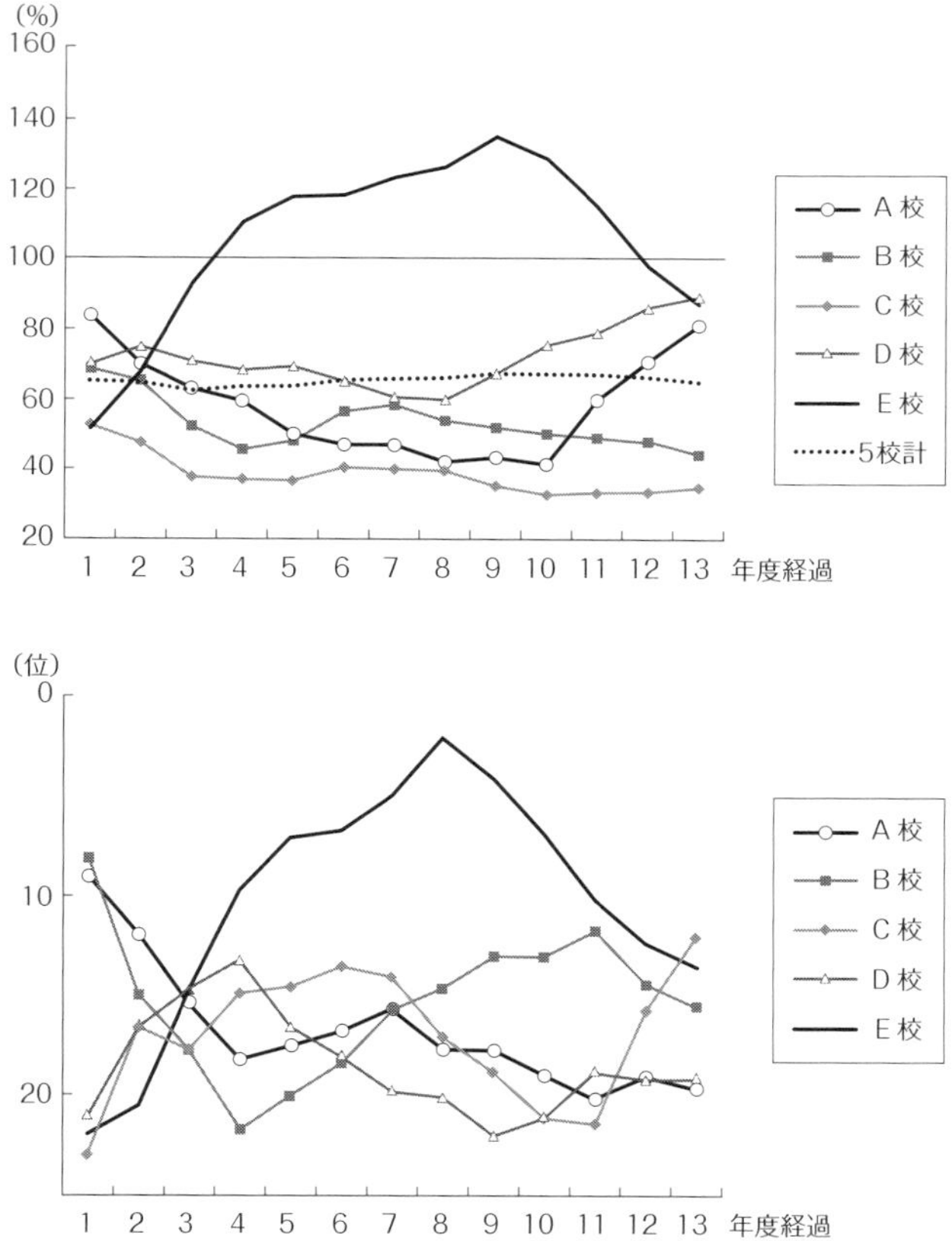

図4－1　ある区市町村・ある地域における学校選択制導入の影響
上：住民基本台帳上の入学対象者数に対する入学者数の割合（前後1年度の単純移動平均）
下：平均正答率（国語、算数・数学）による自治体内順位（前後1年度の単純移動平均）

この事業を企画したのは、指導主事を中心とするチームでした。しかし、自分たちの所管である学力テストの結果のみを指標にし、しかもE校だけしかモニタリングしていなかったため、A校を中心としてこの地域に起きつつあった変化にはまったく気づいていませんでした。

つまりE校は、意図せず「ブランド校」になっていたのです。後に明らかになったことですが、E校を選択した多くの家庭は経済的に裕福な層である可能性が高かったということでした。いったんこのような動きが始まれば、第二章で紹介した塾通いなどを「右に倣え」する保護者と同じく、E校を選ぶ家庭が増えていきます。結果的にこの地域では、特にA校とE校とで社会階層が分断され、しかもブランドブームが終わる頃には立ち上げ当時の教員の異動もあってE校の学力水準も元に戻っていきました。

この分析は、私が当該の自治体から依頼を受けて行ったものです。依頼内容は、E校の学力向上の要因を探ってほしいというものでした。私は、全校のデータセットを作った時点からむしろA校が気になり、実際に学校を訪問して子どもも教員も活気を失った現状に言葉を失った記憶があります。

第二章末で述べたように、子どもたちの多様性は、公立学校の魅力を考えるうえで欠かせない要素です。各学年二学級を何とか維持する程度にまで小規模化したA校では、それがすっかり失われていました。しかも、教員は、こうした状況下では「みな同じ」を強化する傾向があります。人数が少なくなると、教員主体の授業が行いやすくなるからです。

したがってこの学校では、例えば総合的な学習の時間を異学年編成で行うといった、小規模校のメリットを生かすことがありませんでした。運動会や文化祭も同じで、学年規模の小ささばかりが目立つ企画ばかり。一自治体の一地域のデータとはいえ、このように格差のリスクが例証されている以上、また、何よりも、そこには多様性の減退の側面がある以上、私は、少なくとも現時点で学校選択制に賛成しません。事実、杉並でも、二〇一一（平成二三）年度に選択制の見直しの必要性を報告し[54]、二〇一六（平成二八）年度からは指定制（原則）としています[55]。

ウ　官僚制の問題点

私たちは、この事例から、どんな教訓を引き出すことができるでしょうか。

一つの政策は、複数の施策から、そしてそれらの施策もまた、複数の事業から構成されています。ゆえに、政策の内部では複数の施策・事業が連動し、たがいに影響しています。では、それぞれの施策や事業はどのように実施されているかといえば、それはいわゆる「縦割り」です。

先ほどのデータは、複数の課で行われた調査の結果をたんに集めて並べただけのものです。ここで分かるように、入学者数のデータや学校選択制の所管は学事学務課でした。つまり、教育委員会を挙げての大プロジェクトであるにもかかわらず、わずか数メートルを隔てて座っている指導主事と一般行政職でさえ協働しなかったのです。もっと言えば、職種の別なく、今自分の担当している施策や事業が、何と、どのように関連しているのかが意識されることがないのです。

結論を言えば、新自由主義 - 教育改革の問題とともに教訓としなければならないのは、縦割りの裏返しである政策の〈全体性〉だということです。つまり、点と点を線に、線と線を面に、さらには面と面を立体にするように、すべてのスタッフが、自分の仕事を、「よい公教育」という政策の全体の中に位置づけること。

そこにこそ、教育委員会の未来に向けた挑戦の道筋があります。

しかしながら、ここまでを踏まえたうえで指摘しておかなければならないのは、指導主事や一般行政職の日常を見る限り、政策の全体を意識するのがいかにむずかしいかということです。

例えば、杉並区教育委員会では、電子上の文書管理システムによる発信文書番号の取得は毎年度およそ一万五〇〇〇件になります。起案文書なら「〇〇説明会の開催について」「○○研修の受講申し込みについて」「○○の調査について」などが主ですが、日常の多くを占めるこうした文書処理が政策全体の意識に直結しないことは明らかです。

加えて、意思決定が稟議《りんぎ》制であることから、縦割りされた分掌内において職階による役割が明確に分離されています。執務室が大部屋で、席の配置上同じ島を構成していても、決裁権をもって複数のスタッフを抱える課長級以上の職員でもない限り、政策の全体を意識して自らの創意工夫を生かす機会はほとんどありません。縦横に張り巡らされた見えない境界線が、各スタッフを分離独立させ、思考停止にさせるのです。

さらに、常勤職員の九割以上を占める一般行政職は、平均すれば三〜四年で異動になります。教育相談や社会福祉といった専門性が求められる職場になると、専門職としての資格要件を有する非常勤職員のほうが課や係への所属期間が長いことが普通になります。ここに、公務員という身分の安定が合わさると、「楽にやる」ことを追求しがちになる。それを象徴するのが、「学校のことは分からないのですべて指導主事に」という発言です。しかし、指導主事もまた、三〜五年で異動になることがほとんどです。

これらは、縦割り、正確に言えば「官僚制」に起因する問題群であり、現状を維持するための頑健性と引き換えに、行財政組織一般が抱え込んでいる難問です。すなわち、こうした制度をはじめ、広く「仕組み」と呼ばれるところのもの。そして、それが生み出す人々の「慣習」や「慣行」。その両者、つまり私が「構造」と呼ぶところの転換なくしては、子どもたちに届ける学び、その支えとなる人や場の十分な構造転換は実現しません。なぜならば、各学校の取り組みは、設置者による管理・監督と、それを運営するスタッフによって必ず一定の拘束を受けざるを得ないからです。

（3）管理・監督から支援へ

ア　公教育政策の全体性

とすれば、まずもって私たちが取り組まなければならないのは、公教育政策の〈全体性〉を明らかにし、すべてのスタッフがそれを意識できるような思考回路をつくることです。簡単に言えば、「誰の、何のための学びを、どのように支えるのか」を考え続ける日常、そのガイドとなる考え方が必要なのだということです。そうでなければ、未来に向けた挑戦も、学校の体力低下が明らかな状況のもとで競争に追い込み、そのことで子どもたちの学びに無視できない格差が生じるなど、新自由主義‐教育改革と同じ轍《てつ》を踏むことになりかねません。

実際、私たちは、学力テストの結果が相対的に低かった学校や校長を公表して人事や予算に反映するという横暴を、そう遠くない過去に、しかも複数回、耳にしています。「市場原理主義」とでも言ったほうが正確なこうした光景に目を疑います。参考に、簡易な分析として、東京都内の四九区市を対象に一人当たり区市町村民税額と学力テストの平均正答率との相関係数を算出すると、おおむね、小学校でr=.60台、中学校では国私立への進学者が抜けることも影響してr=.50台になります。[56] 区市町村民税収額は家庭の文化資本や社会関係資本、自治体の財政力とも関係しますから、このやり方が格差を拡大再生産する方向にしか働かないことは明らかです。

もし、教育がよりよく公で在るために、何を、どのように考えることが望ましいのかを知っていたなら、こんな横暴には至らなかった、私は、そう固く信じています。だからこれは、特定個人にのみ帰属すべき問題ではありません。考え方を共有できれば、官僚制という仕組みも、そこから生まれる慣習や慣行も変えていくことができる。少なくとも、その可能性をつかむことができるはずだからです。

そして、私たちは、公教育政策の〈全体性〉を追究する考え方を整えるための準備を、ここまでの議論を通して、すでに終えているのです。

本論で最初に考えたのは、「学びと成長」でした。次に話題にしたのは「人材と組織」、続いて「施設・設備」であり、いずれもよりよい成長のための学びを支えるものでした。拍子抜けするかもしれませんが、ここに本章で話題とした「行財政」を加えれば、公教育政策の〈全体性〉を考えるうえでの「基本領域」はすべてできることになります。

この四領域を使い、第一章で述べたよい公教育を思考の始発点とすれば、先ほどの横暴も、次のように諫《いさ》めることができます。

行財政が取るべき立場は、校長や教員に「罰」を与えることでも、かといって「賞」を与えることでもなく、すべての子どもによりよい成長のための学びを届ける「支え」となることです。ある学校や地域が他と比して社会経済的に苦しい状況にあるなら、格差の拡大再生産を抑止するためにも、教育の担い手となる人材、学び・教育の場となる施設・設備、またそのための予算を、普遍意志のもと、福祉の普遍な促進と拡大に資するように適正に傾斜して配分するべきです。

第一章末で紹介した特色ある学校づくりでは、予算の「適正配分」を基本に据えていました。その理由は、以上のことからさらに深く理解されたはずです。同じく、〈多様性〉と一対である〈一貫性〉を具体化する幼保小連携・小中一貫も、〈協働〉を具体化するチーム学校や地域と共に在る学校も、〈応答性〉を具体化する都市を文化的に表情づけまちの拠点になる学校施設も、そのすべては、学校の支えとなることで子どもたちに必要な学びを届け、その先に、社会や都市の再生・新生を、よりいっそうの市民社会の成熟を願うものであるのです。

イ　未来への挑戦の道筋となる支援

そして、私は、教育行財政の未来に向けた挑戦の道筋となるこうした在り方・考え方を、〈支援〉というキーワードで呼びます。

「自分たちの学校や地域に必要なことを、当事者であるみなさんが本気で考え抜いてくれたら、教育委員会は、共に考えることを含め、その実現を全力で支えていく」

この一文には、これまでの議論がすべて集約されています。

振り返ってみれば、ここ三〇年の教育行財政は、揺り戻しを繰り返してきました。その始まりは、後に「ゆとり」と呼ばれることになる一九七七（昭和五二）年改訂の学習指導要領にあります。続く八九（平成元）年改訂では「個性伸長」を謳《うた》い、九八（平成一〇）年改訂では「生きる力」の育成を掲げる。生涯学習社会への移行を見据え、生活科と総合的な学習の時間の新設を核に合科的かつ体験的な学びを重視したこれらの改訂は、本来、学習内容の精選や授業時数の削減以上に、現在につながる学習者主体の学び、そのための自己選択や自己決定を重んじる路線上にあったはずです。

ところが、です。一九九八年改訂の学習指導要領は、ゆとり批判や学力低下論争を受けた二〇〇二（平成一四）年「学びのすすめ」からの流れで二〇〇三（平成一五）年には早くも一部改正となり、歯止め規定の削除によって最低基準としての位置づけが明確になります。続く二〇〇八（平成二〇）年改訂は「脱ゆとり」「バランス」と呼ばれ、二〇〇二（平成一四）年に完全実施となった学校週五日制下で授業時数が約三〇年ぶりに増加しました。平日が苦しくなるその後は、「体験格差の是正」「地域との協働の推進」を名目に土曜授業が一部復活しています。

この揺り戻しの大きなきっかけとなったのは、いわゆる「ＰＩＳＡショック」、TIMSS（国際数学・理科教育動向調査）とともに二〇〇三（平成一五）年実施の国際学力調査において順位が低下したことでした。しかし、この結果の要点は、ＰＩＳＡを例にするなら格差が拡大したことにあります。[57]一九九〇年代初めにすでに露わとなっていた「学びからの逃走」[58]を踏まえれば、これは大部分が学びの質の問題であって量によって解決できるようなものではなく、当時も多くの研究者が同じ指摘をしていました。しかも、二〇一〇年代には、低学力層の増加傾向も高まっています。

教育は、きわめて人間的な営みです。およそ三〇年前に始まった路線が、依然として「あらかじめ」の計画に基づきマニュアルどおりに教授を行う「詰め込み」教育の延長上のものであったとしたら、教員の適応も順調に進んでいたかもしれません。「スプートニク・ショック」を受けた一九六八・六九（昭和四三・四四）年の学習指導要領改訂以来、二〇年近く学校教育の基本となり、かつ、そうした教育を受けて育った教員にとっては「教えられたとおりに教えればよかった」からです。

しかし、私たちが教員に求めたのは、そうした機械的な在り方ではありません。求められるのは、欲望・願望と身体を伴う複雑で豊かな意味と価値のやり取りであり、ともすればどこに行くか分からない子どもたち一人一人の学びを「後追い」で支え、共に探究することであり、「現在の・自分にとって」ではなく「未来の・誰かにとって」と考え、遠くよりよい未来を選び取る意志を育む「学びの構造転換」です。それは、マニュアル化が通用しない世界で、考え続けること、自らやり方をつくり続けることを期待したということです。

それが、どれほど果てしない道程であることか。じっくり腰を据えつつも、一方では大胆な挑戦が必要になることもあるでしょう。ときには失敗もあるかもしれません。そのとき、区市町村教育委員会が信頼と忍耐をもって支えること、共に考えることをしなければ、ちょうど子どもたちがそうであるように、未来に向けた挑戦もひたすら萎んでいくばかりです。

ウ　公教育の構造転換に向けて

私たちは、今、学びの構造転換に代表される、公教育史上の大きな転換点に立っています。しかし、その兆しは、三〇年ほど前にはすでに現れていました。

だからこそ、今、この瞬間から、四つの基本領域と〈支援〉というキーワードのもと、すべてのスタッフが、「誰の、何のための学びを、どのように支えるのか」を考え始めなければならない。小さくとも必ず政策の〈全体性〉へとつながるこの考え方に、私たちは、区市町村教育委員会の未来に向けた挑戦の道筋を見ることができます。

とすれば次は、この〈支援〉を具体化する事例が必要になります。しかしながら、その前に私たちは、教育行財政・区市町村教育委員会に関わるもう一つの問題について考えなければなりません。

2　無責任を乗り超える

(1)　戦後の教育委員会制度をめぐって

ア　教育委員会制度が果たした役割

教育委員会制度は、戦後間もない一九四八（昭和二三）年、教育民主化を図る教育行政改革の要として、(旧) 教育委員会法とともにスタートしました。具体的には、住民による教育委員直接公選制を採用し、独自予算編成権、教育予算原案と条例の議会送付権、小・中学校教職員の人事権を与えることで、①教育の地方自治、②民衆統制、③教育行政の一般行政からの独立を目指したものでした。

ところが、時代は東西冷戦に突入し、国内でも激しい政治対立が起きます。ここで問題になったのが委員公選制で、現在の地教行法は、こうした政治状況を受けた一九五六(昭和三二)年に旧法を改正公布したものでした。委員が議会の同意を得たうえでの首長任命制となり、独自の予算編成権も失ったこの改正法に対しては、教育行政の独立性と自立性を大きく損なうものであったとの評価が一般的です。

しかし、忘れてならないことがあります。それは、教育委員会制度が、一億総中流の下支えともなった大衆教育社会を実現するうえで果たした役割です。

とりわけ大きな役割を果たしたのは、高度経済成長で急激な人口増となった一九五〇年代から六〇年代でした。学校の設置・増設を、文部省と区市町村教育委員会が一体になって進める。この間、明治以来のトラウマだった都道府県間格差の是正のために、先に話題にした義務教育費国庫負担法に加え、次章で話題にする公立義務教育諸学校の学級編制及び教職員定数の標準に関する法律(以下「義務標準法」)、さらに、へき地教育振興法などが制定されました。こうした教育行財政史上の画期を土台とし、区市町村教育委員会の努力もあって教育条件が全国的に平準化されることになったのです。

現在の公教育制度の頑健性は、こうした時代の所産です。そこには、教育の地方分権の理念や教員の異動希望尊重の原則と衝突する中、国が、それらを統制してでも実現しようとした教育の機会均等への強い願いがありました。そうして一九七〇年代には学校の設置・増設も一段落し、ここで話は本章冒頭に戻ります。

イ　新自由主義ー教育改革とその後

新自由主義ー教育改革につながる契機は、一九八四（昭和五九）年の臨時教育審議会、二〇〇〇（平成一二）年の教育改革国民会議にあります。これらは、それまでの文部省ー中央教育審議会ラインではなく、首相諮問機関として設置され、経済的な繁栄と停滞という時代背景こそ異なれ、新自由主義の展開として新しい時代の教育改革を方向づけました。

例えば、後者の「教育を変える17の提案」には、学校選択制の促進をはじめ、奉仕活動の義務化、学校の外部評価と結果の公表、中高一貫校の大幅拡大、コミュニティ・スクール（地域運営学校）の導入、問題を抱えた児童生徒への厳格な対応、家庭・保護者の教育責任の強調、教員免許更新制度の導入、指導力不足教員の排除、スクールカウンセラー配置、校長の裁量権拡大と任期長期化、教頭複数制を含む運営体制の強化などが並んでいます。詳述しませんが、これらのうちで現在まで持続している施策の多くは、結局のところ、学校や教員の「支え」であったことが理解されるはずです。

しかしながら、ある種、罰の発想をもち込む新自由主義に基づいたこれら一連の教育改革が、時代の空気を纏っていたことも確かです。二〇〇〇（平成一二）年の地方自治法大改正に伴う地方分権改革、二〇〇一（平成一三）年の中央省庁再編、三位一体の税財政改革。「聖域なき構造改革」「改革をとめるな」「民間でできることは民間で」といったスローガンのもと、二〇〇五（平成一七）年度には、義務教育機会均等保障の要でもあった準要保護世帯への補助金が廃止されて一般財源化されます。翌年には、すでに話題にした義務教育費国庫負担率の引き下げも行われました。

補説しておくと、先の定数崩しは、二〇〇一（平成一三）年の義務標準法改正で国庫負担分に非常勤講師も含めるようになり、続く二〇〇四（平成一六）年に総額裁量制が導入されていたからこそ可能になったものでした。その理念は「地方の裁量権の拡大から公教育の質向上に資する」でしたが、厳しい地方財政の中、同年の教員給与の国立学校準拠制の廃止と二〇〇六（平成一八）年からの地方公務員の定員削減もあって体力低下が否めない学校組織の現状は、すでに言及したとおりです。

その後は、二〇〇六（平成一八）年に「格差社会」が新語・流行語のトップテンに入ったこともあり、日本の相対的貧困率の高さや子どもの貧困がクローズアップされ、選択と自己責任・自由競争を強調する風潮は影を潜めていきました。しかし、解放された個人による新たな「相互承認的な共同体」の形成が進まなかったことによって起きた自助の強調・共助と公助の忌避という特殊日本な問題は、第二章ですでに言及したとおりです。

駆け足に確認しておくと、同年には、教育再生会議が設置されてゆとり路線の見直しが本格化するとともに、教育基本法の政府改正案が与党単独・野党欠席で採決・可決されました。続く二〇〇七（平成一九）年には学校教育法改正でチーム学校にもつながる副校長・主幹教諭・指導教諭が新設されています。二〇〇九（平成二一）年八月の政権交代に伴う子ども手当の創設と高校授業料無償化に向けた動きあたりまでを追えば、今につながる制度の多くが顔を出したことになります。

一九七〇年代末に始まり二〇〇〇年代前半に全盛となった新自由主義が残した影響は、語り尽くすことができません。しかし少なくとも、義務教育費国庫負担法・義務標準法を例に制度設計の教訓として、多様性を容認し裁量を拡大させたこの一連の制度改編によって、「天井」を外すだけでなく「底」も抜いてしまうことになったことは確認しておかなければなりません。このリスクと、「みな違う」の追究が生存や安全の「みな同じ」を土台とすることの二つは、あらためて強調しておきたいと思います。

(2) 責任の所在を考える

ア 支援が生む新たな行政依存

さて、しかしながら、こうした教育行財政史を踏まえ、「教育委員会の役割は〈支援〉だ」と宣言し、杉並のように学校の裁量を拡大してさまざまな教育資源を拡充する方向で施策展開していくと、典型的にぶつかる壁があります。

「一斉一律に管理・監督されるから考えなくなる」という状態から、「個別具体に支援してもらえるから考えなくなる」という状態への移行です。行政依存による思考停止の新たな形態とも言えるこのことは、〈支援〉を施策や事業として具体化するに当たっても、さらに、本章冒頭に述べた教育委員会への不信を根元から引き抜くためにも、避けて通れない問題です。

このことを理解するための補助線として、水泳指導を例にしたいと思います。

「区として中止の基準を一律に決めてほしい」
「教育委員会が決めてくれなければ学校は動けない」

こうした要請は、子どもの命に直結することですから動機自体は理解できます。「それで救われる命があるなら」と考えれば、なおさらでしょう。

しかし、想像してみてほしいのは、教育委員会で実際に基準をつくる場面です。仮に一律なものをつくるとして、中止の判断に影響する要因には何があるでしょうか。

「気温」

それだけではありません。

「湿度」

たしかにそのとおりですが、その他にも風向や風速、日照時間や日射量、雲量などが影響します。そもそも、学校は立地もプール環境も一つとして同じものはないし、子どもたち一人一人の、そのつどの状況によっても判断は異なります。

「標準」や「目安」をつくることはできても、あらゆる状況に適用可能な一律のルールはつくれない。それが、論理的に考えた際の半ば必然の結論です。しかも、こうしたルールは、ひとたびつくり出せば細分化に向かうことがしばしばです。そうなれば「遵守」を厳しく管理・監督することになり、その一方で、「例外」や「想定外」、「その他」の中に事故が起きるリスクを抱え込むことになります。

こうした問題の解決がむずかしいのは、学校と教育委員会だけでなく、教育委員会内の縦割りにもその理由があります。登下校が典型で、通学路の指定は学校、安全確保は保護者と決まっていても、災害共済給付制度では登下校も学校管理下で補償対象となり、防犯の観点から監視カメラの設置といった話題が絡んでくれば、もはや教育委員会の範囲には収まらなくなることもあります。

虐待や育児放棄、生活保護なども同じです。誰かと誰か、何かと何かの「狭間」に落ちたケースが重大な事件や事故につながり、行政サービスが利用者の申請を基本とすることもあいまって、制度的ネグレクトの温床ができ上がる。だからまた注意喚起の類が通知される。それでも状況が改善しなければ、「学校をプラットフォームとした総合的な子どもの貧困対策」のように、横断的・包括的な対応の次元に移行する。そしてまたルールやマニュアルの細分化とその通知、周知徹底のための研修……と際限なく繰り返されていきます。

ここで注意を促しておきたいのは、教育委員会の制度設計を方向づける〈支援〉がこの問題を真正面から受けると、「何もかもを引き受ける」というやり方に行き着くことが多いことです。このことは、第二章末で例示した、チーム学校を構成する法律相談員も含め、学校に関する苦情対応の専門部署を設けた場合を想定すれば容易に理解できます。「教員はおろか、校長も信用できない」

どのような事象であれ、このような趣旨で苦情を受ければ、本来は「学校に戻すことが望ましい」「学校の対応がよりよくなるよう支えるべき」と分かっていても、教育委員会で直接対応せざるを得ない状況になります。

こうしたケースは、発生の可能性を完全には排除できません。したがって現実的に回避しなければならないのは、〈支援〉を「代行」としてやり方化することが日常になることです。専門部署を設けること自体も、一歩間違えば、縦割りを助長するばかりか、学校が難ケースへの対応を教育委員会任せにするようになったり、そのことで保護者がますます校長や教員を信頼しなくなったりと、行政依存の拡大に拍車を掛けることで社会を小さくしかねません。

イ　自己効力感から集合的効力感へ

このように問題を整理したうえで、解決の筋道を立てていくために、一つのデータを紹介します。図4－2は、子どもたちの「集合的（社会）効力感」に関する調査結果を示したものです。前章までと同じく、杉並の調査からの引用です。

質問の内容は、上から順に、「学級：自分の学級（クラス）は、誰にとっても居心地がよくなるよう、いろいろなルールやきまりを話し合って決めることができる」「学校：学校

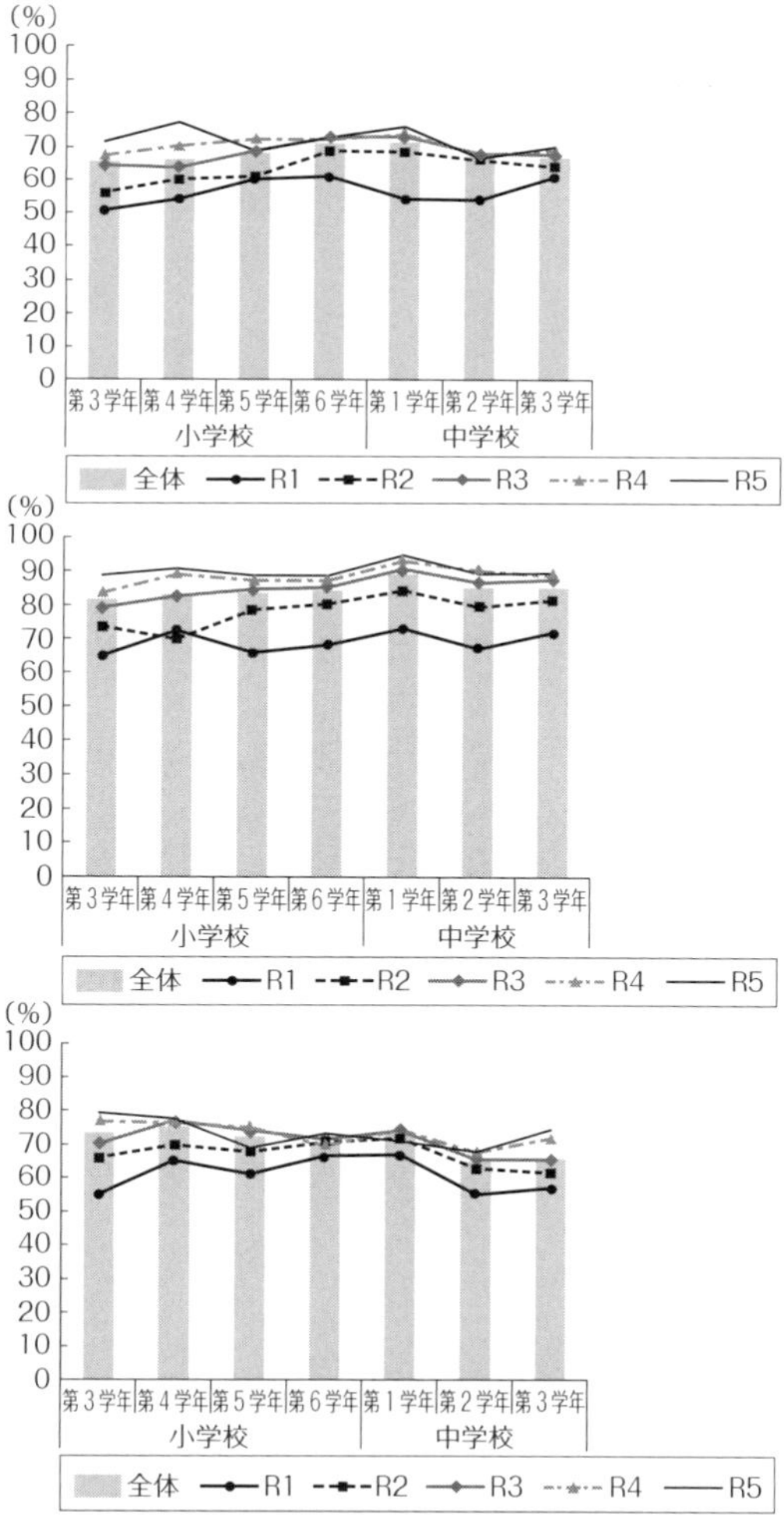

図4-2 「集合的(社会)効力感」に関する調査結果(令和元年度)
上:学級　中:学校　下:地域

での生活は、自分たちが協力することで、自分にとってもみんなにとってもよりよいものにできると思う」「地域：今住んでいる地域は、自分たちが協力することにより、そこで生活する全ての人にとってよりよいものにできると思う」です。第一章で紹介した「自己効力感」は、「やればできる！」という「私」の信念を意味していました。「集合的効力感」は、これが「私たち」になったものだと考えれば理解が進むはずです。「私たちならできる‼」です。

この調査結果で着目してほしいのは、一点だけです。学年全体の肯定率をおおよそで見たとき、中学三年生を例にすると、学校の八五パーセントより地域が六五パーセントと低くなる傾向は分かるとして、学級と学校を比べると、社会のスケールが小さい前者のほうが六五パーセントと二〇ポイント近くも低い点です。なぜ、このような結果になるのでしょうか。

参考として、第二章と同じ国際比較調査から、「私の参加により、変えてほしい社会現象が少し変えられるかもしれない」の結果も参照しておきます。もっとも低いのは、やはり日本の三二・五パーセントです。次のスウェーデンと韓国はおよそ四七パーセント、ドイツとフランスは五〇パーセントを超え、イギリスは約五五パーセント、もっとも高いアメリカは六三・一パーセントの肯定率でした。

ウ　自己選択から集合的決定へ

二つの調査結果を踏まえたうえで、子どもたちの学びや学校生活から考えていきましょう。本章のメインアクターはここまでは「大人」でしたが、「現在の大人」は「過去の子ども」であり、「未来の大人」は「現在の子ども」です。仕組みと慣習・慣行の両者を変え、将来的かつ根源的な問題解決を目指すためには、義務教育の在り方について考えることが不可欠であることはここでも言うまでもありません。

あらためて振り返ると、これまでに扱ってきた子どもたちの学びや学校生活は、第三章で強調した「らしさ」や「得意」にその代表例を見るように、一人一人の「自由」の追究を主にしていました。「自分で選ぶ」ことに重きを置いてきた理由もここにあり、先の自己効力感も、自由という哲学的な概念を心理学的に（操作）概念化したものです。

一方、この比重が、協同を通して「自分たちで決める」ことに転じたのも第三章でした。その延長にある本章では、社会における「相互承認」をよりいっそう追究していくための学びや学校生活に話題を展開します。その際、相互の承認に基づく相互の触発を（操作）概念化した集合的効力感が重要なキーワードになります。

では、集合的効力感を育むためには、どうすればよいでしょうか。それは、自己効力感が自分で選び決めたことをやり遂げたときに高まるように、自分たちで選び決めたことを達成する経験を積み重ねることです。その手だては、すでに、「教室リフォーム」や「学校（校舎）を一二〇パーセント生かそう」プロジェクトとして示しました。地域社会というさらに大きな共同体を題材にほんものの文脈で学ぶ事例も、第一章と第二章の末で紹介したとおりです。

先の杉並の調査結果で比較的高い肯定率が得られていることは、学校や地域への感謝と敬意を込めて言えば、こうした取り組みを一〇年余に亘る〈協働〉を通して地道に育ててきた成果です。しかし、学級と学校の肯定率に大きな開きがある点については、今後の取り組みのよりいっそうの充実を目指し、さらに考察を深めていかなければなりません。

学級という経験は、子どもたちにとっては日常です。したがって調査結果にも、実態を正確に捉えた回答が多くを占めていると考えられます。他方、学校のことを自分たちで決める経験は、多くの子どもにとって縁遠いものです。児童会や生徒会といった学校の意思決定に関わる活動に直接参加する子どもは限定され、その権限も、オランダ「イエナプラン」の誕生の地であるドイツをはじめとした欧米諸国のように、法の定めのもと、校長や教員、保護者と同等に扱われることはまずありません。

つまり、学校に対する集合的効力感については、経験の乏しさから実態が分からず、社会的望ましさや期待の方向に回答を歪める度合いが高くなる。とすれば、地域社会に対するそれも、結果をいくらか割り引いて受け取る必要があるかもしれません。実践事例についても、何より問わなければならないのは、集合的効力感を育む自己選択・自己決定を基礎とした「集合的決定」、そう、第二・第三章と引き継いできた「自分で選ぶ」ことから始まって「自分たちで決める」ことに至る自治の経験を十分に積み重ねているかどうかです。

（3）引き受け支え合う行財政へ

ア　誰かに委ねるだけの無責任の蔓延

私たちは、ここに至って、問題の根元、その「最深部」をつかみます。

「社会的に自立した個人による新しい共同体の形成が進まず、その器となる都市は、地理的にもその範囲を確定できなくなったことでオーナーシップを欠く。さらに、これらの背景にある、社会有効性を考慮せずに経済効率性ばかりを追求する政策、そのバックグラウンドとして根強い影響を残す新自由主義もまた、近代の始まりがそうであったように、イギリスへの追従、とりわけアメリカ主導の結果であった」

これを、「自治の欠如」と言わずして、何と言うことができるでしょう。子どもの問題も大人の問題も、本論で扱ってきたもののすべては、最終的にこの一点で交わります。

自治は、市民社会の意思決定、つまり「政治」の本質です。市民社会における政治は、多くの人にとって投票行動を通した代表選出というやり方での関わりになることから「誰かに委ねる」ものと誤解されていますが、考え方の本質は、自分たちで「引き受ける」ことにあります。

このように考えれば、当事者としての自覚を欠いた投票行動など、いくら数が集まっても市民社会の成熟とはなんら関係がないことが分かるはずです。選挙権年齢の引き下げに伴い、二〇一七（平成二九）年改訂の学習指導要領が強調した「主権者教育」も同じです。模擬選挙や議会事務局による出前講座といった事例にどこか空虚さを感じるのは、自治の欠如という問題が、特別の機会の設定によってではなく、むしろ、日常の充実とその積み重ねによってしか本質的に解決しないことが暗黙裡に理解されているからでしょう。

そして、政治の意思決定のもとに在る「行（財）政」も、大きな誤解にさらされています。その本質は、生活に必要な課題解決の主体を公的機関をつくることによって「外注化」することではありません。生存と安全の問題を中心に置き、そのうえで、誰もが自由で対等な社会の一員として包摂されるための土台をつくり、本当に自分たちにしか解決できない問題は自分たちで引き受け、何よりも、自分たちで「支え合う」ことです。経済活動や社会生活に関わるインフラ整備はこの「土台づくり」の最たる例です。すなわち自治とは、自分たちの行動・実践を含んだものなのだということです。

公教育における行政依存、教育委員会が〈支援〉を「代行」することがなぜ問題かということの理由も、以上で明らかになります。第二章で述べたように、未来が「選び取る」ものであるという前提に立てば、公教育は、本当に自分たちで考えるべき問題の、その筆頭に位置づけられるはずです。だからこそ、教育には地方自治が認められ、教育委員会には、レイマンコントロール（素人統制）のもと、一般行政からの一定の独立性が確保されています。つまり子どもたちの成長や学びの在り方を考えることは、住民自身が自分たちの未来を自分たちで引き受け、選び取ることと同義なのです。

ところが、です。保護者は教員に、校長は教育委員会に、地域は行政に、行政は縦割り間でというように、誰かに委ねるだけ、つまりは無責任が蔓延しているならばどうでしょう。学びの構造転換や学校生活のプロジェクト化も、その意味や価値が十分に受け取られるはずがありません。その帰結は、ますます小さくなる社会、どこまでも温もりや美を失っていく都市です。他に追従、ひいては従属するだけの政治は未来へのビジョンを欠き、教育は短期的な経済的動機から必要人材を供給するだけの政策となってしまい、よりよく公で在ること、市民社会のよりいっそうの成熟を目指すことからは遠く離れてしまいます。

イ　地域運営学校と教育委員会の接続

では、本章の話題である教育行財政と関連づけたとき、自治の欠如・無責任の蔓延という問題の根を、どこから、どう引き抜けばよいのでしょうか。この問いは、教育委員会に「狭義」と「広義」の二重の構造があることを踏まえれば、速やかに解くことができます。

『教育委員会』という用語は、本来、狭義として、教育長と標準四人の委員から成る意思決定機関を指します。そして、その執行機関となる「事務局」が広義です。戦後の法改正の経緯からも分かるとおり、地方教育行（財）政をめぐる議論は、ほとんどが狭義を対象としてきました。言い換えれば、〈支援〉は、これまで不足していた事務局に関する制度設計の方向性を、特に普遍福祉の実現という観点から示したものです。

一方、ここで議論すべきは、普遍意志に迫る意思決定機関としての『教育委員会』です。

まず、先の教育行財政史に続く、それ以降の経過を確認すると、二〇〇〇（平成一二）年四月からスタートした地方分権改革による新制度下では、機関委任事務、文部（科学）

大臣による教育長の任命承認制度と是正改善措置要求が廃止され、国から都道府県への、都道府県から区市町村への指導・助言権も積極的な意味合いが否定されています。続く二〇〇七（平成一九）年には教育委員会の責任体制の強化を、二〇一四（平成二六）年には二〇一二（平成二四）年一二月からの自民党政権下で教育長を常勤化してその権限を強化し、首長と教育委員会が対等に協議・調整を行う総合教育会議を設けるという地教行法の改正がありました。

これらは、いずれも教育の地方自治を強化するものです。しかし、これだけでは、問題を根元から引き抜くことはできません。なぜなら本質的な論点は、責任と権限を行使する者の「選出」過程にあるからです。もう少し具体的に言えば、地域住民が委員の選出過程にどう当事者としての自覚をもって関わるのかという点にこそ、自治の欠如を解決する道筋があるということです。

そのように問わなければ、保護者や地域等関係者のみならず、校長や教員も権限が強化された『教育委員会』に責任を委ねるだけの傾向がますます強まることが予測できます。新自由主義‐教育改革を支えた市場原理の考え方は、ここ三〇年、とりわけここ二〇年をかけて、公教育を購入や返品、交換が可能な商品と同例におとしめたからです。そのときに失われたものこそ、自分たちで「引き受ける・支え合う」という公教育政策を営むうえでの本質でした。

そうして私は、結論となる問題解決の道筋を、次のようにまとめます。

第二章末に紹介した、学校支援地域本部（地域学校協働本部）の展開を経て至る、学校運営協議会の設置・地域運営学校の指定。その先に接続するのが、意思決定機関としての『教育委員会』です。

私の実感を込めて言えば、今、現実に起きているのは、官僚制を基礎とした縦割りによって責任の所在や対応の主体が曖昧になっていることだけではありません。程度差こそあれ、すべてのアクターが、公教育を自分の問題として引き受け、支え合うことがない。それゆえ、落ちこぼれにせよ、吹きこぼれにせよ、いじめにせよ、不登校にせよ、特別な教育ニーズにせよ、学級の荒れにせよ、あるいは不適切な指導にせよ、過酷な労働にせよ、さらには育児までも、これらの課題に直面した人だけが、当事者として孤立します。

誤解を恐れずに言えば、教育委員会への不信もまた、「自分以外の誰も当事者として問題解決に向き合ってくれない」という無責任の蔓延にその根があります。

そして、そのように考えれば、この問題を根元から引き抜く方法は、一つしかないことが分かるはずです。どんなに遠回りに思えても、ここまでに例示してきたありとあらゆる手段をもって、当事者性に支えられた公教育の自治を育んでいく。その最後の一手が、先の「学校支援地域本部（地域学校協働本部）──→学校運営協議会──→『教育委員会』」という制度設計の考え方です。

その要点は、『教育委員会』を構成する委員が、学校やそこで学び生活する子どもたちの成長を通して地域社会の未来を考え、行動し続けている人たちから選出されることにあります。出自不明で自分と一切関わりがない委員の選出は、本章冒頭に述べたように、事務局とも ども『教育委員会』の実態をますます分からなくするばかりだからです。

喩えるなら、この考え方は、不可視となった制度に誰もが触れ、ハンドリングすることのできる、「取っ手」を付けるものです。公教育が、自分たちの生きる地域社会の未来を創る機会であるという「手触り」を感じ、そのことで、失われた公教育の当事者性、ひいては、オーナーシップを再生・新生しようとするものです。

また、この考え方は、事務局が担う〈支援〉の在り方を方向づけるものでもあります。何もかもを代行するのではなく、社会的に自立した個人によって営まれる、相互承認的な共同体となるよう学校を支える。支援本部（協働本部）と学校運営協議会を母体とする地域運営学校はその中核となる施策であり、代表選出される委員が教育長とともに構成する『教育委員会』も、それがあって初めて、真に自分たちに必要な意思決定を自治として行うことができるのです。

ウ　自治から共治へ

しかしながら、以上の考え方は、もはや「自治」という言葉では表現しきれない広がりと深まりを見せています。「住民自治」と言えば校長や教員は含まれず、「学校自治」と言えば地域住民や広く関係者が排除されるニュアンスを否めません。設置者としての教育委員会も自治を支える重要なアクターであるし、子どもたちも対等な権利主体であることを表現するためには、市民社会における政治の本質をたしかに言い当ててはいるものの、いかにも使い古された感のあるこの「自治」という言葉をアップデートする新しい言葉が必要であるように思います。

そこで、私は、ここでの議論をまとめるに当たって、『教育委員会』の制度設計を方向づけるキーワードを、〈共治〉という名で呼びます。公教育に関わるあらゆるアクターはすべて対等であることを前提とした「co-governance」、「共に在る」「共につくる」という意味を強調する言葉です。

繰り返し述べたように、仕組みと慣習・慣行の両者が変わらなければ、公教育をよりよく変えることはできません。しかし、その一方では仕組みを変えるのは人であることもまた事実です。そうである以上、慣習や慣行といったやり方の背景にある人々の考え方が変わらなければ、法制度を変えようという動機自体がそもそも生まれてこないのです。

この意味で、〈共治〉、そして、〈支援〉もまた、教育行財政領域の制度設計を方向づけると同時に、公教育が、自分たちのことは自分たちで決め、引き受け支え合う営みであることを自覚するためにこそある言葉です。とすれば、いわば「支援共治体」としての教育行財政を、本章で話題としてきた区市町村教育委員会において具体化するための実践には、どのような形があり得るのでしょうか。

公教育政策としての〈全体性〉を明らかにし、構造転換を実現するための最後のピースは、ここにあります。

3　支援と共治による実践事例

(1)　近代教育行財政を超えるために

ここまでさまざまな考え方を書き記してきて思うことは、子どもたちに変化・変容を求める前に、まず、私たち大人が変わらなければならないということです。じつは、そのために用意しておいた道筋が、もう一つあります。それを紹介しつつ、いくつかの補足をしてから、杉並の実践事例に進みたいと思います。

もう一つの道筋、それは、個別化した教育課程の三者合意による編成です。この考え方は、第二章において、一人一人に異なる福祉の内実を方向づける普遍意志に迫るために、学習者自身の思いや考えを教育課程に反映するという側面を強調して示しました。しかし、これは同時に、保護者にも権利主体として学校に参画する道を開く側面がありまます。

このことと関連して、「カリキュラムの市民化」と呼ばれる取り組みがあります。子どもたちが学校で学ぶ内容を、政治的リテラシーを軸にして再編しようとするものです。しかし、〈共治〉という考え方を踏まえれば、学習内容の再編だけでは市民化を十分に実現することはできません。教育課程（カリキュラム）の編成方法を変え、子どものみならず保護者も編成の権利主体となることで、校長や教員と対等なアクターとして公教育・学校教育に参画することにこの取り組みの本質があります。

「市民化」とは、「市民社会の形成者として必要な資質・能力を身につけることができるようにする」ことです。したがって、学校の仕組みのもっとも深い部分からほんものの市民社会を学ぶ文脈をつくり出すためには、普遍意志に基づいた普遍福祉に迫るための道筋を用意しなければなりません。社会に開かれた教育課程は、個別化と市民化が合わさり、三者合意による編成が実現したとき、初めて〈共治〉へとつながる真の未来型になるということです。

さて、しかしながら、こんな考え方を並べていると、

「どこまで本気で言っているのか」

「本当にそんな未来が実現すると思っているのか」

といった反応に出会うことがあります。

「いつ実現するかという予測ではなく、これは『コロラリー』であると考えている」

「未来は、望ましい姿を論理的に描き出し、明確な意志をもって選び取るものだと思っている」

私の返答は、決まってこうです。そして、

「たとえ理想であっても、いや、もし『理想』だと考えてくれるのなら、なおさらその実現に至る『ロードマップ』をみんなで一緒に敷いていきたい」

そんなふうにお誘いします。

「現行制度の範囲でできることもたくさんあるし、そうでないこともある。だから、『可能性』と『限界』の境界を見極めつつ、いずれよりよい制度に変えていくために、まずは慣習や慣行を変えるための『考え方』を共有できたら」

「そして、公教育の構造転換のためには、政策の『全体』を『順序よく』考えなければ

ならないし、何より、公教育に関わる『全員』の力が必要になる」〈全体性〉という言葉には、私のこんな思いや考えも込められています。

ただ、私のこうした考えは、再び感謝と敬意を込めて言えば、「杉並」という土壌があってこそのものとも思います。少しばかり余談ですが、杉並区は、一九五四（昭和二九）年のビキニ環礁における水爆実験後に原水爆禁止署名が始まった地としても知られます。こうした社会運動は、言うまでもなく、「遠く見果てぬところの誰かも『私たち』」という感覚がなければ成立しません。

私が、いや、より正確には「杉並」という地が恵まれていると思うのは、こうした歴史的な素地があるからか、流出入が多い都市部にあっても、「私たち」「自分たち」のこととして公教育に参加してくださる方がたくさんいることです。そうした方々は、個人を超えたみんなの意志を代表して行動しているという確信を心の奥底にもっているように思えます。それは、一九六〇年代の安保闘争や公害反対運動、都市環境や巨大開発に対する住民運動などとは異なる、新しい時代の社会運動の一つです。

「自分の生きるこの世界は、自分たちの手でたしかに変えることができる」

一九七〇年代には高度経済成長の終焉で安定軌道に入り、八〇年代には雇用の安定もあって社会運動ばかりか市民参加も停滞しました。九〇年代以降は、格差の中で「私たち」という感覚がさらに後退しています。

しかし、だからこそ、今、この瞬間からやらなければならない。新しい相互承認的な共同体としての学校の形成と充実を、これからも、共に目指していけたらと思っています。

(2) 支援の総合拠点

では、教育行財政・区市町村教育委員会に関する杉並の実践事例です。

今回は、事務局の制度設計を方向づける考え方を〈支援〉とした本章最初の議論を受け、まず、「総合教育支援センター」を紹介します。ここで事例とするのは、幼児教育、学校教育、社会教育と三つあるセンターのうちの二番目、区立の小・中学校と特別支援学校を主な支援対象とする「杉並区立済美教育センター」です。

表4-1には、二〇一九(令和元)年度の組織と主な事業カテゴリを示しました。

当センターは、前身を「済美教育研究所」と言います。一九五一(昭和二六)年に東京都内でもっとも古い歴史をもつ教育研究所として設立され、現在の名称になったのは、杉並の教育政策にとって大きな転換点となった二〇〇五(平成一七)年のことでした。

教育改革全盛の当時、杉並が選択したのは、何よりも教育行財政改革です。学校希望制や都内公立中学校で初となる民間人校長、教員の独自養成・採用を行う杉並師範館といった施策が目立った杉並ですが、教育改革「第一期」の本丸は、〈支援〉を具体化する指導室と済美教育研究所の一体的な改編でした。

「これから、公教育は大きく変わっていく。しかし、『支え』となる行財政の土台がなければ、学校や地域が必要な変化を遂げることはできない」

このような考え方のもと、改編前は一課三係で常勤一〇名弱、非常勤を併せても五〇名にも満たなかった当施設は、二〇一九（令和元）年度に至って一課一担当課二係二担当係、一五〇名ほどが在籍する総合支援拠点になりました。これは、同年度後半期に、特別支援教育課と就学前教育担当課が「就学前教育支援センター」として施設的にも独立した後の状態であり、前半期は、二課一担当課四係二担当係一六〇名ほどの体制だったことを付記しておきます。

済美教育センターは、事件や事故を含めた非常時には、学校の教育活動が最低水準を下回らないよう歯止めを掛ける管理・監督機能を果たします。しかし、平時は、学校と地域が共に手を取り合った多様なチャレンジを後押しする支援機能が主です。

具体的には、教職員人事とは物理的にも分離した支援拠点であることにその特徴があります。区立学校の校長や副校長、教員が、自らの人事考査と一定の距離を置いて、①学校経営、②教育課程、③学習指導、④生活指導、⑤いじめ・不登校、⑥研修、⑦調査研究といった諸課題について相談し、解決の支援を受けられるのが当センターなのです。「次年度の特色ある学校づくりと経営計画について、周年記念行事の企画と併せて相談

教育長付／教育企画担当部長付 主任研究員 教育長付／済美教育センター所長付 学校経営アドバイザー	所長（主任指導主事）			
	教育指導係長	管理係長	学校図書館支援担当係長	教育相談担当課長（統括指導主事③） 教育相談担当係長
統括指導主事① 指導主事① 指導主事② 指導主事③	学習指導 教員人材育成 調査研究	国際理解教育・日本語指導	学校図書館 学校司書研修 教育情報	一般教育相談 不登校相談 適応指導教室
統括指導主事② 指導主事④ 指導主事⑤	学校経営 教育課程 連合行事	教科書 生活指導		いじめ相談
職員数 （係長級以上を除く）	常勤（事務）：5 非常勤（事務）：0 非常勤（専門）：37	常勤（事務）：3 非常勤（事務）：2 非常勤（専門）：6	常勤（事務）：0 非常勤（事務）：0 非常勤（専門）：5	常勤（事務）：1 非常勤（事務）：1 非常勤（専門）：60
非常勤（専門）の専門性	（元）教員 理科指導員	（元）教員	司書	（元）教員 心理士・社会福祉士

表4－1　組織と主な事業カテゴリ（2019〈令和元〉年度）：杉並区立済美教育センター

に乗ってほしい。予算面も相談に乗ってもらえないだろうか」

「生活科・総合的な学習の時間を、小規模校であるメリットを生かして縦割りで計画したいから、教務部の話し合いに継続的に参加してほしい。できれば、教育委員会の指定の研究校になって、人事や施設・設備面などからもサポートしてもらえたら」

「学びの構造転換にチャレンジしたいのだけど、まず、校長として個人的にレクチャーを受け、その後、全教員の疑問に答えるような時間を設けてもらえないか」

「学識経験者、教科指導力に優れた元教員を中心とする調査研究チームが設置されていると聞く。学びの構造転換も、そのチームと指導主事が核となって運営する、現職の教員で組織した教科等教育推進委員会で研究開発を担っていると聞いた。本校で中核となる教員も、将来のために、ぜひ委員として推薦したい」

「対応に苦慮している保護者がいる。バックグラウンドとしては、保護者も子どもも日本語がうまく話せないことがある。日本語指導員の派遣とともに、この子どもへのいじめが原因となって荒れてしまっている学級の立て直しをサポートしてもらえないか」

「新補・転補の副校長が、校務システムや行政の文書管理システムの使い方が分からない。年度当初や繁忙期だけでもサポートスタッフを派遣してもらえないか」

「杉並では、悉皆型《しっかいがた》の集合研修を極力減らして、校内研修への訪問支援、さらには教員への個別支援を充実していると聞く。分区を中心に拠点校を設けて三年次までの若手教員を巡回指導してくれるスタッフがいるとも。将来を期待している教員がいるから、ぜひ一度見に来てもらえないだろうか。できれば継続的にセンターに通わせて、学ばせたい」

「独自の学力調査をはじめ、校内で独自に実施する質問紙調査や実態調査のサポートを、集計や分析をも含めて受けられると聞いた。本校が一〇年にわたって地域と共にやってきた教育活動について、効果検証を行いたい」

さらに、

「今度、保護者が有志で集まってこれからの学校の在り方について勉強会をしたい。アドバイザーとして参加してもらえないだろうか」

「部をまたがることになるが、児童館指導員にも、教育委員会で進めている学びの構造転換を内容の中心にして研修会を設けてもらいたい」

といったように、保護者からの相談や部を超えた依頼もあります。

これらは、実際にあった相談・依頼内容を、最近のもの、かつ、私自身が何らかの関わりがあったケースに限定してざっと列挙したものです。当然のことながら、「代行」にならないように細心の注意を払いつつ、すべてに個別具体の対応を行いました。

こうした事例は、挙げ出せば切りがありません。「オーダーメイド」「カスタムメイド」を〈支援〉の基本としているからです。また、当センターは「拠点」ですから、ここで解決しきれない課題については、課や部を超えて解決の方策を探ります。このことについては、第一章末で紹介した特色ある学校づくりプレゼンテーションでもすでに紹介したとおりです。

組織のつくり方についても、従来の行政機関にはない特徴があります。表内にも示したように、①事務四係の縦方向、②統括指導主事二系統の横方向に加え、③主任研究員・学校経営アドバイザーの斜方向を組み込むことで、官僚制・縦割りによる限界を乗り超え、総合支援拠点としての安定性や継続性、中立性、専門性はもちろん、政策の〈全体性〉の追究をよりたしかなものとしていることです。主任研究員は私、学校経営アドバイザーは特別支援教育士の有資格者が務め、両者とも勤務地こそ当センターであるものの、教育長付として課をまたがって活動し、事務局全体の中で第三者機関的な役割も果たしています。

主任研究員や学校経営アドバイザーといった専門職を拡充することは、学校で言えば、チームと同じ発想です。財源上の裏づけがなければ、済美教育センターのような支援機関をつくることがむずかしいことも確かです。

しかし、自治体の条件によって支援拠点の最適な数や規模は異なりますから、都道府県や政令指定都市の広域事業として、区市町村教委の単独、または連合・組合の事業として設置するなど、さまざまなやり方を検討する参考にしていただければと思います。

(3) 共治と相互承認的な共同体としての学校

次は、〈共治〉の具体化です。

あらかじめ断っておくと、この考え方は、いまだ杉並でも十分に現実のものにはなっていません。そうできるかどうか、していくかどうか不透明なところもあります。ここで示すのは、あくまで、考え方と実現に必要な条件であることに留意してください。

先に提案した〈共治〉を具体化するやり方は、あらためて整理すれば、[学校支援地域本部(地域学校協働本部)——→学校運営協議会——→教育委員会——→総合教育会議]となります。これは、首長が招集する総合教育会議への接続を前提に、(旧)教育委員会法の委員公選制を現代的にアレンジした理路と言うこともできます。

具体的には、まず、学校運営協議員を支援本部員(協働本部員)の互選または推薦によって選出し、次に、協議員の互選または推薦で教育委員候補者を選出します。杉並の条件で仮定するなら、中学校一校に小学校二校を基本とする小中一貫教育の組み合わせ校を地域の最少単位とし、二三ある中学校は四つに分区されるため、そこから一人ずつ候補者を選出します。そして、議会同意を得たうえでの首長任命による委員四名が教育に関する地域の住民代表となり、教育長が総理する『教育委員会』を計五名によって構成します。

このように記していて私に去来するのは、近代来の一五〇年をかけて、ついにここまで来たのだな、という一種の感慨です。

第一章で確認した学制に始まる学校教育制度は、あらためて言えば、近代化を目指す天皇と政府による国家事業として始まった以上、地方に裁量を許すものではありませんでした。教員も、欧米を模範とした教育課程を担い、天皇への忠誠と愛国心を育みながら専門集団に組織されていきます。そうした帰結が国家主義・全体主義だったと考えれば、戦前およそ八〇年の積み重ねは、戦後約八〇年を経てもそう簡単に変わるわけがありません。

しかし、〈共治〉へと至る自治の兆しは、戦後の教育民主化以後、徐々に、そして、確実に芽生えていきました。教職員組合が「戦後民主教育の申し子」であることも、PTAが「民主的な教養を高める演習の場」として組織されたことも、本質を見失ったのは私たちのほうなのであって、それ自体の価値が否定されたわけではありません。そうして平成年間には「開かれた学校」の議論が本格化し、二〇〇〇（平成一二）年の学校評議員を経て〇五（平成一七）年度に学校運営協議会が、二〇〇八（平成二〇）年度には学校支援地域本部がスタートします。

〈共治〉を具体化する理路は、こうした歴史の上に立ち、先にも触れた二〇一四（平成二六）年の地教行法改正のもとで導出した考え方です。最近の杉並では、児童・生徒代表が、学校運営協議会や支援本部（協働本部）が主催する教員・保護者・地域等関係者の懇談会に参加することも珍しくなくなってきました。このこともまた、一〇年余の積み重ねがあって初めて実現したことです。

しかしながら、感慨にふけってばかりはいられません。このやり方を現実のものとするためには、もう一つ、大きな難関があるからです。

ここでも、杉並を例にします。図4-3には、上に杉並区立小学校の、下に同中学校の学区（細線）と分区（太線）を示しました。

すぐに確認できるのは、校種間で分区に整合がないことです。学区についても同様です。例えば、一対一の計二校で小中一貫の組み合わせ校関係にある小学校と中学校では、中学校の学区内に組み合わせ関係にある小学校が立地しないばかりか、組み合わせ外の小学校区が三校分含まれているような地域もあります。

こうした状況は、主に、二つの背景から生まれたものです。一つは、戦後の新制中学校の発足、もう一つは、ベビーブームです。第三章で確認したように、経済重視の都市・住宅政策が国家主導で展開する中、さまざまな困難を乗り超えて用地を取得し、学校を設置・増設してきた結果が現在の学区です。当時において、約半世紀の後に小中一貫で小学校と中学校を組み合わせる、それを基本単位に公教育政策の〈共治〉を実現するといった未来が想像できるはずもありませんでした。

しかも、この話には続きがあります。杉並の場合、都市計画の最上位となるマスタープランでは、地域を七つに区分します。しかし、この区分は、教育行政上の地域区分である学区・分区とほとんど整合していません。当然のことながら、保健福祉や産業振興、土木をはじめとして、区民生活を支える行財政分野は他にもあり、おのおのが、おのおのの地域区分をもっています。

〈共治〉は、公教育政策として実現を目指せば「学区再編」という課題になります。ところが、この問いは、中学校区を基本に社会関係や都市の範囲を確定しようとするとき、全行財政分野で取り組まなければならない「地域再編」に発展します。杉並で言えば、神社の配置にその名残を見る近世までの旧二〇村、経験的には「キロメートルを超えない」とも言われる住民一人一人の主観的な地域の範囲も十分に考慮しなければなりません。

もはや明らかでしょうが、第一章から引き継いできた「まち」には、社会と都市に加え、それらの自治が含まれています。〈共治〉は、この自治をアップデートし、公教育の

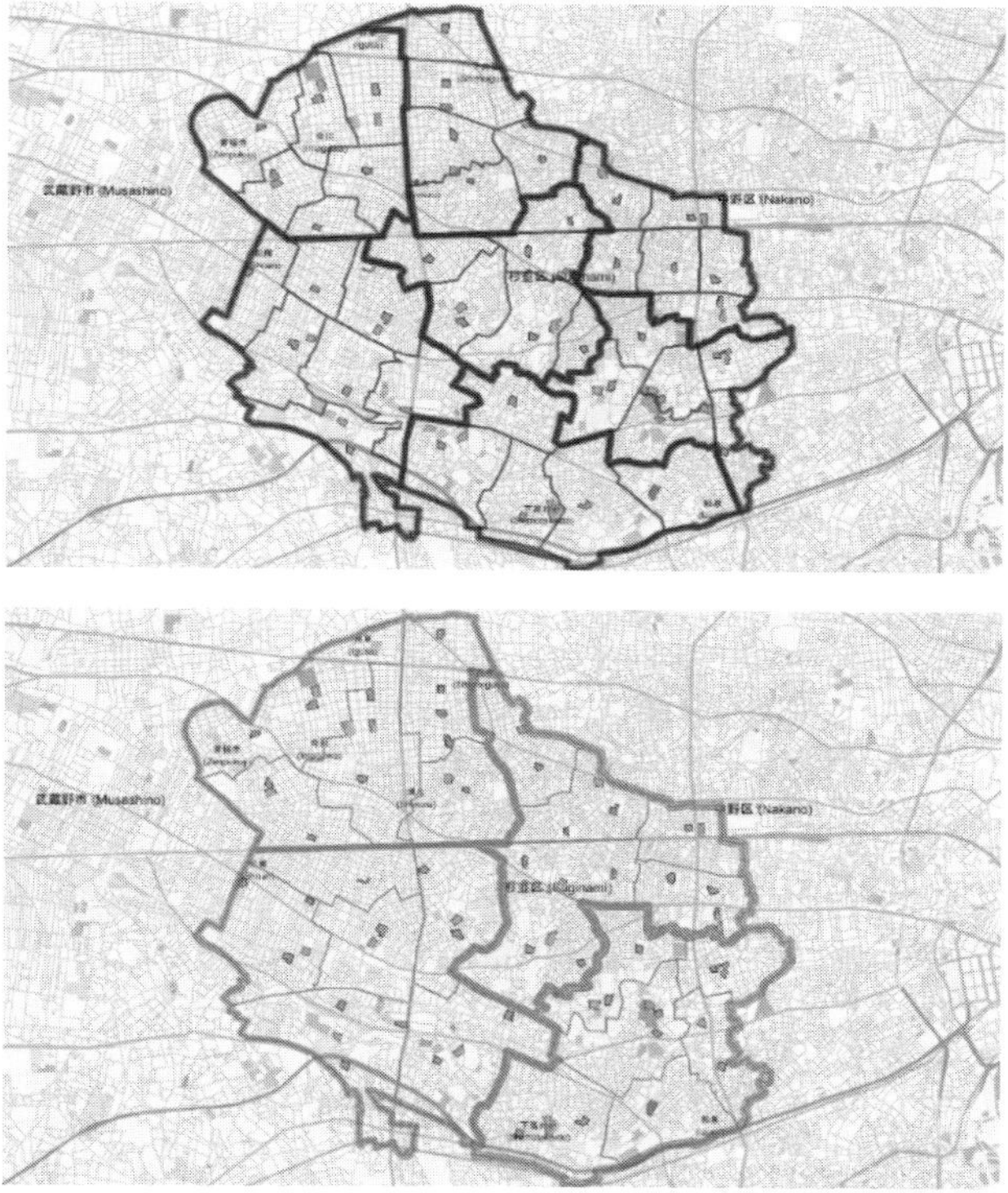

図4－3　杉並区立小学校（上）と中学校（下）の学区（細線）と分区（太線）

範囲を超えたあらゆるアクターの協同・協働を見据える考え方です。もちろん、あらゆる地域の区分や範囲をすべて一致させる必要はありません。大切なことは、身体実感の伴う日常的な交流や、オーナーシップをもって温もりや美を考えることのできる地域の範囲と在り方を考え、それをみんなで重ね合わせていくことです。

いわば、「モザイク」のような連帯に、誰もが、緩やかに、優しく包まれる。まちそのものが、すべての人にとって生涯にわたる学びと教育の機会となる。〈共治〉、そして〈支援〉のもとにあらゆる違いを越境する市民社会の成熟した姿は、そんなイメージで表現することができるでしょう。

基礎自治体における公教育政策の〈全体性〉は、こうして明らかになりました。杉並では、以上に述べた一連の考え方を、ここ一五年ほど、「いいまちはいい学校を育てる～学校づくりはまちづくり」と表現することによって政策の根幹に据えてきました。令和元年度（平成三〇年度分）の「点検及び評価報告書」[59]を参照いただくと、四つの基本領域に基づいた点検・評価例とともに、第二章末で示した「学びのまち・杉並」を目指した取り組みをご覧いただけます。ここまでの内容が、机上の空論ではないこともご理解いただけると思います。

人は、「学び」によって「成長」します。そして「人」の支えを得て学ぶことで「場」ができます。場で人々が学ぶことで「公」がつくられ、公が場と人と学びを保障することで「誰もが」「よりよく」成長できます。本論においてこの道筋は、近代由来の「みな同じ」という考え方を「逆転」し、「みな違う」を認め、生かし合うやり方を追究することへと論点を移しました。子育てという私的な場面と「自分で選ぶ」ことを始発点とし、「共に生きる」ことを通して公的な政治・行政の場面と「自分たちで決める」ことへ、さらに、「引き受け支え合う」ことへと抜けました。

自分で選ぶ経験を、共に生きる中で積み重ねていくからこそ、自分たちのことを自分たちで決め、引き受け支え合うことができるようになっていく。それは、政策の全体を成す四領域に基づいた〈多様性と一貫性〉〈協働〉〈応答性〉〈支援と共治〉というキーワードのもと、「普遍意志」に基づいて「普遍福祉」をめがけ、すべての人に「自由と相互承認」を育む公教育の構造転換のための考え方に、揺るぎない一本の軸を通す学びと成長の姿です。

終章となる次章では、公教育の構造転換の始発点ともなる「学びの構造転換」に再び立ち返り、そこから本論をまとめていきたいと思います。

第五章　自分たちの物語を紡ぐための公教育

――「外在」から〈内在〉へ

終章となるこの第五章の話題は、「自分たちの物語を紡ぐための公教育」です。考えるべき公教育政策の〈全体性〉を明らかにした今、私たちは、よりよい公教育を自分たちでつくり出すスタート地点に立ちました。

しかし、「普遍意志」や「普遍福祉」に迫ることは、実践となればさまざまな困難が待ち受けています。そこで、本章では、功罪相半ばの「学力テスト」「学力調査」を取り上げ、よりよい公教育政策を追究するための考え方について補説します。再び「学びの構造転換」を経由して本論をまとめる内容でもありますので、最後までお付き合いいただければ幸いです。

1　よりよい公教育の追究を支える学力調査

(1)　学力テストをめぐって

二〇一九年六月中旬のこと、ある杉並区立中学校（以下「S中学校」）の学校運営協議員さん数名が、私を訪ねてくださいました。過去には、同校にお子さんを通わす保護者でもあった方々。子育てが一区切りした現在は、青少年委員の委嘱も受けておられます。日頃の活動にお礼を言いつつ、二時間ほど懇談しました。楽しい時間でした。

話が前後しますが、この機会は、地域運営学校を主管する学校支援課、そこに所属する社会教育主事から依頼を受けたことがきっかけでした。

「地域運営学校が発足して一年ほど経ち、活動を本格化していきたい。でも、学校の経営方針にある『学力向上』にどこか違和感があって。そこをみんなで考えたいんです」

「それなら、主任研究員に相談してみては？」

との会話があったようで、よくある依頼ですから快諾したわけです。こんなところからも、杉並の教育委員会事務局が〈支援〉を具体化している実感をもっていただけると思います。

そうして当日、まずは日頃から疑問に思っていることを率直にお話しいただき、それにお答えするかたちで進めていきました。

「学力が必要ないとは思わないけれど、『やる気』のほうがもっと大事だと思うんです」

「先日の地域子ども祭、学校では目立たない生徒なんですけど、頑張っている姿を地域の大人に褒められたことがすごく『自信』につながったみたいで」

「うちの子はバスケ部だったんですけど、『根気強さ』みたいなものをすごく学んでいたと思うんです」

などなど。

この話の流れだと、だいたいの方々は、「学力テスト批判」を吐露されます。現実的には高校入試もあるからまったく必要ないとは思わない、でも、と。

私は、

「うんうん、そうですよね」

と、全面的に肯定してお聴きします。学力テストが学校間の競争を煽《あお》り、罰を与える指標として使われるイメージをおもちのように思えたからです。何より、非認知＝社会・情動面もバランスよく育む学びの在り方を考えたいとの思いを強く感じました。

さて、本題はここからです。私は、

「ところで、杉並の学力に関する調査は、義務教育九年間で保障すべき、生涯にわたる学び方の基礎になる『最低限の学力』が身についているかどうかを確認するためにやっているって、ご存じでしたか？」

と質問します。続けて、

「杉並の平均と比べて学級や学年、学校がどうこうではなく、社会・情動面も含めて子どもたち一人一人のことを考えるためにあるんです」

「教員や保護者、地域等関係者といった立場を超えて、みんなで子どもたちのこと、地域のことを考えるための『コミュニケーションツール』なんですよ」

とお話しすると、たいがいは、

「そう言えば、校長先生や副校長先生から聞いたことがあるような……」

という反応が返ってきます。

基礎自治体の教育委員会が実施する「学力調査」の目的は、競争選抜で受験者をふるい落とすことではありません。第一には、すべての子どもに保障すべき学力が育まれているかどうかを明らかにするためのものですから、「一点の差を競う」という意味での「学力テスト」とは異なる設計が必要です。

では、どのような考え方で調査を設計し、その結果をどのようなやり方で処理すれば、真に教育的な意味のある学力調査になるのか。

そう問いを定めて、本章の導入としましょう。

(2) 再び、学びの構造転換へ

ア 学びの構造転換のステップ1・2

本章では、まず、杉並独自の学力調査の説明に必要な文脈を共有するために、「学びの構造転換」の事例を紹介します。前章までの振り返りを兼ねますので、各章で論じてきた内容を総動員するものでもあります。

第一章では幼児の遊び、第二章では小学六年生の国語科、第三章では中学生の学校生活までを事例にしました。本章では、これらの間を埋める小学校中学年の三年生、そして、ここまで学習内容に言及がなかった算数科を例にします。この時期(六月末)は、「わり算」を初めて学ぶ単元(全一一時)の終わり頃です。そこで、本時(一〇時目)の目標を「簡単な場合の2位数÷1位数=2位数の除法計算ができる」に定めて説明を始めます。

教科書の例題と指導書の展開から確認しましょう。

「69まいのおり紙を3人で同じ数ずつ分けます。1人分は何まいになるでしょうか」

「69÷3」を導く問題場面です。教員主導の一斉一律では、まず、個別に計算の仕方を考えさせ、その後にペアで説明させ、さらに全体で検討してまとめをする展開が一般的です。計算技能の習得は、宿題や次時で繰り返し練習させることで図る場合が多いでしょうか。

今回は、「この例題と展開をどうアレンジするか」という問いをもとに話を進めます。単元、学期や学年内の自由進度学習、日常生活の疑問や必要から立ち上げる合科的・体験的な探究活動なども選択肢ではありますが、一般性を確保するためには、単位時間や教科区分、他の学級や学年に影響がないやり方を取り上げることが有効だからです。

ここで共有したいのは、「教員のチャレンジ」の点から学びの構造転換を整理し直すと、その過程が、「3＋1ステップ」のロードマップで表現できることです。

最初の二つは、「ステップ1：学習者の自己選択の機会を最大化し、学びを自己決定で貫かせる」と「ステップ2：教科等の特質に応じた見方・考え方が広く深く働く条件を整える」です。主体的な探究と内発する協同を軸にして学びを進める、言い換えると、子どもたちの「学びたい」を最大限生かしつつ、教科として「学ばなければならない」内容をおのずと学び身につけることになる条件を、どれだけ自然に設定できるか。

この二ステップでは、そこに教員の腕の見せどころがあります。

本時の目標の達成に必要な数学的な見方・考え方は、それぞれ「位分け」・「乗法九九の二回適用」です。ここさえ外さなければ、詰まるところすべてを子どもたちに委ねられます。例えば、折り紙の枚数を「□□」、分ける人数を「□」といずれも空にし、課題を自分でつくることにする。解決方法も、一人で、ペアで、グループを組んで、ときには先生に聞いてなど、そのつどの一人一人の選択に任せ、すべてを自分で決めながら学びを進めるようにします。

実際の展開を思い浮かべてみましょう。前時は、「簡単な場合の2位数÷1位数＝1位数」を範囲（1÷1から81÷9まで）に、「乗法九九」とその「一回適用」を見方・考え方とすることで課題を解決しました。導入では、そのことを踏まえて、

「今日はどうしたい？」

「前の時間と同じだったら挑戦しがいがないよね？」

などと問いかけます。そして、子どもたちと交渉しながら、課題づくりの条件とし
て、「折り紙の枚数（わられる数）は九九81よりも大きい」を設定します。働かせるべき見方・考え方が外れない問題場面を整えるためです。

図5－1は、実際の学びの様子です。教室はオープン、通路側には自由に使えるスペースがあります。電子黒板機能付きのプロジェクターがあり、教員・子どもともに全員の課題を共有できる学習支援ソフトがインストールされた情報端末を一台ずつ持つ環境です。

こうした環境ですから、医療的ケアや感染症、何らかの心理要因を理由に登校がむずかしい子にも、オンライン参加という選択肢があります。視覚障害や記号処理が苦手な子、聴覚障害や音声処理が苦手な子、日本語指導を要する子ならコミュニケーション支援ソフトを使うことで、肢体不自由の子なら例えばテレロボティクスを使うことでみなと共に学びを進めることができます。「人生一〇〇年」時代を考えれば、学習内容によっては一〇〇歳の高齢者が、「計算機自然」時代を考えれば、教員や子どものサポートのみならず、育成途上にあるAIロボットが共に学ぶこともあるかもしれません。

誰もが、いつ、いかなる状況でも、自分なりに、そして、みんなと共に学べる「フ

ル・インクルージョン」の学校。そう遠くない未来の姿に想像を膨らませつつ、学習者と探究課題の「往還的研究」をもって子どもたちに寄り添っていく。そうすると、「82÷2にしたら答えは半分の41だって分かるから、計算の仕方も考えられそう」といったように、逆思考を働かせながら自分のやりやすい数を入れ、徐々に自信をつけていく子がいるかもしれません。被除数がさほど大きくないこの時点では、除数をひたすら加算していく考え方が一番確実と考える子もいるでしょう。仲間の問いも解きながら自然と課題を発展させ、3位数（以上）÷2位数（以上）を設定する子も想定できます。課題、解決の見方・考え方ともにバリエーションが生まれ、一人一人が選べる土台が豊かになり、相互の触発が起きやすくなることも期待できます。

展開の時間配分はどうでしょうか。導入で課題づくりの条件を整える五分弱、終末の明示的指導と自分なりの振り返りをする一〇分弱、さらに、状況に応じて見方・考え方を意識させる後追いのポイントレッスンを挟むとしても三〇分は探究に充てられます。これだけの時間と課題・解決方法の選択肢があれば一人一人の違いが許容され、教員は、そのことで起きる子どもたちの変容に驚くことになります。

「今までやろうとすらしなかった子が！」

「自信がなくて引っ込み思案だった子が‼」

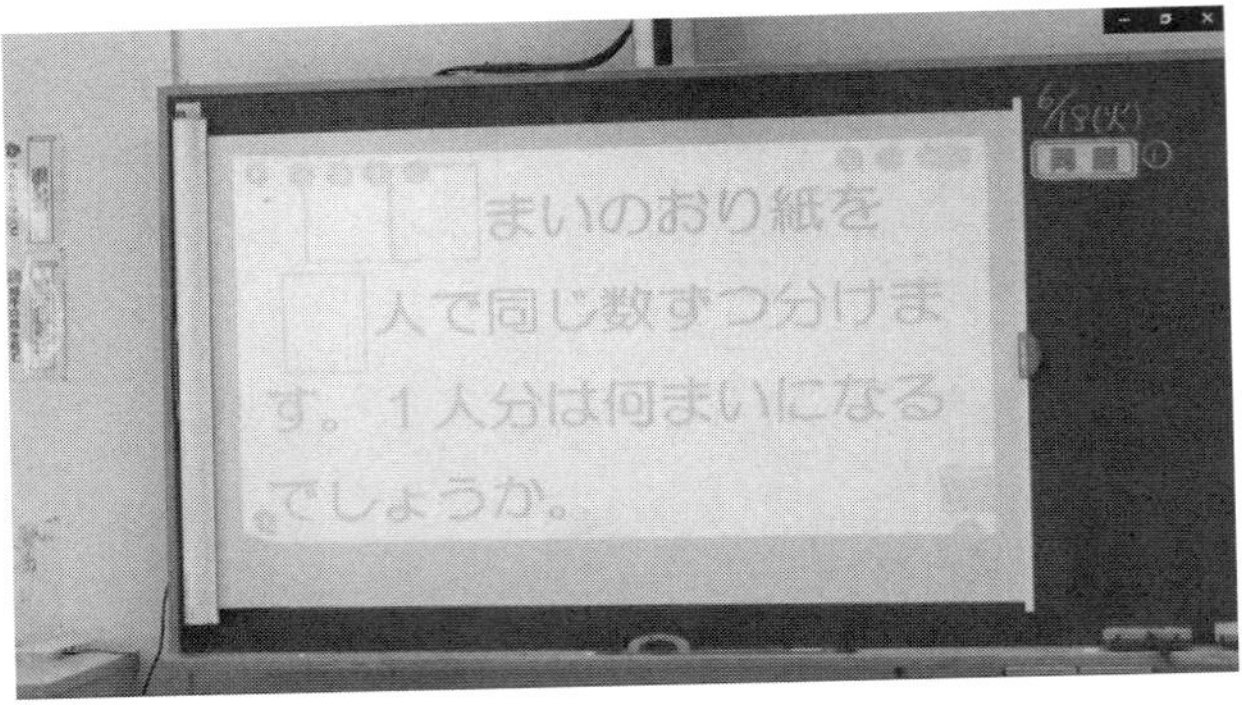
6/18(火)
問題
まいのおり紙を
人で同じ数ずつ分けま
す。１人分は何まいになる
でしょうか。

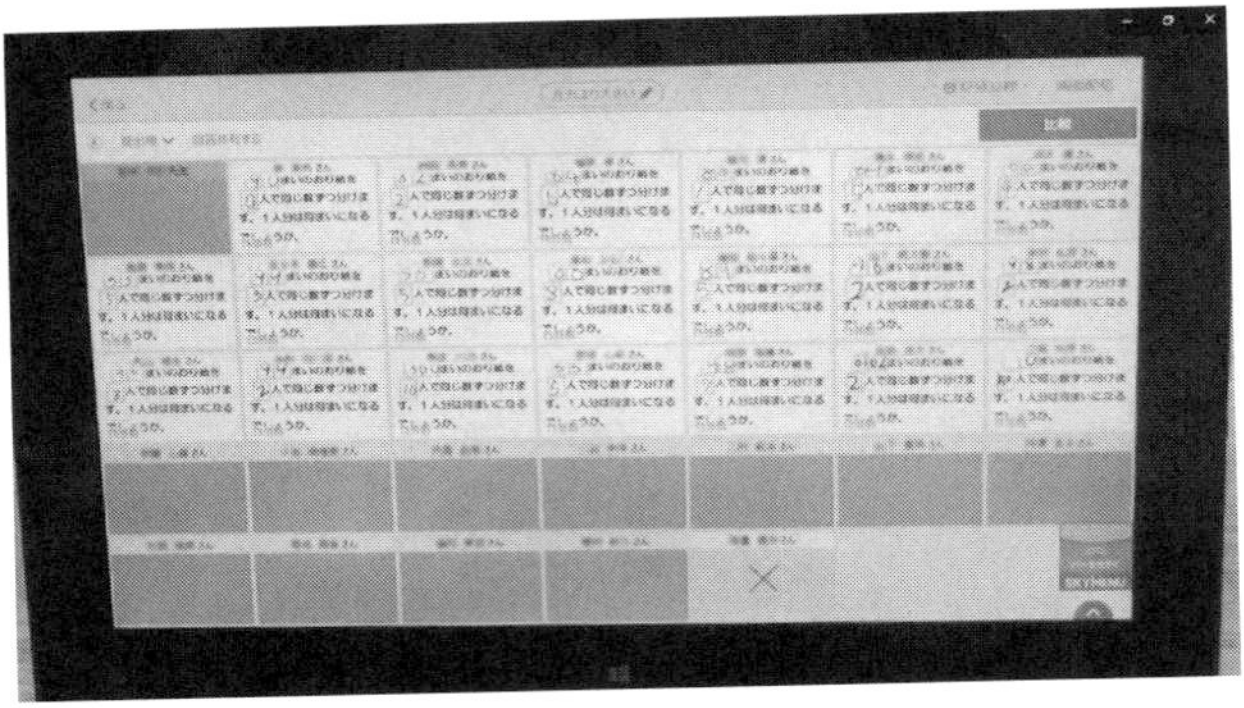

図5－1　学びの様子①：ICT環境を活用した課題の作成と共有場面（著者撮影）

「算数が大っ嫌いだった子が!!!」

多くの子どもが、見違えるほど主体的になった姿を見て悦ぶ声です。さらに、「自分でつくった課題や仲間のつくった課題のほうが、明らかに意欲的で探究も持続する」「どんなときに、どんな仲間と、どう協力したらよいかという学び方としての協同が育つ」「だからこそ、特別な教育ニーズがある子も含め、いろいろな子がいるほうが集団全体としても一人一人としても学びが豊かになる」といった感想も聞こえてきます。「真」の「主体性」と「多様包摂性」、自ら学び共に成長するための「学び方」が育まれていくことを十分に期待できる姿です。

イ　学びの構造転換のステップ3

このように、学びの構造転換の最初の二ステップは、ＩＣＴのわずかな活用で、現行制度内にもよい公教育に近づく可能性が十分に残されていることを教えてくれます。

ただし、このやり方には、ステップ3にも関係するいくつかの補説が必要です。そして、このことの理解には、わり算の系統性や単元配列に基づいた次のような批判への応答を考えることが役に立ちます。

「これでは、82÷4のようにこの先の単元に配列されている『あまりのあるわり算』を設定できてしまう」

「92÷4のようにしたら十の位が整除されず、学習内容の系統上四年の『わり算の筆算』の導入で扱う繰り下がりのある計算になる」

特に後者は、いわゆる「学年前倒し」です。そもそも、

「これで本時の目標が達成できるのか。ワークテストもできるようになるのか」

といった疑問もあるでしょう。

これらの批判や疑問は、学びの構造転換で目指す主体性や多様包摂性、学び方の育成と、教科等の特質を押さえた学習が両立するのかという問いに整理できます。仮にできるとしても、子どもによっては、自分で決めた「学びたい」の中に、内容の系統・単元の配列上で先に位置する「学ばなければならない」ことが自然と入り込んできます。それをどう扱えばいいのかという学習評価も問題です。

一つずつ考えていきましょう。まず、学習評価についてです。

学習評価は、やり方しだいで目標の達成にも大きな影響があります。例えば、技能の修得状況を評価する材料にワークテストを使うとして、これを一斉一律に実施すればどうで

しょう。問いが生まれるタイミングも、解決の程度も、協同の必要感もすべて異なる中で一斉一律に授業を展開するのと同じく、子どもによってはみんなと同じように「できない」ことを確認するだけの機会になります。

そこで必要になるのが、「ステップ3：学習評価を個別化・多様化する」です。算数科の内容は学習指導要領上で一学年ごとにくくられ、成績票の作成や評価規準の設定は校長に裁量があり、指導要録の作成のみが法定なのだから、修得状況は、「活動ごと、時ごと」ではなく、「単元を通して、一人一人のタイミングで」評価していくという考え方を基本にすればいいし、その一環として、詰まるところ、一年度間のどこかで、しかも個別に評価すればいい。もっと現実的には、

「しっかり計算できる自信がついたら、ワークテストに挑戦しよう！（何度でも挑戦可）」

という条件を単元の始まりに伝えておけばいいし、その実施方法についても、テストが紙のみなら個別の学習スペースで、電子化されているならタブレット端末で、など、多様なやり方が考えられます。後者の場合、学習履歴をeラーニングやeテスティングと一体になったeポートフォリオに蓄積し、ブロックチェーンなどの分散型台帳技術で卒業後にパスポートのように活用できる未来にも想像が広がります。

では、さらに現実的に考えて、82÷4や92÷4に取り組んだ子どもたちを、当該の時内

で評価したい場合はどうでしょう。それは、ステップ3を補足する考え方として、「全員が完全修得を目指す内容」と、それを超えて「一人一人が内発的に発展した内容」を区別すればいいだけです。

前者には、69÷3を例題とする本時の目標が該当し、観点は「知識・技能」で修得状況を評価します。一方、後者には82÷4や92÷4などが該当し、「主体的に学習に取り組む態度」を観点に探究意欲を評価できます。両者に共通するのは「思考・判断・表現」であり、この観点では、「位分け」「乗法九九の二回適用」という見方・考え方を見いだすその子なりの思考過程を評価します。

子どもによっては、「余り」を知らないがゆえに82÷4の計算の仕方につまずき、「8(0)だけは4で割れるんだけどな……」という位分けの原初的な気づきをもって課題を84÷4に修正、そこで乗法九九の二回適用を見いだすかもしれません。この延長で仲間を集めて協力し、92÷4を解決する子どもたちも出てくるでしょう。しかし、その場合であっても、教員があらかじめ計画して学習内容を前倒ししたことにはなりません。何より、「自立的・協同的で探究的な学習者」を育成するとの目標からすれば、こんなに嬉しいことはないはずです。

子どもたちは、こうした学びの経験を積み重ねていくことで、「学びを進めるのは自分たち」という確信を自然と抱くようになります。「できるようになる」悦びはもちろん、それ以上に「みんなで探究する」楽しさを感受していきます。「違う」からこそ面白いという感覚が芽生え、だからこそ、四五分が終わっても共に探究することを止めません。

そうしてついに至るのが、

「いつの間にか、全員ができるようになっていた」

という、宿題や補習を教員が与えることすら（ほとんど）不要になる状態です。

本時の目標が十分に達成されたことを証明するこの発言は、学びの構造転換にチャレンジした教員の感想の中で私がもっとも強く印象に残っているものです。学校教育の本体を真の主体性と多様包摂性で満たした一つの姿であり、前者を「いつの間にか（できるようになっていた）」が、後者を「全員が（できるようになっていた）」が象徴しています。

「課題づくりの幅を広げることで、発展課題にみんなで挑戦することが楽しみになり、結果的に、今学ばなければならない内容がよりよく理解できたり、定着したりする子も多くいます」

「協同する相手の選び方も、最初のうちは『安心』を求める『仲良し』、そこから徐々に、『支え合い』『高め合い』を求める『学習課題（の内容）』に変わっていきます。だからこそ、特定の子どもだけが孤立してしまったり、同質性が高いペアやグループばかりができてしまったりするようなこともありません」

教員の存在があるとき不要に思えるほどの子どもたちの成長は、「本当の意味」での働き方改革が実現した姿として目指すべきところです。

ウ　現行制度の可能性

私たちは、こうした姿を目にするたびに、子どもたちの可能性に蓋をしていたのは他ならぬ自分たちであることに気づかされました。あらかじめ細かく丁寧に教えることで、主体性の源となる自己決定性を減じ、同じようにできない子を分け隔てることで、人との「違い」が「自分にとっての強さ」と「誰かにとっての優しさ」に育ち上がる協同が生まれる機会を奪っていた側面があることを、強く自覚するに至りました。

わり算のたった一時間でも、現行制度内にこれだけの可能性が残されています。自分たちがばらばらにつくったどの課題でも解決できることが分かれば、見いだした見方や考え方の一般性に対する確信はとても強くなるでしょう。そして、先行経験（既習事項を含む）と意味・価値があるように関連づけながら見方や考え方を帰納していくこうした探究の過程は、子どもたちにとって人類が数学を発明した過程の追体験にもなるのです。

問題解決の基礎となる知識や技能もまた、人がつくったものである以上、反証の可能性に開かれている。その確信は、既定の枠内で論理的に思考する力を超え、自分なりの「創造力」を育むことにもつながっていきます。ＡＩドリル学習の技術革新もあって、情報端末で基礎・基本の学習を個別化したり、授業外で行うようにしたりする際には、このわり算の事例がもつ意味や価値もぜひ考慮してみてください。

（３）学力テストから学力調査へ

ア　学びの構造転換のステップ＋１

じつは、ここまでの事例は、私を訪ねてくださったＳ中学校の方々に紹介したものです。その意図は、杉並で目指している学びの在り方を知っていただきたかったことでした。杉並の学校が使う「学力向上」という言葉の中には、学びの構造転換の考え方を含んでいる場合が多いことも理由です。

もちろん、これで終わりではありません。学びの構造転換の＋１ステップが残っているからです。そして、この話にさしかかると、私は決まってある学びの様子を見ていただき、その印象について問いかけることにしています。

「例えば、学校公開でこんな様子を見かけたら、どう思われますか？」

図５－２に示したのは、先のわり算の事例で、子どもたちが自分の課題をつくって思い

図5－2　学びの様子②：課題解決を目指して探究している場面（著者撮影）

思いに探究を始めた直後の様子です。

「事例紹介を聞いてすごく楽しそうだと思ったし、やる気や自信、根気強さなどもバランスよく育まれていく学びだと思った。この様子も、一人で学ぶことや誰かと協力して学ぶことが選べるのは分かるけど、床に座って勉強ってどうなんだろう……」

賛否が分かれるところです。経験則の範囲を出ませんが、教員や保護者といった別なく、就学前から校種が上がるにつれて否定的な意見が多くなる傾向があるように思います。

しかし、この様子は、裏返せば、子どもたち一人一人が必要とする学びの場が異なることを表しています。とすれば、「1～3と並行する」という意味での+1は、「ステップ+1：環境構成の主体を委ね、教員は支援者・共同探究者となる」です。

「こんな教室だったら楽しそう！　私たちも学校に

行くのが楽しみになる!!」

この感想は、図3－4に示した「教室リフォームプロジェクト」の例をお見せしたときのものです。教科を中心とした学び、学級での生活双方で子どもたちが十分主体になれば、自分たちの環境を自分たちでつくる必要に気づきます。それが、「徳」の感度を底に敷きつつ「美」の感性を鍛え合うことや、「集合的効力感」を育むことにもつながる。そして、言うまでもありませんが、教室にさまざまな学習スペースができれば、「床で勉強」状態もおのずと解消されます。

私は、この時点で、「学力向上」のイメージを刷新していただけたと判断しました。そこで、

「じゃあ、先生方のチャレンジを、学校運営協議会が中心になってぜひ応援してあげてください。『みな違う』が当たり前になれば、いじめや不登校にも予防的に働くし、教員や専門人材による特別な支援が必要なくなる子も出てきますから」

と伝え、話を一区切りします。S中学校のみなさんからは、

「早速、来週の学校運営協議会で話題にしよう！」

との応答をいただいて、懇談の前半が終了しました。

さて、ここから、杉並独自の学力調査が話題になります。先に要点を述べれば、つまりこうした学びの構造転換の実現に資するように調査が設計され、結果が処理されているということです。

イ　杉並独自の学力調査

ここで、一つ、説明を補足しておきます。

S中学校は、小中一貫の組み合わせ校関係にある小学校二校とともに、「学びの共同体」[60]の実践研究に取り組んでいた過去があります。二〇一五・一六（平成二七、二八）年度を指定期間とした算数・数学科を中心とするもので、協同を指示・固定していたことから学びの構造転換の考え方とは異なるものでしたが、親和性を感じられたのか、懇談後半は当時の振り返りから始まりました。

そこでみなさんに紹介したいのが、図5―3―1に示したS中学校の二〇一六（平成二八）年度の学力調査結果です。杉並の調査のうち教科等に関する内容は、五月実施の関係もあって前学年を範囲としています。小学校では中学校の指定期間前からペアを学習形態の核として算数に取り組んでいましたから、この調査結果には、その成果を引き継ぎS中学校が取り組んだ研究一年目の実践が反映していると考えてください。

バブルチャートは、一バブルが一中学校を表しています。横軸に「区平均・標準偏差か

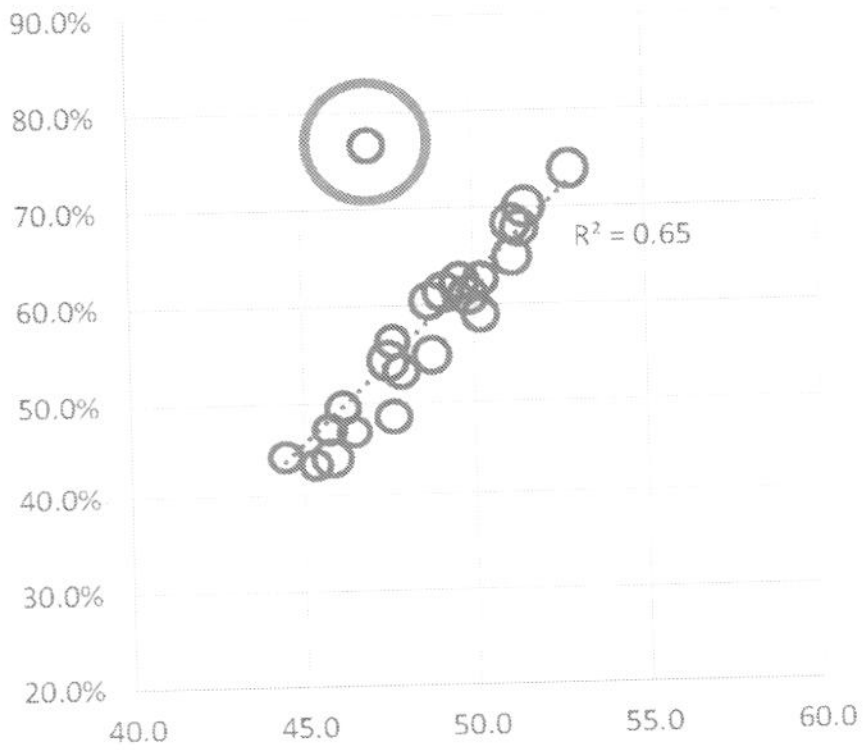

①3教科平均

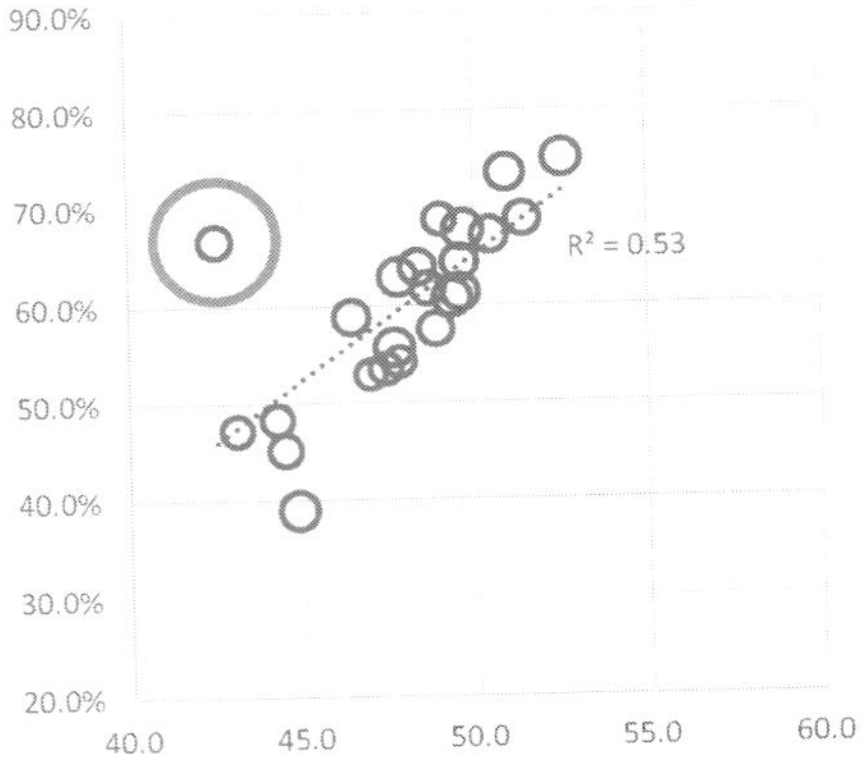

②国語科

図5－3－1　杉並区立Ｓ中学校の学力調査結果（平成28年度、中学校第2学年）

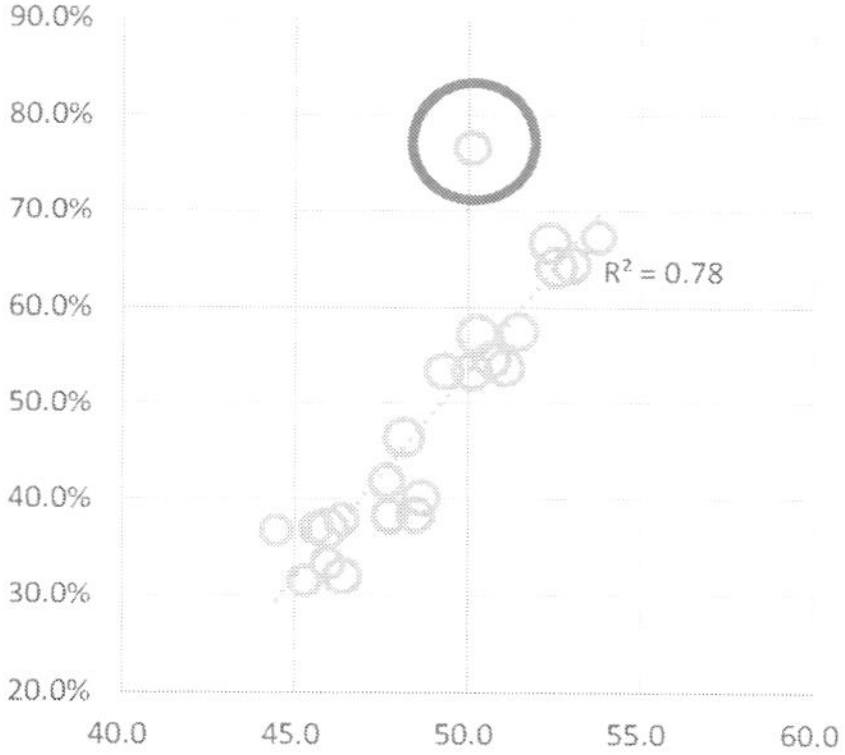
90.0%
80.0%
70.0%
60.0%
50.0%
40.0%
30.0%
20.0%
40.0
45.0
50.0
55.0
60.0
R² = 0.78

③数学科

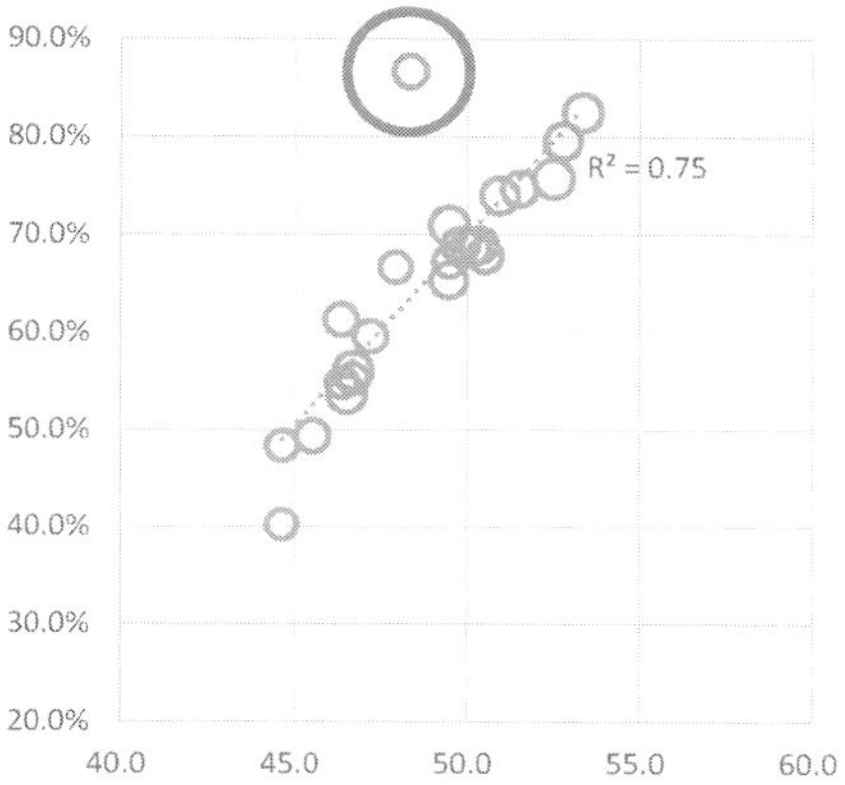
90.0%
80.0%
70.0%
60.0%
50.0%
40.0%
30.0%
20.0%
40.0
45.0
50.0
55.0
60.0
R² = 0.75

④外国語科

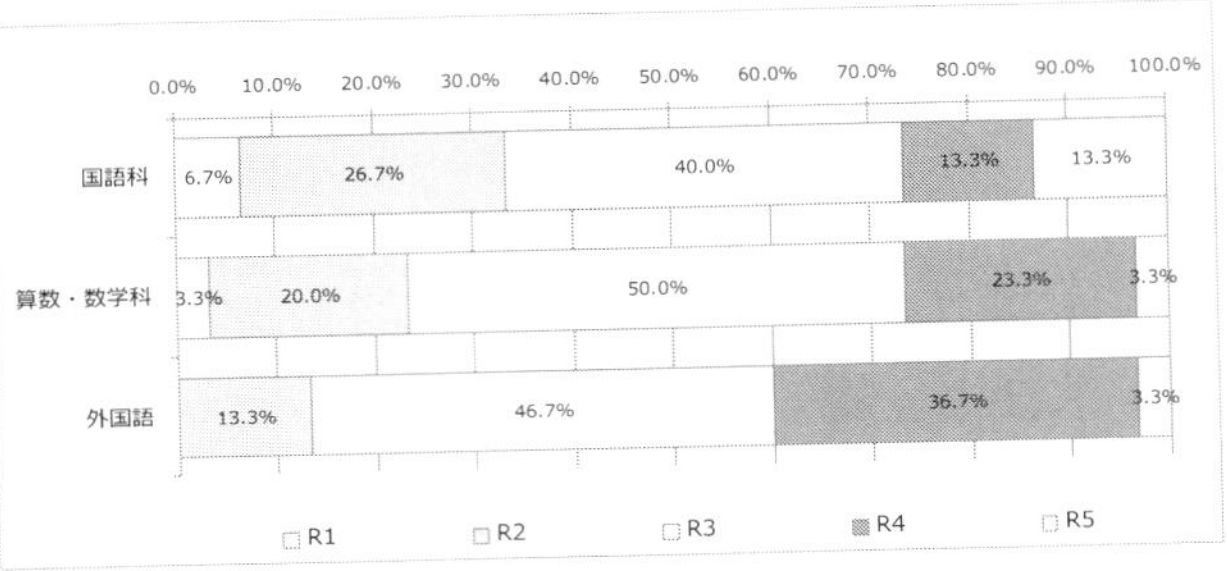

図5－3－2　⑤学習指導要領の実現状況（学力段階R）

ら算出した標準得点（偏差値）の平均」、縦軸に「R3以上の割合」、バブルサイズには「塾・家庭教師等を利用している生徒の割合」をプロットしています。このうち、円で囲んだバブルがS中学校です。

すぐに分かるのは、例えば①3教科平均で見た際、横軸＝得点の平均では中下位にもかかわらず、縦軸＝R3以上の割合では最上位なことです。研究の中心だった③数学科は縦軸で突出して最上位であり、教員主体の一斉教授から学習者主体の協同ベースに転換しただけでも図5－3－2が示すように⑤R3＝五〇パーセント（15人／30人）と厚い中間層が生まれたことにポイントがあります。なお、この考察は、通塾等を十分考慮したうえでのものです。

こうした調査結果を解説していくと、話はがぜん盛り上がっていきます。

「協力したり、困ったときに人を頼ったりできる環境がいつもあったほうがいいんですね」

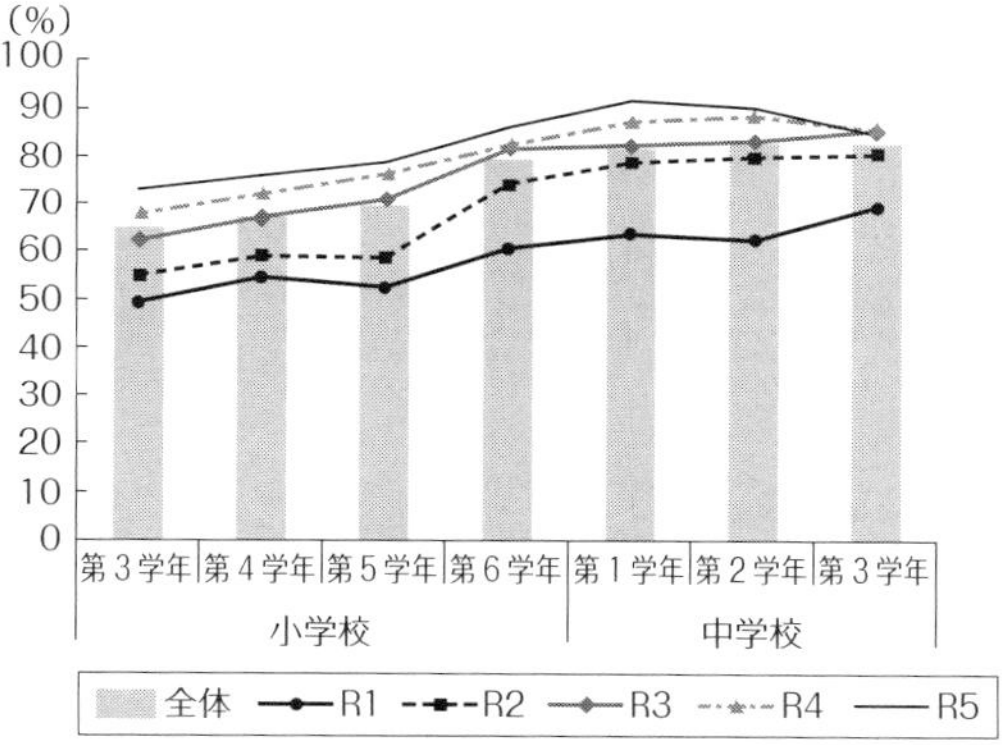

図5-4 「協同の学び」に関する調査結果（令和元年度）

「そういえばあの子たち、男の子も女の子もとっても仲良かったよね」

「卒業式の雰囲気も他とちょっと違ったよね」

一日の大半を支え合いながら過ごしていたわけだから納得です、とコメントしたところ、大きくうなずかれていました。

S中学校の事例は、協同が、課題解決やつまずき・学び残しの予防・解消の手段としてのみならず、「共に生きる」ことそのものを学ぶ機会となり、学校生活全般に派生していくことの証左にもなります。ただし、学びの構造転換の考え方に基づけば、すべてを協同にすればいいということにはなりません。その必要は、一人一人に異なるという前提に立っているからです。

実際、図5-4に示した「授業中、ペアやグループで活動したり話し合ったりする時間が多くある」の結果を参照すると、学力段階間に明確な差があります。学年全体の肯定率こそ小三の六五パーセントから小六の八〇パーセントまで上昇が見られ、中一から中三でも八〇パーセント強であるものの、段階別、ひいては個々に調査結果を考察する必要を強く訴える結果です。

ウ　学力調査と学力テストの違い

ここまでの事例からも分かるとおり、基礎自治体が実施する学力調査は、競争選抜で受験者をふるい落とすことを目的としたものではありません。すでに述べたように、

「学び方の基礎となる最低限の学力が身についているかどうかを確認する」

「教員が子どもたち一人一人のことを考える」

「教員、保護者、地域等関係者のコミュニケーションツールとする」

といったことに結果を活用することを前提として調査を実施します。「ペーパーテストができる／できない」の内実もそれほど単純ではなく、再び図2‐4を参照すれば、学校外教育機会の利用が学習状況に影響していることも明らかです。参考に、簡易な分析として、学校周辺の住宅地三点ほどの地価[61]を平均して「学区周辺地価」とし、これを経済資本の代理指標としてR3以上の割合と相関係数を算出すると、杉並では、毎年度、小学校

（第三学年国語）でr=.60、中学校（第一学年国語）ではr=.40くらいの値になります。東京都内の四九区市における平均正答率と一人当たり区市町村民税収額の関係も前章で示したとおりです。

こうした経済状況の影響までを考慮したうえで、義務教育段階で子どもたちに保障すべき学力が育まれているかどうかを問う。そして、それをもとに、必要な施策や手だてを考える。杉並独自の指標である学力段階Rは、S中学校の調査結果に例を見るように、平均値のみで考察していては決して分からない実態を明らかにします。協同の学びをはじめとした質問紙調査項目も、学力段階Rとのクロス集計により、各章において、学びの構造転換の実現に資するさまざまな考察を提供してきました。

「一点の差を競う」という意味での学力テストとは異なる、杉並独自の学力調査。以下では、その設計の考え方と結果処理のやり方を解説していきます。

ア（調査の内容）全ての杉並区立学校児童・生徒に、幼児教育を基礎とした義務教育を通じ、学び方を本質とした人生と社会の基盤となる学力を確実に育む観点から、①基礎的・基本的な知識及び技能の習得状況、②知識・技能を活用して課題を解決するために必要な思考力・判断力・表現力等の育成状況、③主体的に学習に取り組む態度や個性を生かした多様な人々との協同に関する自己意識等を把握する。
イ（結果の活用）調査結果は、公教育の持続的な構造転換を実現するための基礎研究の一環として、①児童・生徒が自らの学びを振り返り、成長の糧とすること、②教員が教授・支援・共同探究や評価の行為を省察し、多様な人材との協働や施設・設備の応答性を基盤に個別に選ぶ・探究に浸る・協同して共に生きる系統的で連続的な学びの実現を図ること、③教育行政が行財政施策としての人材と組織、施設・設備等から支援する学びを評価し、実情に応じた学校づくりと学びを通じた共治のまちづくりを支援すること等に活用する。

表5－1　杉並区「特定の課題に対する調査、意識・実態調査」の実施目的

2　外在を乗り超える

（1）学力調査の設計

ア　学力調査の実施目的

杉並区の学力調査は、「教科等に関する調査」と「意識・実態調査」から構成され、それぞれ、認知能力＝学力、非認知能力＝社会・情動能力の測定を試みています。表5－1には、「平成三一年度杉並区『特定の課題に対する調査、意識・実態調査』報告書」[62]から、調査の実施目的を示しました。

前章までの内容は、制度設計の考え方のキーワードを中心に多くが目的の構成要素になっています。望ましい学びの在り方だけでなく、その支えとなる人や場の在り方を踏まえて調査内容と結果の活用方法を方向づける。各章で議論に即したデータが常に存在したのは、こうした理由によります。

調査の実施目的として特に強調しておきたいのは、冒頭で「全ての杉並区立学校児童・生徒に」と明記していることです。これは、学力調査をよりよい公教育のための政策統計として活用する以上、「普遍意志」に基づく「普遍福祉」に資することを徹底して企画・実施することを宣言するものです。

イ　学力調査の設計の考え方

その具体を、従来型の調査と対比しながら、順を追って説明します。

紙面を用いた学力調査は、基礎から活用までを内容に、一単位時間で、一斉に実施する場合、一般に、一五問から二五問程度で構成されます。端的に言って、このような条件の調査で結果の数点（％）の差を問題にしても、教育的な意味はほとんどありません。「教育的な意味」とは、もちろん「普遍意志に基づく普遍福祉に資する」ことです。

その理由は、「少なく見積もっても一〇パーセント程度は誤差」と言われる紙面を用いた学力測定の限界にあります。選択肢で回答する設問の場合、仮に四択であれば、出題趣旨とした資質・能力を欠いても四分の一の確率で、正解がないものでも五分の一の確率で正答することができます。こうした誤差を考えれば、一単位時間で行う一斉一律の、しかもたった一回のテストで選抜や評価を行うことがいかに教育的な意味に乏しいかが理解できるはずです。

つまり、学力を測定する「能力尺度」は、長さや重さを量る「物理尺度」とは異なって解像度が低く、尺度上の一単位の差＝測定対象の明確な差という前提が成立しないのです。尺度水準としても、大小関係のみに意味がある「順序尺度」が適用されます。テストの得点は、本来、加算して平均値を算出するような計算手続きには乗らない性質のものであり、入試などで慣例的に行われている「評定１＋４＝計５の人と評定２＋３＝計５の人は能力が等しい」という見なしも、原理的には妥当でないということです。

そこで、一単位時間で行う調査の現実的な役割が見えてきます。結論から言えば、被調査者の学習状況をざっくり三段階から五段階に分けることです。しかも、この段階分けで学習指導要領＝目標の実現状況を表現できれば、「義務教育段階で保障すべき学力水準に到達している児童生徒は◯◯パーセント」というように、すべての子どもを考察対象にすることができます。これがどこで教育的な意味をもつかと言えば、「ＫＰＩ（Key Performance Indicator）」を導出する場面です。

仮に、学力テストの平均得点が向上したとしても、例えば大型集合住宅の新築もあいまって学校外教育機会を利用する子どもの割合が増え、その背景には、相対的に恵まれた経済状況があっただけかもしれません。微細な変化は測定誤差の可能性もあり、そもそも平均値は、何らかの絶対的な基準がない限り、相対評価をするか自己内評価をするしか考察の方法がありません。

こうした問題は、学力段階RをKPIとすることでクリアーできます。そのことは、S中学校の調査結果の考察を例とすれば明らかでしょう。経済状況一つをとっても、そのいかんですべての子どもに保障すべき学力水準が変わるわけではないし、教育委員会としても、重点支援を行う対象や資源の傾斜配分の度合いが明確になるからです。

調査の開発経緯をざっと記しておくと、テスト理論としては、当初は①古典的テスト理論を、二〇〇六（平成一八）年からは②項目反応理論を、〇八（平成二〇）年からは③ニューラルテスト理論を採用していました。①、②は、値の等間隔性を前提し一点の差に意味をもたせる「連続（間隔）尺度」に基づくことから、早々に適用を止めています。③は順序尺度による段階評価こそ可能だったものの、むずかしかったのは、計算メカニズムの説明でした。

詳しい説明は省きますが、ニューラルテスト理論は、「生成トポグラフィックマッピング」や「自己組織化マップ」によって順序性のある能力段階を推定します。こうした計算メカニズムの内実が十分に分からなければ、算出された結果の教育的な意味も十分に理解できません。それは、区民や議会に対する調査のアカウンタビリティにも関わる問題です。

そこで、例えば「R（ank）3」という結果が出たときに、「知識と技能の設問には正答できたけれど、思考・判断・表現が十分でなかった」「義務教育で保障すべき、基礎・基本という意味での最低限の学力は身についている」「目標は、すべての子どもがR3以上になること。現状では、つまずきのあるR2や学び残しの多いR1の合計割合が○○パーセントである」といったように、誰でも直観的に評定メカニズムが分かり、それが、そのまま学習者や学習集団の学習状況の理解につながる調査をつくりたい。

そう考えたことが、私が調査を根本から設計し直すきっかけになりました。

こうして開発したのが、R1からR5の五段階、R1・2、R3、R4・5の三段階、R3以上と以下の二段階の評価ができる学習状況の評定＝学力段階Rという指標です。二〇一二（平成二四）年から運用を開始した調査の設計を支えるこの考え方は、連続尺度・相対評価型の調査（テスト）との対比も含めて図5-5に示しました。学習指導要

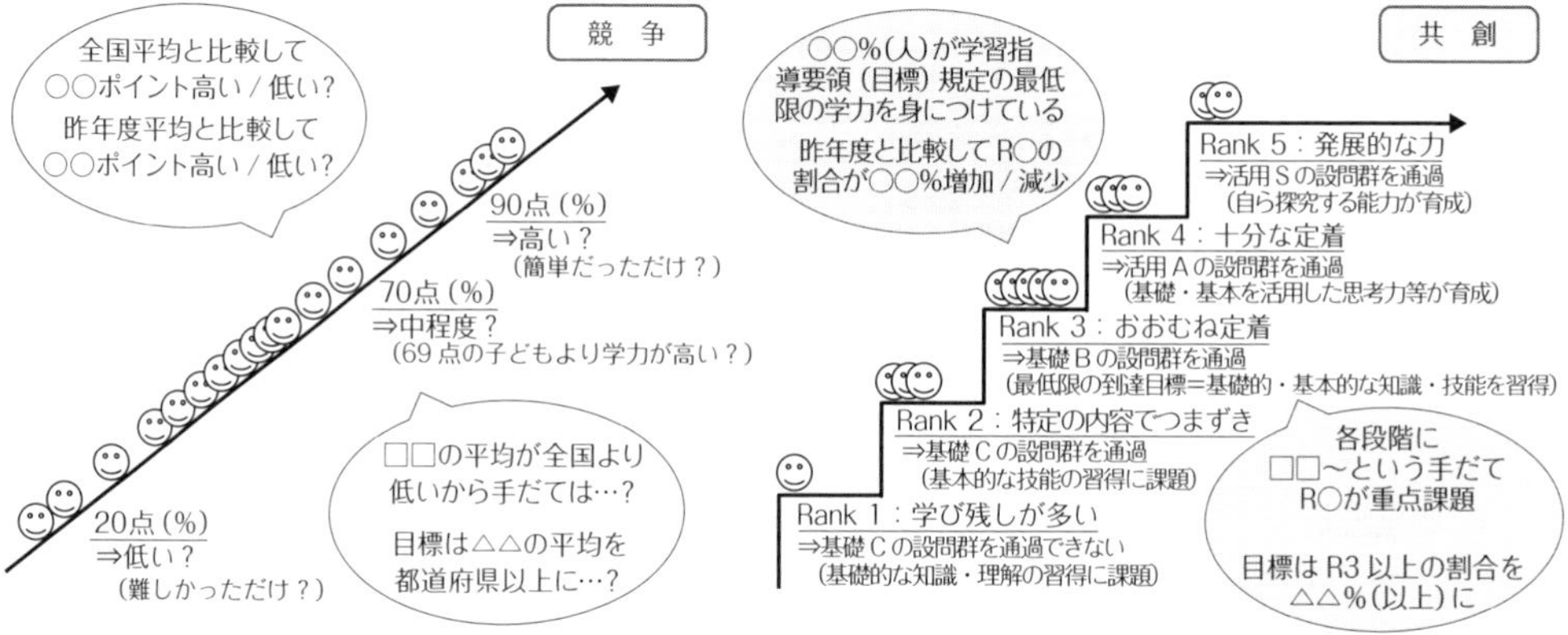
競　争
全国平均と比較して
○○ポイント高い / 低い?
昨年度平均と比較して
○○ポイント高い / 低い?
90点 (%)
⇒高い？
（簡単だっただけ？）
70点 (%)
⇒中程度？
（69 点の子どもより学力が高い？）
20点 (%)
⇒低い？
（難しかっただけ？）
□□の平均が全国より
低いから手だては…?
目標は△△の平均を
都道府県以上に…?
共　創
○○%(人)が学習指
導要領 (目標) 規定の最低
限の学力を身につけている
昨年度と比較して R○の
割合が○○%増加 / 減少
Rank 5：発展的な力
⇒活用 S の設問群を通過
（自ら探究する能力が育成）
Rank 4：十分な定着
⇒活用 A の設問群を通過
（基礎・基本を活用した思考力等が育成）
Rank 3：おおむね定着
⇒基礎 B の設問群を通過
（最低限の到達目標＝基礎的・基本的な知識・技能を習得）
Rank 2：特定の内容でつまずき
⇒基礎 C の設問群を通過
（基本的な技能の習得に課題）
Rank 1：学び残しが多い
⇒基礎 C の設問群を通過できない
（基礎的な知識・理解の習得に課題）
各段階に
□□～という手だて
R○が重点課題
目標は R3 以上の割合を
△△%(以上)に

■ 多くの学力調査の設計理論【相対評価・連続尺度型】　■ 杉並区の学力調査の設計理論【絶対評価・順序尺度型】

図5－5　杉並区の学力調査に関する設計の考え方（設計理論）[63]

領に準拠して学力段階を算出していますから、教員の評価・評定を補正する役割も担うことができます。

加えて、学力段階Rを用いれば、他の学級や学校、自治体の平均値との比較は必要なくなります。各段階の割合やその増減のみで目標に準拠した絶対評価を行い、普遍福祉に照らして現状を把握できるからです。また、直観的に内実を理解できる指標であることから、これをコミュニケーションツールとすることで、教員、保護者、地域等関係者といった違いを超えて以後の取り組みに関わる普遍意志にも迫ることができます。その際、「R3には□□の手だて」といったように結果と手だてとの対応関係が明確になることで、調査のアカウンタビリティが向上することも特筆すべき点です。

(2) 学力調査結果の活用例

ここで、杉並区の教科等に関する調査について、結果の活用例を紹介します。

ア 教員一人当たりの最適な児童(生徒)数に関する調査結果の活用

最初の例は、

「教員一人当たりの児童(生徒)数は、二四名を標準とすることが望ましい」

という私の仮説を支えるデータ分析です。教員の公正な仕事を確保し、学びの構造転換を実現することで本当の意味での働き方改革を目指す。そのためには、「定数崩し」と同じ轍を踏まないようにチーム学校や地域と共に在る学校を実現するとともに、教員一人当たりの児童生徒数を最適規模化する議論が不可欠です。

周知のように、前章でも言及した義務標準法は、二〇一一（平成二三）年の改正で小学校第一学年の学級編制基準を四〇人から三五人に引き下げました。続く一七（平成二九）年の改正では、通級指導学級、日本語指導、初任者研修、少人数指導に関する基礎定数も新設されています。ここで押さえておくべきは、こうした改正の目指す先が、教員数を「児童生徒の人数×児童生徒一人に費やす教務の時間」を基準に算定する制度にあることです。

詳述しませんが、教員数の算定が「学級数」を、より正確には、「児童生徒数・学級数・学校数」の三本立てを基準にしたことは、戦後の厳しい財政状況から「やむを得なく」でした。[64] しかし、例えば一学級が三〇人と二〇人とでは、教員の負担がまったく違います。何より、一人一人の違いを始発点とする学びの在り方を実現しようと思えば、教員数の算定基準は児童生徒数を根幹とすることが望ましいとの結論に至ります。

その実現のために必要なのが、制度改編のロードマップで目標となる、「教員一人当た

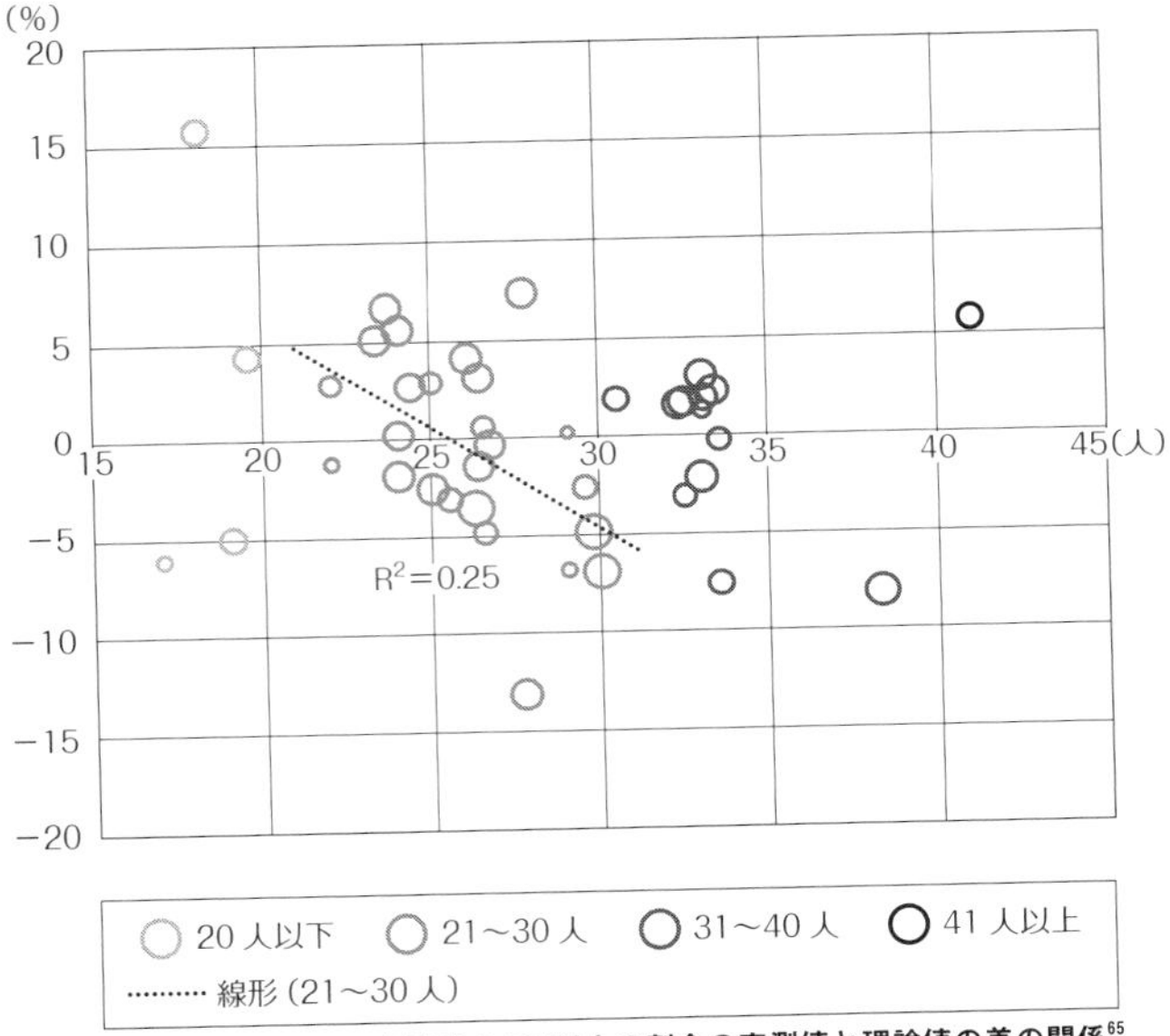

図5－6　教員1人当たりの児童数とR3以上の割合の実測値と理論値の差の関係[65]
R3以上の割合の理論値＝学区周辺地価＋学習時間（休日・自学習）＋教員経験年数＋教員指導力＋他者からの受容感、n=42

りの最適な児童生徒数」の算出です。そこで、図5－6には、一サンプル＝一小学校とし、横軸に「教員一人当たりの児童数」、縦軸に「学区周辺地価＋教員経験年数＋教員指導力＋他者からの受容感」から予測した「学力段階R3以上の割合の実測値と理論値の差（実測値－理論値）」をプロットしたグラフを示しました。対象学年・教科は小学三年生で国語科、バブルサイズには「学級数（一～四学級）」を表現しています。

実際の分析は、「構造方程式モデリング」という多変量解析の手法で、もう少し厳密な推定をしています。ここでは、直観的に傾向を見取っていただけるよう、バブルチャートで両変数の関係を表現しました。なお、義務教育で保障すべき最低限の学力＝R3に達している児童の割合が指標であることに留意してください。この分析を平均得点で行わないところに、従前の研究とは異なる点があります。

着目してほしいのは、横軸で二一人から三〇人のレンジ（n＝25）です。教員一人当たりの児童数が増えるほど縦軸の値が低下する傾向が認められ、二一人ではおよそプラス五パーセントだったところ、三〇人ではマイナス五パーセントになります。つまり、このレンジでは、緩やかにではあるものの、学級規模（教員一人当たりの児童数）が小さいほど、つまずきや学び残しのある児童の割合が低い傾向が認められる。実測値が理論値を下回る傾向がはっきりするのは、二五人を上回るあたりです。

この解析結果を示して杉並区立小学校の教員にインタビューをしたところ、日常の評価や学期末の所見書きは、二〇人台半ばが過負担なくできるという意見が多くありました。仮に二四人であれば、グループ活動の基本単位とすることが多い三人と四人の公倍数になります。また、二四人であれば、現在の教室設計でも、さまざまなスペースやコーナーを作るリフォームが密度的な余裕をもってできるとの意見もありました。学びの構造転換を十分に実現するための児童数は、その標準をこのあたりに定めることができそうです。

さらに言えば、オープン型の教室で学年に二学級あれば「教員二人－児童四八人」となり、さほど無理がない集団規模で教員が日常的に協働する体制を整えることもできます。学年学級制を前提とし、さまざまなリスクを想定して公立小学校の標準を定めるとすれば、学級替えによる関係の流動性を確保する観点からも、学年を複数学級で編成することが望ましいという考えに至るでしょう。

そこで、私は、最適な教員数や学習集団の規模、さらに、学校の適正配置（統廃合）を考える際には、みなで議論するための仮説的な始発点として、さしあたり「二四人×二学級」を学年の標準（下限）とする提案をしています。ただし、サンプルサイズが四二学校（一〇五学級）で学年・教科ともに限定されているため、分析もまったくもって十分ではありません。二四人はあくまで「仮説」であり、中学校にそのまま適用できないことをはじめ、一般化には相当程度の留保が必要であることに注意してください。

イ　コミュニケーションツールとしての調査結果の活用

以上は、主に政策的な意思決定に関わる活用例でした。そこで次は、教員や保護者、地

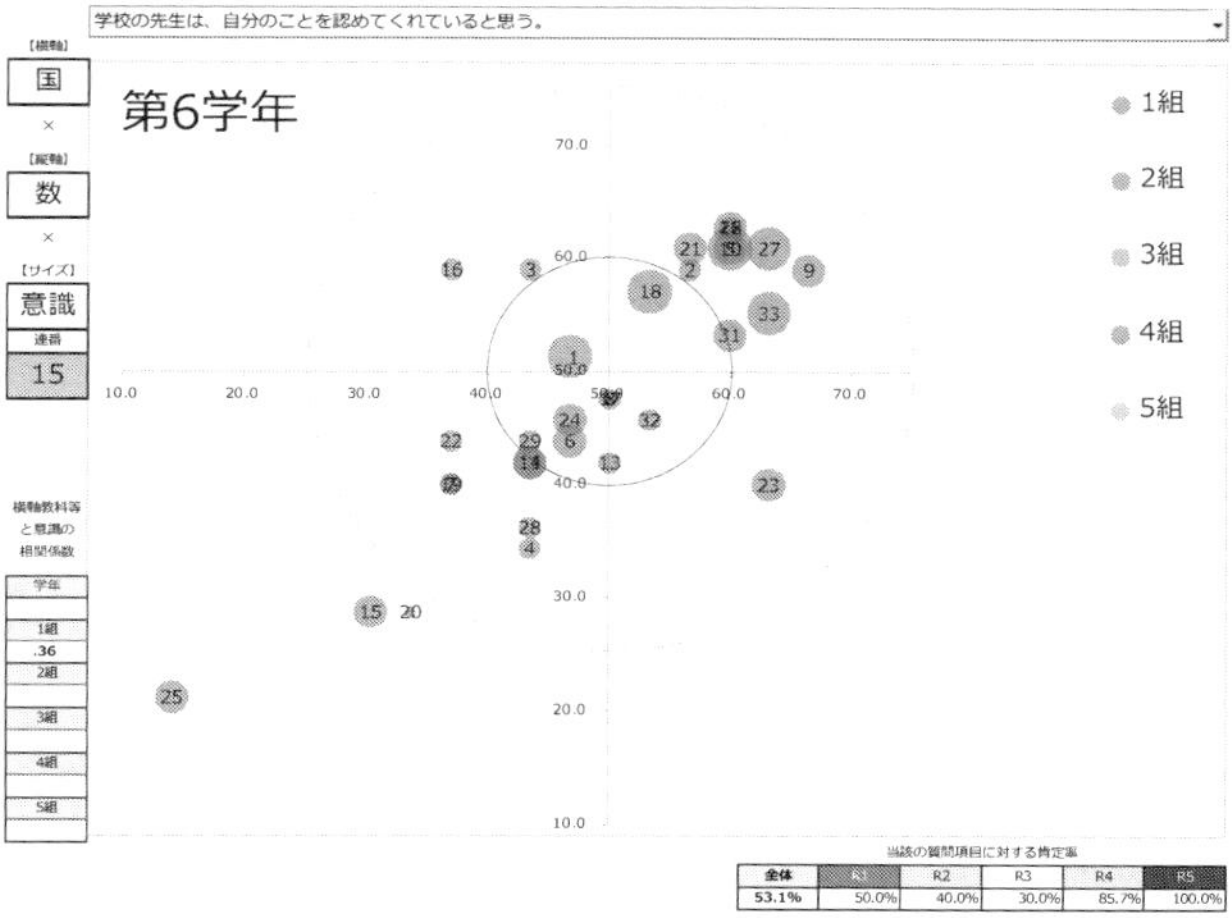

図5－7　クロスバブルチャートの例

縦軸・横軸に教科等に関する調査の結果を、バブルサイズに意識・実態調査の結果を表現できる。バブル内の数値は出席番号を表す。この例では、6年1組のみを表示してある。

域等関係者のコミュニケーションツールとなる調査結果の活用例を紹介します。

杉並では、調査結果の処理に当たって、いわゆる「見える化」を多く用いています。学力段階と同じく、直観的に傾向を見取ることができるようにすることで、立場を超えたコミュニケーションを促進するためです。

図5－7・8には、その代表である「クロスバブルチャート」と「ヒートマップ」を示しました[66]。前者はバブルチャートに他ならないものの、教科等と意識・実態調査の結果を（管見の限り）従前例を見なかった

方法でクロス集計しているため、杉並独自の呼称を使用しています。「クロスバブルチャート」は、一つのバブルが一人の子どもを表し、平均のみならず、R3以上の割合なども含めて一つの値に結果を集約した際に見落とされる一人一人への着目を促すものです。縦軸と横軸には「教科等に関する調査の結果（区平均・標準偏差による標準得点〈偏差値〉）」を、バブルサイズには「意識・実態調査の結果（四件法による質問項目への回答）」をプルダウンリストから選択してプロットできます。

図5－7は、教科等に「国語」と「算数」、質問項目に「学校の先生は、自分のことを認めてくれていると思う」をプロットしたある小学校の第六学年の例です。右上方向に位置するほど教科等の結果が良好であるため、この質問項目については、集団内で相対的に中下位層となる縦軸・横軸ともに35から50付近に否定的回答をした子どもが分布している傾向が分かります。

この傾向は、教員主導で「みな同じ」の一斉一律に、しかも一問一答で授業を展開している集団で頻繁に観測されます。分からないけれど先生に質問できない、分からないときに誰かと協同できるという選択肢もない子どもが中下位層に生じる構造的な問題をよく表現しています。図1－2で調査結果を考察した学年進行に伴いR1や2への個別支援が減少する傾向や、図1－3の自己効力感において段階間の肯定率の差が中学校で明確になる

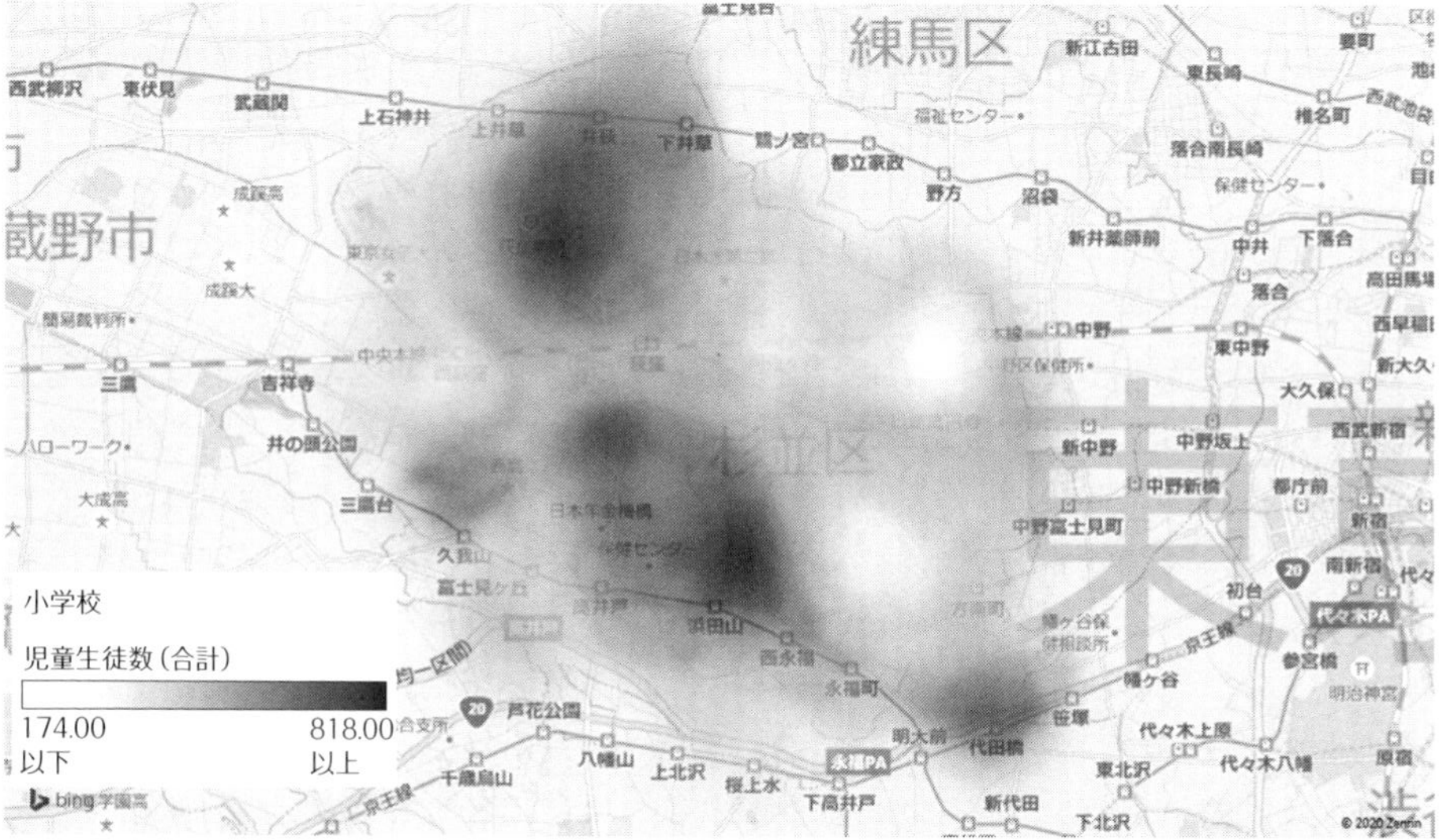

図5-8　ヒートマップの例

実際のヒートマップは、色の「濃淡」だけでなく色の「種類」でも表現される。値が低い＝青から、高い＝赤まで連続的に色が変化して値が表現されるということである。

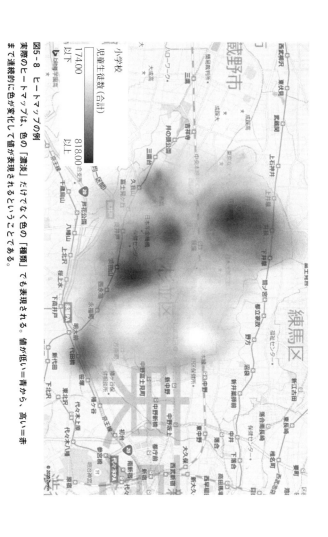

傾向、さらに、図1－4でR1・2の合計割合が学年進行に伴って増えていく傾向の背景は、図5－7の例からさらに理解を深めることができるでしょう。

杉並では、全教員が自分の校務PCで調査結果を操作できる環境を整えています。学力段階Rは日常会話にも登場する用語として定着し、クロスバブルチャートをホワイトボードに投影してみなで書き込みをしながら議論するスタイルも当たり前になってきました。

また、ここ数年で、小中一貫の組み合わせとなる小学校と中学校の教員、学校運営協議員と保護者代表が一堂に会し、ヒートマップをコミュニケーションツールに広く地域のことを議論する機会も増えてきています。図5－8に示したように、色の濃淡だけで「西に大規模校が多く、東に小規模校が多い」といった考察ができるのがこの結果処理の特長です。個人の経験則を超え、データをもとに相対的な強みと弱みを共有することで、建設的な議論の支えとなっています。

なお、杉並では、二〇一四（平成二六）年度に全校悉皆・集合型の調査結果報告会を廃止しました。毎年度、大きな変化のない一般傾向を説明する意味は乏しいからです。代替として唯一、義務づけたのは、調査結果を活用した研修会を、学校や地域ごと、八月を標準にして実施することだけです。もちろん、講師派遣をはじめとした支援体制も整えており、済美教育センター（主任研究員）は、学力段階Rやクロスバブルチャート、ヒートマップを含めたすべての開発・結果処理を行うとともに、オーダーメイドの分析にも対応しています。

（3）再び、公教育政策の全体性へ

ア　公教育政策の全体性を表現する学力調査

ここまでの説明からも分かるとおり、杉並独自の学力調査は、普遍意志に基づく普遍福祉に資するという軸から外れることはありません。それは、政策の〈全体性〉というキーワードに象徴されるように、学びとは、成長とは、教育とは、公教育とは……といった議論を丁寧に積み上げた先に調査があるからです。

このことを、調査の設計でもっともよく表すのが、表5－2です。「意識・実態調査」の内容と教育振興基本計画である「杉並区教育ビジョン2012」[67]との関係を示したものです。杉並の教育政策で根幹を成す本ビジョンは、「自己効力感（自由）」と「集合的（社会）効力感（相互触発）」、「学び方（学習方略）」、「真」「善」「美」を対象とした「探究の情動（内発的な学習意欲）」、学びの構造転換の視点となる「個別」「探究」「協同」の学びなど、その実現に必要な要素を意識・実態調査を通して体系的に表現しています。

意識・実態調査を含めた学力調査は、広義には教育評価の一方法です。子どもたちの学

意識・実態調査		
自己意識・生活実態領域の構成概念	学習状況領域の構成概念	
探究の情動（内発的な学習意欲） 主体的な学び（内発的な学習意欲） 時間的展望		個別の学び
自己効力感（〈自由〉の感度） 自己の受容（〈自由〉〈自己承認〉の感度、自己肯定感）		
基本的な生活習慣		
学校生活の充実度 国際社会への関心・関わり 住んでいる地域への関心・関わり 集合的（社会）効力感（〈相互触発〉の感度③）	学び方 （学習方略） 学習成果 の実感	探究の学び
生命尊重体験		
他者への受容（〈相互承認〉の感度①） 他者からの受容（〈相互承認〉の感度②）		協同の学び
道徳的実践力		

カテゴリ）を示す。

杉並区教育ビジョン 2012 （教育振興基本計画）		
目指す教育	目指す人間像	育みたい力
共に学び共に支え共に創る杉並の教育 （いいまちはいい学校を育てる～学校づくりはまちづくりの継承発展）	夢に向かい、志をもって 自らの道を拓く人	自分の持ち味を見つけ、 自ら学び、考え、 判断し、行動する力
		変化の時代をとらえ、 たくましく生きる 心と体の力
		持続可能な社会を 目指し、次代を共に 支えていく力
	「かかわり」を大切にし、 地域・社会・自然と共に生きる人	豊かな感性をもち、 感動を分かちあう力
		他者の存在を認め、 多様な関係を結ぶ力

表5－2　意識・実態調査と杉並区教育ビジョン2012の関係※
※□は、本論中で調査結果の一部を取り上げた構成概念

びや教員の関わりが学習評価と一体であるように、調査やその結果は、教育委員会や学校の意思決定においても日常的に活用されるべきものです。

イ　データリテラシーと意思決定

ところが、これまで、量的なデータの活用にあまりにも無頓着だったことは、誰もが認めるところでしょう。それは、第四章で話題にしたＰＩＳＡの調査結果を、多くの人が平均値と順位でしか考察しなかったことにも象徴されます。

先の義務標準法についても、同じことが言えます。例えば、財務省・財政制度等審議会は、二〇一四（平成二六）年以降、前章のＯＥＣＤ統計とも関連した教職員定数について、繰り返し義務教育政策を批判してきました。[68]具体的には、

「日本の小・中学校は十分手厚い予算措置が行われている」

「在学者一人当たり教員給与支出は国際的にも高い水準」

といった内容です。全国学力・学習状況調査の結果からは、

「小学校・中学校ともに少人数学級に取り組んだ学校の平均正答率は悪化したとの評価もできるのではないか」

との考察までも提出しています。教育関係者の多くが憤慨し、一五（平成二七）年には

約59万の区民、34.06㎢の面積、6の子供園、40の小学校、23の中学校、1の特別支援学校から成る杉並区。その教育政策を表すキーワードの一つに、「多様性の容認」がある。例えば杉並区立学校では、それぞれの学校や地域に独自の取り組みが認められている。自由度の高い学校運営費標準、始業日や終業日をはじめとする弾力的な教育課程の編成などはそのためにあり、とりわけ特色ある学校づくり（教育活動）には、各学校・地域の多様性・独自性がよく表れる。

ある日、保護者や地域等関係者が集まる会で質問を受けた。「副校長先生、なぜ、私たちの学校と隣の学校ではやっていることが違うのでしょうか」。この質問に対する答えを、杉並区立学校の実態を表すデータ（ヒートマップ）を考察し、「だから杉並区では、取り組みの多様性が容認されている」というかたちでまとめる。なお、どのように課題に取り組むかは、個人の任意とする。

表5－3　数量データを活用した教員研修の学習課題例

文部科学省から緊急提言も出ましたが、長期的な学習効果の追跡や社会便益の計量分析を怠ってきた事実は、真摯に受け止めざるを得なかったはずです。

公教育政策における「科学的根拠に基づいた政策決定（EBPM：Evidence Based Policy Making）」も、こうした中で強調されたものです。遅きに失した感は拭えなかったものの、二〇一七（平成二九）年度からは、多くの研究者が待ち望んでいた全国調査の個票データの貸与も始まりました。

計量分析の結果やデータセットの公開は、過去や現在の状況、未来の予測を誰もが知り、投票行動をはじめとした自らの意思決定を行ううえでも不可欠です。二〇一八（平成三〇）年一二月の毎月勤労統計を皮切りに政府統計でさまざまな歪みも明らかになっている状況からすれば、データリテラシーの育成は今後よりいっそう重要度を増します。

杉並では、こうした課題を踏まえ、教員研修でもデータリテラシーに関する内容を扱っています。具体的には、表5-3のような学習課題を示し、ヒートマップをはじめ数量データをコミュニケーションツールに協働中心の活動を展開するものです。

こうした研修の成果は、終了後のアンケートにも見ることができます。

「区調査のデータの価値をあらためて実感した。データはコミュニケーションツールという言葉に納得した」

「他校と違う取り組み、特色ある教育活動があって当然であるという見方・考え方が身についたと思う」

「つい自分の今までの経験でこの点が優れているのではと考えていたが、区全体から見ると平均的である状況だった。新たな視点や自分の感覚的な状況判断などの修正など大変に役立ちました」

など、多くの肯定的な意見をもらっています。その他にも、

「教員が変わると特色が変わるのがいかにダメなことかがよく分かった。地域に住む子どもたちだからこそ、地域に合わせた教育があり、将来に向けて学びをつなげていくのが

いかに大切かを今回のデータをもとに伝えていきたい」

「他地区から来て他では考えられない支援にびっくりすることばかりであったが、その理由が少しずつ分かってきたような気がするので、行政の期待に少しでも応えられるように、しっかり取り組みたい」

などの感想がありました。この研修では、公教育政策の〈全体性〉を成す基本領域についても概説しています。学校が、〈多様性と一貫性〉に基づいた教育活動を進め、地域との〈協働〉を通じて相互承認的な共同体として自立する必要性や、教育委員会事務局が、ICTをはじめ〈応答性〉の高い環境を整備し、〈共治〉を実現するための〈支援〉を施策化・事業化している理由なども理解していただけたのだと思います。

繰り返しになりますが、公教育の担い手である私たちに必要なのは、「市民社会」のよりいっそうの成熟に向け、まず、自分たちのことを自分たちで決めることです。しかし、それは、個人の経験則を反省なしに一般化することでないのはもちろんのこと、外在するモデルにただ単純に追従するようなものであってはなりません。そのことは、「自治の欠如」としてすでに問題視したとおりであり、これに倣えば、「OECD平均と比して」というもっともらしい基準もまた、無批判に用いるべきではないということです。

本論は、以上をもってすべての議論を終えました。以下では、第一章からここまで論じてきた内容をまとめていきたいと思います。

3　自分の学びと自分たちの公教育

（1）科学と哲学の役割

学力調査の話題は、一見すると、本論の主題としてきた公教育政策の〈全体性〉や「学びの構造転換」とは縁遠いように思われるかもしれません。事実、一般にはそうであるとしても、杉並では、義務教育政策の在り方が集約的に表現されていました。

その理由は、あらためて言えば、「科学」理論に基づく学力調査が、「哲学」的な洞察によって解明された「よい公教育」の原理で基礎づけられていることにあります。科学は「状況の把握」を、哲学は「意味本質の観取」や「価値判断の原理の提示」を本領とする営みであり、両者は相補的な役割をもっています。

想像してみてほしいのは、自分（の子ども）に何らかの不自由がある場合です。そのことで、他の子どもたちよりも学力テストの結果が劣り、例えば「学級の平均点向上に寄与しない」という理由で教育を放棄されたらどうでしょう。学校や教育委員会を速やかに批判したくなるでしょうが、公教育が「新自由主義」に基づいていれば、「自己責任」と反論されるかもしれません。

私たちは、新自由主義を、学校選択制を事例として、教育がよりよく公で在るための条件と規準から退けました。そう、「普遍意志」に基づく「普遍福祉」は、哲学が解明した考え方に他なりません。それは、既存のモデルや考え方を自明視せず、徹頭徹尾自らに問いかけ、人間の本性である「自由」を始発点にして、あらゆる共生の底に流れる「相互承認」を介することで見いだされたものです。

学校選択制の事例は、「格差の拡大」という状況を明らかにしたのは科学理論に基づく学力調査であり、その状況を「問題がある」と判断した価値判断の原理は哲学が解明したものであったことを教えてくれます。「みなが納得できるか」「すべての子どもにとってよりよい状態か」。どんなに当たり前に思えても、よい公教育の原理として、これらを常に意識しなければならないことは、新自由主義 - 教育改革が何よりの教訓になります。

杉並独自の学力調査は、繰り返しになりますが、すべての子どもを考察対象とする学力段階Rや、一人一人への着目を促すクロスバブルチャートを筆頭に、普遍意志に基づく普遍福祉から外れることはありません。相互承認を底に敷いた自由を育むことを教育の本質とし、そのために必要な「学びと成長」、その支えとなる「人材と組織」「施設・設備」「行財政」の在り方を考え、それを内容に調査を設計するからこそ、義務教育政策の〈全体性〉が表現されます。

いわば、「考え方の考え方」としての哲学・科学と、その相補的な役割。どちらもよりよい公教育を追究するうえで欠かせないことが、本論のまとめの第一です。

（2）歴史学の役割

公教育政策の〈全体性〉を成す考え方は、時代の変化に応じた構造転換に挑戦するためのものです。私は、近代一五〇年の転換の兆しが一九七〇年代から八〇年代にあったことを述べ、その要点を、「みな同じ＝終着点」から「始発点＝みな同じ」という考え方への「逆転」としました。このことからも分かるとおり、本論では、「歴史学」を重視しています。

たんに史実を追うのではなく、例えば社会や都市について、変化の構造分析を行う。そうした土台に立って公教育政策を論じる。ところが、昨今、「予測困難」という一言で時代のすべてを語りきったような論に出会うことが多くなりました。私は、そのことに、大きな懸念を抱いています。

本論で繰り返し述べてきたことの一つに、「思考停止の回避」があります。

例えば、子どもたちや地域の過去－現在－未来を考え続ける特色ある学校づくり。

子どもたち一人一人の違いを認め生かす教員の後追いの関わり。

知識があるからこそ働く無味乾燥な教室や校舎を課題視する見方・考え方。

「誰の、何のための学びを、どのように支えるのか」を考え続ける行政の日常。

これらはすべて、歴史の反省に立脚しています。そして、私は、未来が明確な意志をもって選び取るものであったことを、もう一度強調したいと思います。

私は、「学制」を最初の例に、あらゆる制度は、「各時代の要請を反映した所産」だと言いました。義務標準法についても、学力調査を活用することで、学びの構造転換を実現する土台となる教員一人当たりの児童数を二四人とし、公立小学校の学年規模のさしあたりの標準（下限）を二四人×二学級としています。この選び取るべき未来の仮説は、法の成立経緯をたどり、学級数を主とする現在の教員数の算定基準が、戦後の財政難の所産であったことを踏まえたからこそのものでした。

このことが意味するのは、哲学と科学に歴史学を加えることで、私たちが、予測困難な時代にあっても、選び取るべき未来を創る力を手にできるということです。「試行錯誤」という言葉もまた、そのつどの状況に応じて挑戦し続ける大切さを強調するあまり、「目標状態」や「ロードマップ」を考えることを疎かにする口実にしてはなりません。

未来は、選び取るために、過去から学んだことを踏まえて自分たちで創るもの。同じく

「考え方の考え方」となるこのことが、まとめの第二です。

(3) 教育は変えられる

そして、最後に言っておきたいのは、全五章に亘る本論の展開を支えた、私の、ある、「思い」についてです。

「共に生きる」中で「自分で選ぶ」経験を積み重ねていくことにより、「自分たちで決める」、本当に自分たちにしか解決できない問題を「引き受け支え合う」ことができるようになっていく。この学びと成長の道筋は、言い換えれば、「自分の物語を生きるための学び」から始まって「自分たちの物語を紡ぐための公教育」に至るということです。

この奥底にあったもの。それは、さまざまな子どもたちと出会う中で日増しに大きくなる、

「たったそれだけのことで」

という私の思いでした。

たったそれだけのことで、自分なりに学ぶ機会を、みんなと共に成長する機会を失う。吹きこぼれや落ちこぼれ、いじめや不登校、学級の荒れ、医療的ケアや肢体不自由、発達障害をはじめとした特別な教育ニーズ。さらに、言語や文化、思想や宗教、肌の

色や性別の違い、社会を隔てる階層まで。自身で望んだわけでもない「それだけのこと」で、子どもたちは、どうして教育を受ける機会を奪われなければならないのか。

私が自分に課したのは、すべての子どもが、いつでもそこに「自分がいる」「自分たちが含まれている」と思える公教育の在り方を目指すことでした。じつは、「人生一〇〇年（ライフシフト）」だけでなく「計算機自然（デジタルネイチャー）」を時代観にした理由が、ここにもあります。人との「違い」を価値ある個性に変えるとのテクノロジー観には、未来を創る大きな力を感じるからです。

公教育の「新しい自然」状態においては、私たちの日常に生態系を成すように溶け込むテクノロジー群によって、よりよい成長のための学び、その支えとなる人や場、公の仕組みといった領域＝境界も、それと意識されないほど溶け合っていくでしょう。

「学び手／支え手」という区分は、「子ども／大人」という区分を超えてそのつどの関係役割になっていくはずです。学び手・支え手となる人間と機械も、屋根のある学校（対面）もない学校（オンライン）も混ざり合い、そもそも教育の担い手は人なのか場なのか、機械はどちらに属するかといった問いも、それ自体が意味を消失していくはずです。

そのときに残るのは、誰もが学び手であり、誰かの学びを支える教育の担い手でもあり、およそすべてがたがいの支え合いによって事足りる、〈共治〉された公教育の姿です。自分の「学びたい」をもとに遊ぶように「まち」を駆け巡る中で、おのずと必要な「資質」や「能力」が育まれ、人と「違う」ことが「自分にとっての強さ」と「誰かにとっての優しさ」に育ち上がるような、誰もが自由で対等な「社会のつくり手」として包摂されるよりいっそう成熟した「市民社会」の姿です。

そんな未来を想像するのは、じつに楽しいものです。予測される未来は「悲観視」されることが多く、またそれは、想定されるリスクを回避するためにもたしかに必要なことではあるでしょう。しかし、教育を物語るときには、どこかで未来を「楽観視」していたい。そのとき、「自ら学び共に成長する」子どもたちの姿は、未来を肯定する十分な根拠になるはずです。

学びの主人公がいつでも「自分」であるように、公教育の主人公は、いつでも「自分たち」です。だからこそ、未来は、明確な意志をもって自分たちで選び取らなければなりません。答えは、いつも自分たちの「内」に在る、つまり、答えは「外」に在るのではなく、私たちにすでに〈内在〉しているのです。

本論では、この〈内在〉という考え方を底に据えていたからこそ、自分たちの物語を紡ぐための公教育を、自分たちで創るために必要な考え方を中心に記しました。それは、「公教育の構造転換」に至るロードマップを、共に敷くためのものです。その道程を、すべての子どもを包み込みながら、みんなで一緒に歩むためのものです。

教育は、考え方を共有し、みなで共に行けば、よりよく公で在るよう、変えられる。

最後のまとめをこう記すことで、本論を閉じたいと思います。

おわりに――教育は変わる

「教育は、変わる」

本書を締めくくるに当たって述べておきたいのは、このことです。

私は、二〇一九（令和元）年八月三一日をもって、杉並区の仕事に一区切りを置きました。本書は、同年五月、すでに決めてあった『教育は変えられる』という書名（主題）で書き始め、八月初旬に初稿を完成させたものです。それは、杉並でのおよそ一四年を総括し、新しいステップに進むためでもありました。

仕事だけでなく、人生も折り返しに近づいたこれからのことは、じっくり考えているところです。そんなこともあって、本書の初稿も、二〇二〇（令和二）年の年明けまでじっくり寝かした後に細部の校正を始めました。

そこからのおよそ半年間。世界には、さまざまな変化が起こりました。しかし、本論の構成や内容を変えるとの考えには、結局、至りませんでした。それこそ、「予測困難」という言葉がこれまで以上に飛び交い、半歩先の未来すら考える価値が失われていくように思えた日々。こうした状況下で、本書を、『教育は変えられる』という書名のまま世に出せば、多くの人は、オンライン教育を中心としたＩＣＴ関連の内容を想像するかもしれない。

そんな迷いも生じる中で、私は、図らずとも、本論に記した内容の価値を再認識しました。私も含めて人は、激しい変化の渦（禍）中にあっては、物事の本質を往々にして見失ってしまうからです。

教育は、「以前から兆しのあった変化を加速する」という意味では、変わるだろうと思います。ただし、それが、よりよく公で在るほうに向かうという確約はありません。むしろ、否応なく押し寄せる感染症の脅威、テクノロジーの発展・普及といった外圧・外在の要因は、教育を、再びその原理＝満たすべき本質と条件・規準から遠ざけるのではないかと危惧しています。

例えば、パーティションで区切られた個別学習のスペースに、一人一台の情報端末と自動採点やＡＩアシスタント付きのドリル。計画どおり一斉一律に詰め込まれる、内発性を一切伴わない協同学習。健康や衛生という名目で、すべてが管理される学校生活。ひいては、常時接続の通信回線とクラウドで動作する学習支援ソフトを使った宿題を通じ、学校外での行動や思考、感情でさえも常時モニタリングされる。
それは、過去に多くのサイエンスフィクションが描いてきたディストピア、生権力《せいけんりょく》による監視社会につながる道に他なりません。学力テストの平均値や経済効率を指標にすれば「効果あり」との結果に行き着くかもしれませんが、そこにあるのは、「普遍意志」に基づく「普遍福祉」のもと、「自由と相互承認」を育む教育とは似ても似つかない姿です。常時オンラインなどという話になれば、教員の負担が底なしに増えていく可能性もあるでしょう。

本論の内容は、「計算機自然（デジタルネイチャー）」を時代観の一つとしたこともあり、極論すれば、人が身体から完全に解き放たれて生きる時代が来ない限り、教育を考える「底板」で在り続けるだろう普遍的な考え方を中心に扱うようにしました。AI（ディープラーニング）やロボティクス、量子コンピューティングや分散型台帳技術、さらに、次世代移動通信、ウェアラブルコンピュータ、高解像度ディスプレイ、xR（VR・MR・AR）、デジタルファブリケーションといったテクノロジーは、それがあって初めてよりよい活用ができるからです。

しかしながら、紙面の都合がある中で政策としての〈全体性〉を追究したこともあり、各章で扱った話題が「広く浅く」になりがちであったことも確かです。

例えば、歴史学的な構造分析の基礎となる史実は、きわめて限定的にしか記せていません。四つの基本領域ごとの実践事例、やり方の具体や留意点、その支えとなる哲学、心理学や教育学、社会学や都市計画学、建築学、政治学や行政学の知見も、多くを割愛しました。教員組織や職員室の話題は校長の掌理下にあるということもあってほぼすべての内容を削除し、保健福祉をはじめ関連分野の施策や事業にも触れられていません。

杉並区教育委員会の政策は、現行の体系では、六の施策（目標）、四〇の計画事業、一一〇を超える細項目が全体を構成します[69]。本論で取り上げた実践事例はこの中の数例にすぎず、特に文化政策については、都市や建築の文脈でわずかに触れたにとどまります。また、「学びの構造転換」については、現在、学校や教員の自発的な挑戦、済美教育センターのサポートもあって多くの事例が生まれています。さまざまなノウハウも蓄積されてきました。

いくつか例を挙げると、従来の学習指導案の発展として私たちが「学習展開案」と呼ぶ媒体には、「往還的研究」による「探究の可能性（＝起こり得る未来の学び）」と「省察的実践」による「探究の記録（＝過去の活動を通した成長）」を記すとしています。3＋1ステップでは、特にステップ2において、①課題づくりや計画立ての際の条件づけ、②展開での後追いによる方向づけ、③終末の振り返りやまとめを通した整序、の三つから、教科や学年、学習内容や学習材ごとに多様なアイディアが創発しています。

また、そうした中で、学習「量」に対する反省も進んでいます。知識や技能、見方や考え方を無意識的・自動的に使える「経験の成熟」に至るには、やはり、一定の学習量が必要です。学びの個別化に当たっては標準時数を慎重に弾力化していかなければならず、そうした議論の際には、戦後日本が培ってきた教科専門性があらためて役に立ちます。

冒頭にも記したとおり、本書は、あくまで私個人の考えや思いを述べたものです。十分な説明ができなかったことも含め、何か至らない点があったとすれば、それはすべて私の責任です。

巻末には、私の考え方の源泉になった主な文献を、一般にアクセスしやすいものに限定し、本論の構成に即した順で掲載しました。合わせてご参考いただき、本論を吟味する際に活用いただければと思います。そして、もし、その過程で、何か一つでもみなさんに役立つ内容が見つかったとすれば、著者としてこれに勝る悦びはありません。

＊

続けて、お世話になった方々に謝辞を記します。所属・職名等は割愛させていただき、すべて「〜さん」とすることをご容赦ください。

まず、松本芳之さん。池田修さん。岩瀬直樹さん。

続けて、佐藤博嗣さん、田中哲さん、大島晃さん、佐藤正明さん、都築公嗣さん、古林香苗さん、島崎和也さん、井上ひとみさん、中曽根聡さん、齋藤尚久さん、浅川俊夫さん、佐川祐子さん、岩崎弥太郎さん。三浦春江さん、小倉博良さん、髙槻義一さん、宮山延敬さん、坂元良博さん、平田英司さん、筒井鉄也さん、三上はるひさん、林真由美さん、横山由美子さん、石川史子さん、林真弓さん、森山徹さん、久保広太郎さん。由井良昌さん、赤荻千恵子さん、守田聰美さん、平﨑一美さん、田中ゆかさん。入海英里子さん、岡嶋美和さん、島津直実さん、古川旭彦さん、細川和洋さん、原田英世さん、大庭さかえさん。

そして、公私ともに大きな感謝があるのは、坂田篤さん、田中稔さん、白石高士さんです。ここに記すことができなかった方を含め、お礼申し上げます。

本書は、私の初めての単著となりました。キャリアの折り返しとなるこの時期に自分の考えを書く機会を得たことは、これからの人生を考えるうえでも大きなことでした。

この点で、格別の感謝を記しておきたい方々がいます。

まず、山崎比呂志さん。なかなか書こうとしない、しかも初心者であった私に、「ロゴスよりもエロス」と言ってくださったことが、本書を書き上げる大きなターニングポイントになりました。的確なご指導も感謝に尽きません。

次に、苫野一徳さん。竹田青嗣先生の哲学を継承し超え出ようとするその哲学に触れた二〇〇八年、「一生分の宿題をもらった」と確信したあの日から、本書の草稿を含めたくさん議論を積み重ねられたことは、難問だらけの日常でいつも光明でした。

そして、井出隆安さん。「歳はこう取りたい」のお手本でもあるような佇まい、いまだ足下にも及んだ気がしません。一緒に仕事ができる時間の中で、わずかでもこれまでの仕事を形にしておきたい。本書の執筆は、そのためでもありました。

最後に、妻と娘をはじめ家族、特に父と母。もし、本書に他にはない何かがあったと評価されることがあれば、わずかばかりの恩返しになるかもしれないと思っています。

これからも、どうぞよろしくお願いいたします。

令和二年七月二一日

主な参考文献、脚註

ゲオルク・ヴィルヘルム・フリードリヒ・ヘーゲル『法の哲学Ⅰ・Ⅱ』藤野渉・赤沢正敏訳、中央公論新社、二〇〇一年
ジャン゠ジャック・ルソー『人間不平等起原論／社会契約論』小林善彦・井上幸治訳、中央公論新社、二〇〇五年
竹田青嗣『人間の未来』筑摩書房、二〇〇九年
苫野一徳『どのような教育が「よい」教育か』講談社、二〇一一年
濱田陽『共存の哲学』弘文堂、二〇〇五年
小熊英二『日本社会のしくみ』講談社、二〇一九年
リンダ・グラットン、アンドリュー・スコット『ＬＩＦＥ　ＳＨＩＦＴ（ライフ・シフト）』池村千秋訳、東洋経済新報社、二〇一六年
落合陽一『デジタルネイチャー』ＰＬＡＮＥＴＳ、二〇一八年
マックス・ウェーバー『権力と支配』濱嶋朗訳、講談社、二〇一二年
平川新『全集　日本の歴史12　開国への道』小学館、二〇〇八年
辻田真佐憲『文部省の研究』文藝春秋、二〇一七年
松尾豊『人工知能は人間を超えるか』KADOKAWA、二〇一五年
奈須正裕『「資質・能力」と学びのメカニズム』東洋館出版社、二〇一七年
エトムント・フッサール『デカルト的省察』浜渦辰二訳、岩波書店、二〇〇一年
西研『哲学的思考』筑摩書房、二〇〇五年
モーリス・メルロー゠ポンティ『知覚の現象学１・２』竹内芳郎他訳、みすず書房、一九六七〜一九七四年
伊藤亜紗『手の倫理』講談社、二〇二〇年
傳田光洋『驚きの皮膚』講談社、二〇一五年
森下典子『日日是好日』新潮社、二〇〇八年
辰巳芳子『いのちと味覚』ＮＨＫ出版、二〇一七年
苫野一徳『教育の力』講談社、二〇一四年
木下竹次『学習原論』中野光編、明治図書、一九七二年
Edward L. Deci, Richard M. Ryan. *Intrinsic Motivation and Self-Determination in Human Behavior*, Springer, 1985.
Mihaly Csikszentmihalyi. *Flow: The Psychology of Optimal Experience*, HarperPerennial, 1990.
無藤隆『幼児教育のデザイン』東京大学出版会、二〇一三年
中野剛志『富国と強兵』東洋経済新報社、二〇一六年

野口悠紀雄『戦後経済史』東洋経済新報社、二〇一五年
広田照幸『教育には何ができないか』春秋社、二〇〇三年
千代章一郎『歩くこどもの感性空間』鹿島出版会、二〇一五年
リヒテルズ直子監修・出演『明日の学校に向かって（DVD）』グローバル教育情報センター、二〇一五年
柳治男『〈学級〉の歴史学』講談社、二〇〇五年
加藤典洋『人類が永遠に続くのではないとしたら』新潮社、二〇一四年
佐藤学『専門家として教師を育てる』岩波書店、二〇一五年
ドナルド・A・ショーン『省察的実践者の教育』柳沢昌一・村田晶子監訳、鳳書房、二〇一七年
吉田新一郎・岩瀬直樹『シンプルな方法で学校は変わる』みくに出版、二〇一九年
松沢裕作『町村合併から生まれた日本近代』講談社、二〇一三年
横山百合子『江戸東京の明治維新』岩波書店、二〇一八年
荒川章二監修『全集　日本の歴史16　豊かさへの渇望』小学館、二〇〇九年
宮台真司『私たちはどこから来て、どこへ行くのか』幻冬舎、二〇一七年
落合恵美子編『親密圏と公共圏の再編成』京都大学学術出版会、二〇一三年
ウルリッヒ・ベック、アンソニー・ギデンズ、スコット・ラッシュ『再帰的近代化』松尾精文・小幡正敏・叶堂隆三訳、而立書房、一九九七年
セーレン・キルケゴール『死にいたる病』桝田啓三郎訳、筑摩書房、一九九六年
山岸俊男『信頼の構造』東京大学出版会、一九九八年
田中治彦・萩原建次郎編著『若者の居場所と参加』東洋館出版社、二〇一二年
アルバート・ラズロ・バラバシ『ネットワーク科学』池田裕一・井上寛康・谷澤俊弘監訳、京都大学ネットワーク社会研究会訳、共立出版、二〇一九年
柄谷行人『世界史の構造』岩波書店、二〇一〇年
ルートヴィヒ・ヴィトゲンシュタイン『反哲学的断章』丘沢静也訳、青土社、一九九九年
小泉和子『室内と家具の歴史』中央公論新社、二〇〇五年
保立道久訳『現代語訳　老子』筑摩書房、二〇一八年
安藤寿康『日本人の9割が知らない遺伝の真実』SBクリエイティブ、二〇一六年
竹田青嗣『欲望論1・2』講談社、二〇一七年
松岡正剛『日本文化の核心』講談社、二〇二〇年

本田由紀『教育は何を評価してきたのか』岩波書店、二〇二〇年
岩瀬直樹編著『子どもとつくる教室リフォーム』学陽書房、二〇一七年
石山アンジュ『シェアライフ』クロスメディア・パブリッシング、二〇一九年
花田佳明編『老建築稼の歩んだ道　松村正恒著作集』鹿島出版会、二〇一八年
苫野一徳『「学校」をつくり直す』河出書房新社、二〇一九年
上野淳『学校建築ルネサンス』鹿島出版会、二〇〇八年
ジョン・デューイ『学校と社会・子どもとカリキュラム』市村尚久訳、講談社、一九九八年
松山恵『都市空間の明治維新』筑摩書房、二〇一九年
網野善彦『無縁・公界・楽』平凡社、一九九六年
加藤耕一『時がつくる建築』東京大学出版会、二〇一七年
イーフー・トゥアン『トポフィリア』小野有五・阿部一訳、筑摩書房、二〇〇八年
日端康雄『都市計画の世界史』講談社、二〇〇八年
陣内秀信『興亡の世界史　イタリア海洋都市の精神』講談社、二〇一八年
宇野常寛『遅いインターネット』幻冬舎、二〇二〇年
神成淳司・宮台真司『計算不可能性を設計する』ウェイツ、二〇〇七年
仙田満『人が集まる建築』講談社、二〇一六年
レム・コールハース『S, M, L, XL+』渡辺佐智江・太田佳代子訳、筑摩書房、二〇一五年
藤森照信『建築史的モンダイ』筑摩書房、二〇〇八年
広井良典『人口減少社会のデザイン』東洋経済新報社、二〇一九年
松平誠『都市祝祭の社会学』有斐閣、一九九〇年
ジョルジュ・バタイユ『エロティシズム』酒井健訳、筑摩書房、二〇〇四年
フランク・ロイド・ライト『自然の家』富岡義人訳、筑摩書房、二〇一〇年
三輪律江・尾木まり編著『まち保育のススメ』萌文社、二〇一七年
基礎学力研究開発センター『日本の教育と基礎学力』明石書店、二〇〇六年
佐藤学『「学び」から逃走する子どもたち』岩波書店、二〇〇〇年
小川正人『教育改革のゆくえ』筑摩書房、二〇一〇年
黒崎勲『増補版　教育の政治経済学』同時代社、二〇〇六年

宮寺晃夫『教育の分配論』勁草書房、二〇〇六年
Albert Bandura. *Self-Efficacy: The Exercise of Control*, Worth, 1997.
ジョン・デューイ『民主主義と教育（上・下）』松野安男訳、岩波書店、一九七五年
文部省著、西田亮介編『民主主義』幻冬舎、二〇一六年
森口朗『日教組』新潮社、二〇一〇年
小熊英二『社会を変えるには』講談社、二〇一二年
見田宗介『現代社会はどこに向かうか』岩波書店、二〇一八年
大澤真幸『不可能性の時代』岩波書店、二〇〇八年
愛知県東浦町立緒川小学校『個性化教育へのアプローチ』明治図書、一九八三年
三原和人『はじめアルゴリズム（1）』講談社、二〇一七年
山田胡瓜『AIの遺電子（3）』二〇一六年、秋田書店
佐藤学『学校改革の哲学』東京大学出版会、二〇一二年
植野真臣・荘島宏二郎『学習評価の新潮流』朝倉書店、二〇一〇年
豊田秀樹『共分散構造分析［理論編］』朝倉書店、二〇〇七年
豊田秀樹編著『実践ベイズモデリング』朝倉書店、二〇一七年
スティーヴン・J・グールド『人間の測りまちがい（上・下）』鈴木善次・森脇靖子訳、河出書房新社、二〇〇八年
苅谷剛彦『教育と平等』中央公論新社、二〇〇九年
青木昌彦『青木昌彦の経済学入門』筑摩書房、二〇一四年
岡本隆司『世界史序説』筑摩書房、二〇一八年
森安孝夫『興亡の世界史　シルクロードと唐帝国』講談社、二〇一六年
杉山正明『興亡の世界史　モンゴル帝国と長いその後』講談社、二〇一六年
苅谷剛彦『追いついた近代　消えた近代』岩波書店、二〇一九年
イヴァン・イリッチ『脱学校の社会』東洋・小澤周三訳、東京創元社、一九七七年
イヴァン・イリイチ『コンヴィヴィアリティのための道具』渡辺京二・渡辺梨佐訳、筑摩書房、二〇一五年
ハンナ・アレント『人間の条件』志水速雄訳、筑摩書房、一九九四年
ミシェル・フーコー『フーコー・コレクション〈4〉権力・監禁』小林康夫・石田英敬・松浦寿輝編、筑摩書房、二〇〇六年

ジョン・バージ編『無意識と社会心理学』及川昌典・木村晴・北村英哉編訳、ナカニシヤ出版、二〇〇九年

脚註

1　苫野一徳『どのような教育が「よい」教育か』講談社、二〇一一年。苫野氏はルソーやヘーゲルを参照しつつ、「普遍意志」を「一般意志」、「普遍福祉」を「一般福祉」と呼んでいる。

2　リンダ・グラットン、アンドリュー・スコット『ＬＩＦＥ ＳＨＩＦＴ（ライフ・シフト）』池村千秋訳、東洋経済新報社、二〇一六年

3　落合陽一『デジタルネイチャー』ＰＬＡＮＥＴＳ、二〇一八年

4　参考に、二〇一九（令和元）年度の全国学力・学習状況調査（調査の名称上は「平成三一年度」）の結果について、全国（公立）／東京都（公立）／杉並区教育委員会の順に平均正答率（%）を掲載する。なお、括弧内は、正答数の標準偏差である。

小学校第六学年

国語：63・8（3・4）／65（3・5）／71（3・2）

算数：66・6（3・1）／70（3・1）／76（2・8）

中学校第三学年

国語：72・8（2・4）／74（2・4）／78（2・2）

数学：59・8（4・2）／62（4・1）／67（3・9）

英語：56・0（3・9）／59（3・9）／65（3・9）

5　玉川大学教育博物館「訓童小学校教導之図（肉亭夏良画、大判錦絵三枚続き、一八七四〈明治七〉年、伊勢屋利兵衛板）」http://www.tamagawa.ac.jp/museum/archive/2002/134.html　二〇二〇年七月二一日最終確認

6　参考：辻田真佐憲『文部省の研究』文藝春秋、二〇一七年

7　港区教育委員会／デジタル港区教育史「大正のころ授業の様子　六年地理　大正一四年　麻中小学校」https://trc-adeac.trc.co.jp/WJ11E0/WJJS06U/1310305200/1310305200100210/ht000001　二〇二〇年七月二一日最終確認

8　伊丹市立伊丹小学校「授業風景　昭和一一年（一九三六年）」http://www.city.itami.lg.jp/SOSIKI/EDSHOGAI/EDMUSEUM/MUKASI_GAKKO/1387003597442.html　二〇二〇年七月二一日最終確認

9　なかの写真資料館「昭和三七年頃　テレビ教室　上高田小学校」https://www.city.tokyo-nakano.lg.jp/photo_

museum/genre/education-school.html#8　二〇二〇年七月二一日最終確認

10　フッサールを祖とする「現象学」の考え方のことであり、ニーチェなどと並んで哲学的認識論の最高峰とされる。

11　「主体的・対話的で深い学び」は、二〇一七（平成二九）年改訂の学習指導要領では"proactive, interactive and authentic learning"と英訳（仮訳）されている。

12　このことは、ニューラル機械翻訳を例にすると理解が進む。つまり、インターネットに蓄積された翻訳データからディープラーニングで統計的な最適解を自律計算することと、対話において言葉の意味を決定することには大きな違いがある。前者は知能（記号処理系）のみ、後者は欲望（生命由来で人間に固有の要素）と身体（知覚運動系）を伴う問題解決だからである。

13　文部科学省「平成三〇年度児童生徒の問題行動・不登校等生徒指導上の諸課題に関する調査」。以下、不登校と暴力行為の状況も同調査による。

14　日本財団「不登校傾向にある子どもの実態調査」二〇一八（平成三〇）年一二月一二日

15　文部科学省「平成三〇年度特別支援教育に関する調査」

16　杉並区教育委員会『すぎなみ9年カリキュラム――総合的な学び編』https://www.city.suginami.tokyo.jp/seibi/1022531/1033738/1033740/1033748.html　二〇二〇年七月二一日最終確認

17　文部科学省「平成三〇年度公立学校教職員の人事行政状況調査」

18　文部科学省「平成二八年度学校教員統計調査」

19　文部科学省「平成三〇年度公立学校教員採用選考試験の実施状況」

20　日本教育新聞「東京都の管理職選考、『副校長』を避ける傾向顕著に」二〇一九年一月一七日　https://www.kyoiku-press.com/post-197739/　二〇二〇年七月二一日最終確認

21　教育新聞「公立小中学校で教員未配置１１３人　宮城県教組が実態調査」二〇二〇年一月七日　https://www.kyobun.co.jp/news/20200107_05/　二〇二〇年七月二一日最終確認

22　以下の資料中の例をアレンジしたもの。森山徹『新しい学びの場をデザインする』教育・学びの未来を創造する教育長・校長プラットフォーム（分科会）、二〇一八（平成三〇）年七月七日　https://drive.google.com/file/d/1MOUMX2G_

jZFIQF4ksujc60ybShOkX01j/view　二〇二〇年七月二一日最終確認

23　ドナルド・A・ショーン『省察的実践者の教育』柳沢昌一・村田晶子監訳、鳳書房、二〇一七年

24　内閣府「我が国と諸外国の若者の意識に関する調査（平成三〇年度）」

25　内閣府「青少年のインターネット利用環境実態調査（平成三〇年度）」

26　江戸・徳川時代の行政は、「身分」や「組合」など、何らかの「社会集団」を通じて行われるのが慣例であった。

27　参考：宮台真司『私たちはどこから来て、どこへ行くのか』幻冬舎、二〇一七年

28　落合恵美子編『親密圏と公共圏の再編成』京都大学学術出版会、二〇一三年

29　坂本治也「日本人は、実は『助け合い』が嫌いだった…国際比較で見る驚きの事実」現代ビジネス、二〇一九年九月一二日　https://gendai.ismedia.jp/articles/-/67142　二〇二〇年七月二一日最終確認

30　参考として、日本、米国、英国、イタリア、中国で各約四〇〇～五〇〇人を対象に行われた新型コロナウイルスについての調査によると、日本は、「感染する人は自業自得だと思うか」との質問に「どちらかといえばそう思う」「やや――」「非常に――」のいずれかを選んだ割合が一一・五パーセントであったという結果がある。これは、次に割合の高かった中国の四・八三パーセントの倍以上になる。

読売新聞「『コロナ感染は自業自得』日本は一一％、米英の一〇倍…阪大教授など調査」二〇二〇年六月二九日　https://www.yomiuri.co.jp/national/20200629-OYT1T50107/　二〇二〇年七月二一日最終確認

31　厚生労働省『令和元年版自殺対策白書』二〇一九（令和元）年九月　同報告書は、自殺者数が二〇一〇（平成二二）年から九年連続で減少していることについても報告している。

32　『劇場版ファイナルファンタジーXIV　光のお父さん』（監督：野口照夫・山本清史、脚本：吹原幸太）、二〇一九年

33　文部省・文部科学省「学校基本調査」の「理由別長期欠席児童・生徒数（昭和三四年～平成二六年）」、「児童生徒の問題行動・不登校等生徒指導上の諸課題に関する調査」の長期欠席児童生徒は、一九九〇（平成二）年度間までは通算五〇日以上欠席、翌年度間以降は通算三〇日以上欠席したものを指す。また、一九九九（平成一

一）年度調査（一九九八〈平成一〇〉年度間）から理由別の「学校ぎらい」の名称を「不登校」に改めている。

34　杉並区立学校で子どもたちの学びを支える人材については、その一部を以下で紹介している。
杉並区教育委員会『すぎなみ教育報（平成三〇年六月三〇日）子どもの学びを支える大人たち』 https://www.city.suginami.tokyo.jp/_res/projects/default_project/_page_/001/039/924/kyoikuho229.pdf　二〇二〇年七月二一日最終確認

35　杉並区教育委員会『学校支援本部ってなんだろうBOOK』 https://www.city.suginami.tokyo.jp/kyouiku/shogai/honbu/1008047.html　二〇二〇年七月二一日最終確認

36　ルートヴィヒ・ヴィトゲンシュタイン『反哲学的断章』丘沢静也訳、青土社、一九九九年

37　安藤寿康『日本人の9割が知らない遺伝の真実』SBクリエイティブ、二〇一六年

38　本田由紀『教育は何を評価してきたのか』岩波書店、二〇二〇年

39　岩瀬直樹編著『子どもとつくる教室リフォーム』学陽書房、二〇一七年

40　写真は岩瀬直樹氏のブログ「いわせんの仕事部屋」から「こんな教室。」（二〇一八年九月一〇日）について許可を得て掲載　https://iwasen.hatenablog.com/entry/2018/09/10/201144　二〇二〇年七月二一日最終確認

41　苫野一徳『「学校」をつくり直す』河出書房新社、二〇一九年

42　参考：苫野一徳『教育の力』講談社、二〇一四年

43　ジョン・デューイ『学校と社会・子どもとカリキュラム』市村尚久訳、講談社、一九九八年

44　このことの真意は、校舎の外に広がる「人が集まり共に生活する空間」を視野に入れることにある。紙面の制約上、本書では「都市部」のみを扱うものの、必要に応じてこれを「農山漁村」に読み替えていただければ幸いである。その際、土砂災害や鳥獣被害から人々を守ってきた里山・里海などが参考になる。

45　イーフー・トゥアン『トポフィリア』小野有五・阿部一訳、筑摩書房、二〇〇八年

46　落合陽一『魔法の世紀』PLANETS、二〇一五年

47　類似した概念に、ディスプレイサイズやウェブブラウザに動的に応じるページデザインを意味した「レスポンシブウェブデザイン」や、都市テクノロジーにおいてスマートシティの発展型と目される「レスポンシブシティ（反応型都市）」がある。しかし、ここで用いた

「レスポンシブデザイン」はニーズ一般に動的に応じることを意図しており、ウェブをはじめとした情報テクノロジーにその文脈を限定しない点でより普遍的な概念である。

48　宇野常寛『遅いインターネット』幻冬舎、二〇二〇年

49　株式会社奥野設計「杉並区立高井戸第二小学校」http://okuno-associates.com/　二〇二〇年七月二一日最終確認

50　レム・コールハース『S, M, L, XL+』渡辺佐智江・太田佳代子訳、筑摩書房、二〇一五年

51　村上美奈子「まちづくりからの建築計画　学校建築の事例から（その二―前号の続き）」JIA Bulletin 二〇〇六年一二月号　http://www.jia-kanto.org/members/bulletin/2006/12/12.html　二〇二〇年七月二一日最終確認時はリンク切れ

52　三輪律江・尾木まり編著『まち保育のススメ』萌文社、二〇一七年

53　*Education at a Glance 2019*, OECD, September 10, 2019.

54　杉並区教育委員会「『杉並区学校希望制度検討会』報告書」（平成二四年三月）https://www.city.suginami.tokyo.jp/kusei/kaigiroku/kyoiku/kibou/index.html　二〇二〇年七月二一日最終確認

55　杉並区教育委員会の「新入学手続き」では、「（四）就学通知書により指定された学校への入学が困難な場合（指定校変更）」として、「七　学校の特色ある教育活動等に参加を志望する場合」などを制度的に保障している。

新入学手続き：https://www.city.suginami.tokyo.jp/guide/kyoiku/gakko/1004736.html　二〇二〇年七月二一日最終確認

指定校変更制度：https://www.city.suginami.tokyo.jp/kusei/kyoiku/kibou/index.html　二〇二〇年七月二一日最終確認

56　総務省「市町村決算カード（地方財政状況調査関係資料）」と、東京都教育委員会「児童・生徒の学力向上を図るための調査」（区市町村立小学校・中学校・中等教育学校対象）の結果を参照することで相関係数を算出している。

例えば、区市別の平均正答率が公開されていた期間（二〇一〇〈平成二二〉年度まで）のうち二〇一〇（平成二二）年度の「読み解く力全体」の平均正答率と、同年度の一人当たり区市町村民税（区市町村民税〈収入済み額〉÷住民基本台帳人口〈平成二三年三月三一日〉）

との相関係数を算出すると、小学校でr=.61、中学校でr=.50になる。

57 文部科学省・国立教育政策研究所「OECD生徒の学習到達度調査二〇一八年調査（PISA2018）のポイント」

58 佐藤学『「学び」から逃走する子どもたち』岩波書店、二〇〇〇年

59 杉並区教育委員会「令和元年度杉並区教育に関する事務の管理及び執行の状況の点検及び評価（平成三〇年度分）報告書」https://www.city.suginami.tokyo.jp/kusei/kyoiku/jokyo/1014030.html 二〇二〇年七月二一日最終確認

60 佐藤学『学校改革の哲学』東京大学出版会、二〇一二年

61 国土交通省「地価公示」から「住宅地」のみの価格を用いて算出している。

62 杉並区教育委員会「平成三一年度杉並区『特定の課題に対する調査、意識・実態調査』報告書」https://www.city.suginami.tokyo.jp/seibi/1022531/1033738/1033745/1056233.html 二〇二〇年七月二一日最終確認

63 杉並区の「教科等に関する調査」は、テストの科学から説明すると、「潜在変数モデル」のうち潜在変数に順

変数名	係数	95%下限	95%上限	VIF
学区周辺地価	.611**	.382	.840	1.109
学習時間（休日・自学習）	.143	−.087	.374	1.123
教員経験年数	.200+	−.038	.437	1.193
教員指導力	.207+	−.034	.448	1.229
他者への受容	.161	−.068	.390	1.107
R^2	.586**			

表　重回帰分析の結果（標準化係数）　　**p<.01, *p<.05, +p<.10

国語（R3以上の割合）	1.00					
学区周辺地価	.64	1.00				
学習時間（休日・自学習）	.35	.17	1.00			
教員経験年数	.24	−.05	.13	1.00		
教員指導力	.23	−.12	.22	.37	1.00	
他者への受容	.30	.24	.17	−.14	−.02	1.00
平均	71.52	449208.33	52.35	12.16	7.20	3.35
標準偏差	6.05	34989.49	9.40	4.68	1.88	.09

表　相関行列と平均・標準偏差

序を仮定する「潜在ランク理論」を設計理論とし、「潜在ランク尺度」で学習指導要領＝目標準拠の段階評価を実現するメカニズムをもつ。

64 苅谷剛彦『教育と平等』中央公論新社、二〇〇九年

65 理論値を予測した重回帰分析においては、学区周辺地価は国土交通省「地価公示」から二〇一四（平成二六）年三月公示の値を、その他の値はすべて二〇一四年度に杉並区教育委員会が調査したものを用いた。

なお、「教員指導力」は、学習指導力や生活指導力について当該教員の所属校の校長が最小4点から最大12点で評価した値を用いた。「他者への受容」は、杉並区「意識・実態調査」のうち「人の気持ちを分かろうとしている」「人の話は最後まで、きちんと聞いている」「自分と違う意見や考え、気持ちも大切にできている」への回答（四件法）を1から4に点数化して個人ごと平均値を算出し、そのうえで学級の平均値を算出して用いた。また、学級が複数ある場合は、R3以上の割合と学区周辺地価を除くすべての変数について、平均値を算出して学校の値とした。

重回帰分析の結果は、前頁の表のとおりである。

66 ヒートマップとクロスバブルチャートは、「平成三一年度杉並区『特定の課題に対する調査、意識・実態調査』報告書」（脚註62）に、カラーで掲載している。

67 杉並区教育委員会「杉並区教育ビジョン２０１２」https://www.city.suginami.tokyo.jp/kyouiku/keikaku/1007804.html 二〇二〇年七月二一日最終確認

68 財務省主計局「文教・科学技術関係資料」財務省、二〇一四（平成二六）年一〇月二七日

69 杉並区教育委員会「杉並区教育ビジョン２０１２推進計画」https://www.city.suginami.tokyo.jp/kyouiku/keikaku/1007805.html 二〇二〇年七月二一日最終確認

講談社現代新書　2604

教育《きょういく》は変《か》えられる

二〇二一年一月二〇日第一刷発行

著者　山口《やまぐち》裕也《ゆうや》　© Yuya Yamaguchi 2021

発行者　渡瀬昌彦

発行所　株式会社講談社

東京都文京区音羽二丁目一二—二一　郵便番号一一二—八〇〇一

電話　〇三—五三九五—三五二一　編集（現代新書）

〇三—五三九五—四四一五　販売

〇三—五三九五—三六一五　業務

装幀者　中島英樹

印刷所　株式会社新藤慶昌堂

製本所　株式会社国宝社

定価はカバーに表示してあります　Printed in Japan

N.D.C. 370　345p　18cm

ISBN978-4-06-522182-2

「講談社現代新書」の刊行にあたって

教養は万人が身をもって養い創造すべきものであって、一部の専門家の占有物として、ただ一方的に人々の手もとに配布され伝達されうるものではありません。

しかし、不幸にしてわが国の現状では、教養の重要な養いとなるべき書物は、ほとんど講壇からの天下りや単なる解説に終始し、知識技術を真剣に希求する青少年・学生・一般民衆の根本的な疑問や興味は、けっして十分に答えられ、解きほぐされ、手引きされることがありません。万人の内奥から発した真正の教養への芽ばえが、こうして放置され、むなしく滅びさる運命にゆだねられているのです。

このことは、中・高校だけで教育をおわる人々の成長をはばんでいるだけでなく、大学に進んだり、インテリと目されたりする人々の精神力の健康さえもむしばみ、わが国の文化の実質をまことに脆弱なものにしています。単なる博識以上の根強い思索力・判断力、および確かな技術にささえられた教養を必要とする日本の将来にとって、これは真剣に憂慮されなければならない事態であるといわなければなりません。

わたしたちの「講談社現代新書」は、この事態の克服を意図して計画されたものです。これによってわたしたちは、講壇からの天下りでもなく、単なる解説書でもない、もっぱら万人の魂に生ずる初発的かつ根本的な問題をとらえ、掘り起こし、手引きし、しかも最新の知識への展望を万人に確立させる書物を、新しく世の中に送り出したいと念願しています。

わたしたちは、創業以来民衆を対象とする啓蒙の仕事に専心してきた講談社にとって、これこそもっともふさわしい課題であり、伝統ある出版社としての義務でもあると考えているのです。

一九六四年四月　野間省一

哲学・思想Ⅰ

哲学・思想Ⅱ

心理・精神医学

331 異常の構造——木村敏
590 家族関係を考える——河合隼雄
725 リーダーシップの心理学——国分康孝
824 森田療法——岩井寛
1011 自己変革の心理学——伊藤順康
1020 アイデンティティの心理学　鑪幹八郎
1044 〈自己発見〉の心理学　国分康孝
1241 心のメッセージを聴く　池見陽
1289 軽症うつ病——笠原嘉
1348 自殺の心理学——高橋祥友
1372 〈むなしさ〉の心理学　諸富祥彦
1376 子どものトラウマ——西澤哲
1465 トランスパーソナル心理学入門——諸富祥彦
1787 人生に意味はあるか　諸富祥彦
1827 他人を見下す若者たち　速水敏彦
1922 発達障害の子どもたち——杉山登志郎
1962 親子という病——香山リカ
1984 いじめの構造——内藤朝雄
2008 関係する女 所有する男——斎藤環
2030 がんを生きる——佐々木常雄
2044 母親はなぜ生きづらいか——香山リカ
2062 人間関係のレッスン　向後善之
2076 子ども虐待——西澤哲
2085 言葉と脳と心——山鳥重
2105 はじめての認知療法——大野裕
2116 発達障害のいま——杉山登志郎
2119 動きが心をつくる——春木豊
2143 アサーション入門——平木典子
2180 パーソナリティ障害とは何か——牛島定信
2231 精神医療ダークサイド　佐藤光展
2344 ヒトの本性——川合伸幸
2347 信頼学の教室——中谷内一也
2349 「脳疲労」社会——徳永雄一郎
2385 はじめての森田療法　北西憲二
2415 新版 うつ病をなおす　野村総一郎
2444 怒りを鎮める うまく謝る　川合伸幸

L

政治・社会

1145 冤罪はこうして作られる　小田中聰樹
1201 情報操作のトリック　川上和久
1488 日本の公安警察――青木理
1540 戦争を記憶する――藤原帰一
1742 教育と国家――高橋哲哉
1965 創価学会の研究――玉野和志
1977 天皇陛下の全仕事――山本雅人
1978 思考停止社会――郷原信郎
1985 日米同盟の正体――孫崎享
2068 財政危機と社会保障――鈴木亘
2073 リスクに背を向ける日本人　山岸俊男 メアリー・C・ブリントン
2079 認知症と長寿社会――信濃毎日新聞取材班
2115 国力とは何か――中野剛志
2117 未曾有と想定外――畑村洋太郎
2123 中国社会の見えない掟　加藤隆則
2130 ケインズとハイエク　松原隆一郎
2135 弱者の居場所がない社会　阿部彩
2138 超高齢社会の基礎知識　鈴木隆雄
2152 鉄道と国家――小牟田哲彦
2183 死刑と正義――森炎
2186 民法はおもしろい――池田真朗
2197 「反日」中国の真実――加藤隆則
2203 ビッグデータの覇者たち――海部美知
2246 愛と暴力の戦後とその後――赤坂真理
2247 国際メディア情報戦――高木徹
2294 安倍官邸の正体――田﨑史郎
2295 福島第一原発事故 7つの謎　NHKスペシャル『メルトダウン』取材班
2297 ニッポンの裁判――瀬木比呂志
2352 警察捜査の正体――原田宏二
2358 貧困世代――藤田孝典
2363 下り坂をそろそろと下る　平田オリザ
2387 憲法という希望――木村草太
2397 老いる家　崩れる街　野澤千絵
2413 アメリカ帝国の終焉　進藤榮一
2431 未来の年表――河合雅司
2436 縮小ニッポンの衝撃　NHKスペシャル取材班
2439 知ってはいけない――矢部宏治
2455 保守の真髄――西部邁